한국 근대사 1

국민 국가 수립 운동과 좌절

한국역사연구회시대사총서07

한국근대사 ①

연갑수 · 주진오 · 도면회

국민 국가 수립 운동과 좌절

푸른역사

한국역사연구회시대사총서를 발간하며

절망과 희망이 교차하던 격동의 1980년대, 그 끝자락인 1988
년 가을 300여 명의 소장 학자들이 '과학적·실천적 역사학'의 수립을
통해 한국 사회의 민주화와 자주화에 기여하기 위해 창립한 한국역사
연구회는 이제 700여 명의 학자들이 참여하는, 명실상부하게 한국 역
사학계를 대표하는 학회로 성장했다.

그동안 연구회는 공동연구라는 새로운 연구 방식을 통해 130여 회
가 넘는 연구 발표회를 가졌으며 50여 권의 학술서와 대중 역사서를
간행했다. 《한국역사》, 《한국사강의》 등의 통사를 발간해 한국사를 체
계화하고 《한국역사입문》 등의 연구입문서를 출간해 해방 이후 학계
의 연구 성과들을 정리했으며, 《1894년 농민전쟁연구》, 《한국현대
사》, 《역주 여말선초 금석문》 등 전문 연구서와 자료집을 발간해 한국
사 연구에 기여했다.

또한 《조선시대 사람들은 어떻게 살았을까》를 시작으로 전 시대에
걸쳐 '어떻게 살았을까' 시리즈를 발간함으로써 생활사 연구와 역사
대중화에 기여했으며, 회지 《역사와 현실》은 다양한 기획과 편집으로

인문학 분야 학술지의 새로운 전형을 만들어 냈다.

이제 연구회가 창립된 지도 한 세대가 지났다. 그동안 세계뿐만 아니라 한국 사회도 크게 변화했으며 학계에도 적지 않은 변화가 있었다. 연구 경향도 이전의 운동사·사회경제사 중심에서 문화사·생활사·미시사로, 그리고 최근에는 생태환경사·개념사·관계사에 이르기까지 사고와 연구의 폭을 넓혀 나가고 있다. 아울러 연구 대상 시기와 학문 간의 벽을 허무는 학제 간 연구도 활발하게 이루어지고 있다.

역사는 '현재와 과거의 대화'라고 했다. 현재의 입장에서 과거를 고찰하고 그를 바탕으로 미래를 전망하는 것이다. 역사가는 이를 이루기 위해 역사를 부단히 새로 써야 한다. 이러한 취지에서 한국역사연구회는 새로운 시각에서 한국 역사를 고대부터 현대까지 시대별로 조망해 보는 '시대사'를 발간하고자 한다.

시대사를 편찬하자는 이야기는 통사인 《한국역사》를 간행하고 나서부터 줄곧 나왔으나 구체적인 편찬 작업에 들어간 것은 2002년부터였다. 이후 '시대사 편찬위원회'를 구성하여 집필 원칙과 편찬 일정을 정하고 고대·고려·조선·근대·현대 등 각 시대별로 팀을 만들어 기획안을 마련하고 그에 맞는 필자를 선정하여 집필에 들어갔다. 또한 들어온 원고들은 팀별로 수차례의 검토와 수정 과정을 거쳤으며 그 과정에서 열띤 토론이 벌어지기도 했다.

60명에 가까운 필자들이 참가하여 공동 작업으로 열 권의 책을 만들어 내는 일은 지난한 과정이었다. 다양한 필자의 의견을 조율하고 모으는 작업부터 집필된 원고를 꼼꼼하게 검토하고 수정하는 작업과, 완성된 원고가 출판사에 넘어가 출판하는 작업에 이르기까지, 우여곡

절이 없지 않았다.

연구회 창립 이듬해인 1989년 '베를린 장벽의 붕괴'가 상징하듯이 세계는 동구 사회주의 국가들의 개혁과 개방으로 냉전이 종식되면서 체제와 이념의 대립보다는 화해와 교류의 방향으로 나아가며 21세기를 맞이했다. 한반도도 1998년 '현대 정주영회장의 소떼 방북'과 2000년 남북정상회담을 계기로 남과 북이 화해와 교류·협력의 방향으로 나아갔다.

그러나 21세기도 15년이 지난 지금, 세계는 다시 대립으로 치닫고 있다. 이스라엘과 팔레스타인의 분쟁, 미국과 알카에다 등 이슬람 진영과의 대립, 시리아 내전과 이슬람국가(IS)의 등장 등 중동 내부의 갈등과 분쟁, 러시아와 우크라이나의 분쟁 등이 계속되고 있고, 동북아시아에서도 역사 갈등과 영토 분쟁이 치열하게 전개되고 있다. 이전과 차이가 있다면 이념 대립보다는 종교·문명 대립의 성격이 크다는 것이다.

그렇다면 한국 사회는 어떠한가. 안타깝게도 한국 사회는 시대착오적인 이념과 지역 갈등이 여전한 가운데 신자유주의로 인한 경제적·사회적 양극화가 빠르게 진행되며 세대와 계층 갈등까지 심화되고 있다. 그리고 천박한 자본주의의 이윤 논리와 정치와 사회 간에 부정부패의 사슬에 의해 일상생활의 안전까지도 위협받고 있다.

인간에 대한 예의와 배려가 사라진 사회, 국가가 책임져야 할 안전과 복지도 국민 스스로 해결해야만 하는 사회, 정의는 실종되고 신뢰와 희망 대신 불신과 체념만이 가득 찬 사회에서 과연 역사학은 어떠한 역할을 할 수 있을 것인가? 책을 낸다는 기쁨보다는 역사학자로서의 책임감이 더 무겁게 다가온다. 이 '시대사' 시리즈가 한국 역사의 체계화에 기여하고 독자들에게는 험난한 세상을 헤쳐 나가는 데 조그마한 도움이 되었으면 하는 바람이 간절하다.

그동안 시대사를 기획하고 집필과 교열에 참여해 준 연구회원 여러분에게 진심으로 감사드린다. 아울러 책이 나오기까지 지원을 아끼지 않고 인내를 가지고 기다려 주신 푸른역사의 박혜숙 사장님, 규모와 격조 있는 책으로 만들어 주신 편집부 여러분에게 진심어린 감사의 말씀을 드린다.

2015년 5월
한국역사연구회

근대라는 시대는 경제적으로는 자본주의 체제, 정치적으로
는 국민 국가를 선취한 서유럽의 몇몇 국가들이 제국주의적 팽창을
하면서 지구상의 3분의 2 지역을 침략해 식민지·반식민지로 지배, 수
탈한 시대를 말한다.

자본주의 체제는 봉건적 영주 또는 귀족의 예속민으로 토지에 묶여
있던 인간을 해방시켜 이중의 의미에서 자유로운 노동자를 만들어 냈
다. 법률적으로 다른 인간에 예속되지 않은 인격의 자유를 갖지만 경
제적으로는 토지·화폐와 같은 생산수단으로부터 자유롭기에 자기가
지닌 정신적·육체적 능력, 즉 노동력을 팔지 않으면 굶어죽을 수밖에
없는 존재가 바로 근대의 노동자다. 그런 의미에서 근대 사회에서 만
인은 법 앞에서 자유롭다.

국민 국가는 각 지방의 영주나 귀족의 지배하에 있던 예속민을 해방
시켜 '국민'이라는 이름으로 호출하여 동원한다. 귀족, 승려, 시민, 천
민 등 신분에 따라 의무와 권리를 각각 달리하던 사람들이 '국민'이라
는 호칭으로 단일화되고 동등한 의무와 권리를 갖게 된다. 그런 의미

에서 근대의 국민은 법 앞에 평등하다. 국민 국가는 의무교육과 징병제를 통해 자신에게 충성하는 '국민'을 만들어 내고 자기 유지를 위해 필요한 세금을 납부하게 하고 군사·경찰력을 구성하게끔 해 왔다.

근대 국민 국가와 자본주의 경제 체제는 그 이전 중세 봉건제 사회에 비해 막강한 생산력과 군사력을 갖추게 되었다. 이들 서유럽 국민 국가의 제국주의적 침략을 당한 아시아, 아프리카, 남아메리카 등지에서는 침략을 방어·극복하기 위해서 국민 국가와 자본주의 경제 체제의 도입에 나설 수밖에 없었다. 이것이 근대 국민 국가의 전 지구적 연쇄 과정이었다.

한국은 1948년에 이르러서야 서유럽과 같은 국민 국가와 자본주의 경제 체제를 달성했다. 그렇다면 한국의 근대는 1948년부터 시작한 것으로 서술해야 할 것인가? 이런 문제의식에 답하기 위하여 1960년대 이래 많은 연구자들이 근대사 시대 구분 논쟁에 매달렸다.

대부분의 연구자들이 근대라는 시대를 서양 제국주의에 의해 한국 사회가 세계 자본주의 체제에 편입되고 국민 국가를 수립하려는 운동이 진행된 시기로 본다는 점에서는 일치했다. 그러나 근대사의 시점은 연구자마다 달랐다. 자본주의적 경제 체제를 형성하려는 움직임이 시작되는 18세기 영조·정조 시대, 서양 제국주의 침략이 시작되어 반침략 민족운동이 시작되는 1860년대 중반, 일본과의 강화도조약에 의해 한국이 세계 자본주의 체제에 편입된 1876년, 개화파의 개화 운동이 진행되는 1880년대 초 또는 1884년 갑신정변, 개화파가 국가 권력을 장악하고 신분제 폐지, 조세 금납화 등의 개혁을 진행한 1894년 갑오개혁 등의 설이 존재한다.

이 책은 근대의 시점을 흥선대원군의 집권기로 설정하여 위의 1860년대 중반설을 취하고 있다. '문치'를 숭상하던 조선왕조 통치 체제의 기본 방향이 근본적으로 바뀌어 부국강병을 지향하는 정책으로 바뀌었기 때문인데, 이러한 정책의 근본적 개편에는 아편전쟁으로 상징되는 서양 제국주의 국가의 침략에 대한 방어 의식이 존재했다는 것이다. 양반 유생층에 대한 타격이라고 할 수 있는 서원 철폐와 호포법 등의 정책은 신분제의 폐지를 지향하고 있었다고 할 수 있겠다.

고종 친정 이후 대한제국의 멸망에 이르는 시기는 2016년 현재까지도 이를 둘러싼 논쟁이 끝나지 않은 시기이다. 이 논쟁은 고종 친정 이후 한국 사회의 근대화를 추진한 주체를 둘러싼 것이었다. 기존의 통설은 갑오개혁을 추진한 개화파 정권이 일본 메이지유신을 모델로 하고 동학 농민군의 폐정개혁안을 받아들여 근대화 정책을 추진했으나 1896년 아관파천으로 붕괴된 이후 고종 황제에 의해 황실 중심의 근대화 정책이 추진되었다고 한다. 이에 반대하는 독립협회운동을 억압한 이후 진행된 근대화 정책은 대한제국 수립과 군비 증강을 통한 전제 군주국 수립, 양전·지계 사업과 식산흥업 정책을 통한 자본주의 경제 체제를 지향했다는 것이다.

이에 대한 반론도 만만치 않다. 황실 중심의 근대화 정책은 근대적 외형만 갖춘 것으로, 개혁이 아니라 수구 반동 정책이며 진정한 근대화는 독립협회와 만민공동회 운동, 재야 개혁파의 신교육·신산업 운동, 애국계몽 운동에 의해 추진되었다고 하는 설이다. 양전·지계 사업은 토지 소유를 근대법으로 보장하기보다 정부 재정 수입을 증대시키고자 했을 뿐이며, 황실 중심의 근대화 정책은 국가를 황제의 사유물로 만드는 정책이므로 진정한 근대화를 달성할 수 없었다. 따라서 대한제국의 멸망과 일본의 식민지화는 필연적이었다는 주장이다. 이 책에서는 후자의 입장을 취하고 있지만, 독립협회 내부 구성의 이질성으로 인한 운동의 급진화가 운동 실패의 원인이었다고 서술한 점, 양전·지계 사업을 토지 소유의 국가적 법인 과정으로 볼 수도 있다고 서술한 점에서 다소 절충적이라고 할 수 있다.

흔히 '일제 강점기'라고 불리는 1910~1945년간의 한국 사회의 성격에 대해서도 논쟁이 진행되었는데, '식민지 수탈론'과 '식민지 근대화론'의 대립으로 나타났다. '식민지 수탈론'은 일제의 침략으로 인하여 한국 사회의 자주적 근대화의 가능성이 압살되고 일제의 민족차별과 수탈로 인하여 생산력 발전이 제약되고 성장의 열매는 일본으로 유출되어 대다수 한국인이 정치적 굴종과 경제적 몰락을 강요당했다고 본다. 따라서 일제 강점기는 근대적 사회이기는커녕 민족의 생존조차 보장할 수 없었던 시기라고 규정되었다.

이에 반하여 '식민지 근대화론' 논자들은 한국 사회 내부에서 자본주의화의 가능성을 찾는 것은 불가능했으며 한국은 서구 자본주의의 수용과 이식을 통해서 비로소 근대화의 계기를 맞이했다고 본다. 일본은 사회 간접 시설을 건설하고 근대적 제도를 도입·보급함으로써 식민지를 개발했고 한국인도 일본의 개발에 자극받아 근대적 기술과 제도를 수용했다. 그 결과 식민지 한국은 세계에서도 유례를 찾기 힘든 발전을 경험했으며 이러한 경험이 있었기에 1960~70년대 한국경제의 고도성장이 가능했다고 주장한다.

2000년대 들어서부터는 탈근대주의 관점에서 근대화를 새롭게 규정하는 입장이 제기되었다. 이에 의하면 '식민지 수탈론'이든 '식민지 근대화론'이든 모두 민족주의라는 폐쇄적 이념에 갇혀 있으며, 근대화를 지구상 모든 민족이 보편적으로 지향해야 할 최고의 가치로 상정하며, 그 도달점은 선진국화 내지는 서구화라고 본다는 점에서 동일한 인식론 위에 서 있다. 한국과 같은 비유럽 국가는 근대화를 먼저 달성한 서유럽을 따라잡을 수 없으므로, 근대화 개념에 입각하여 사회를 근대와 전근대로 구분하여 인식하는 태도는 서구가 비서구를 지배하기 위한 서유럽 중심주의적 지배 담론을 추종하는 데 불과하다는 것이다. 또한, 근대화가 인간을 해방시키기도 했지만 사회 전체를 통제와 규율의 권력망으로 구성하여 인간성을 억압하기도 했다는 점에서 결코 긍정적 가치 개념으로만 파악할 수 없다는 것이다.

이 책에서 서술하는 일제 강점기의 한국 사회는 기본적으로 '식민지 수탈론'의 관점에 서 있다. '식민지 근대화론'에서 주장해 온 자본주의화 현상, 근대적 기술과 제도 등이 한국 사회에도 도입되고 발전했다는 사실을 부정하지는 않지만 그러한 발전에는 항상 식민지적 차별과 억압이 수반되었다는 점, 그로 인해 민족 해방 운동이 발전할 수밖에 없었다는 점을 강조하고 있다. 1910년대에는 근대화와 민족 해방 운동의 동력으로 성장하는 기독교와 천도교, 학생층에 대한 서술이 상당 부분을 차지하고 있다. 1920년대 이후에는 교육과 근대적 언론 매체의 확대를 통해 새로운 사상으로서의 마르크스주의, 새로운 계층인 노동자, 청년, 소년, 여성의 등장, 대중문화 보급의 첨병으로서 서적, 영화, 라디오, 유성기 음반의 급속한 보급 현상을 상세히 보여 준다. 1930년대 이후에는 한국에서 자본주의 발전이 급속히 이루어졌다는 사실을 인정하지만 일본의 침략 전쟁과 전시 동원을 위한 것이었음을 상세히 입증했다. 창씨개명, 징용과 징병, 일본군 '성노예' 등 한국인의 동원을 위한 일제의 정책, 이를 위해 협력한 친일파와 이에 저항한 국내 민중의 개별적 투쟁과 국내외의 민족통일전선에 대한 최신 연구 성과들이 총망라되었다.

책을 기획하는 단계부터 마무리 단계까지 따스한 눈길로 격려하기도 하고 엄한 표정으로 원고 독촉도 해 온 푸른역사 박혜숙 사장에게 감사 인사를 드리고 싶다. 저자로서 너무 게을렀다는 반성을 하지 않을 수 없다. 끝으로 책의 기획과 집필은 같이 시작했지만 불의의 사고로 유명을 달리한 고故 연갑수 선생에게 이 책이 드디어 출간되었다는 소식을 전하고 싶다.

2016년 1월
저자 일동

차례

두 차례의 아편전쟁으로 중화질서가 무너지기 시작하고 국내의 농민 항쟁으로 세도 정권도 흔들리기 시작했다. 철종을 계승한 고종 대신 섭정한 흥선대원군은 과감한 부국강병 정책을 추진했다. 남인·북인 등 새로운 정치 세력을 기용하고 삼군부를 무력 기반으로 경복궁 중건, 군비 확장, 호포법의 시행, 서원의 철폐, 법전의 정비를 실시했다. 프랑스와 미국의 침략을 물리치면서 척화 정책을 표방했으나, 고종의 친정 이후 척화 정책은 빛을 잃었다. 고종은 일본, 미국 등과 근대적 조약을 체결하고 군사력 강화에 중점을 둔 개화 정책을 추진했으나, 이 과정에서 소외된 구세력에 의해 척사 운동과 군인 봉기 등의 반란을 겪어야 했다.

위기의식의 심화와
부국강병의 추구

1863~1882, 흥선대원군의 척화와 고종의 개화

흥선대원군의 집권과
부국강병 정책

대원군 집권의 국내외적 배경

조선왕조는 오랫동안 중국을 중심으로 한 사대교린 체제의 국제 질
서하에서 운영되었다. 동아시아 세계의 이러한 국제 질서는 고려왕조
말기에 해당하는 14세기 중반 명이 건국되고, 1392년 조선왕조가 개
창된 이래 비교적 안정적으로 운영되었다. 비록 16세기 말 일본이 조
선을 침략해 조선과 명이 일본과 전쟁을 치렀고, 17세기 들어 중국 왕
조가 명에서 청으로 교체되는 과정에서 조선이 또다시 청의 침략을
받는 등 혼란이 있었지만, 사대교린 체제가 근본적으로 무너진 것은
아니었다.

사대교린 체제의 견고한 유지는 그 정점에 있었던 중국의 압도적인
국력 때문에 가능했다. 특히 한족이 건국한 명을 대신해 중원의 주인
공이 된 만주족의 청은 중국 역사상 최대의 판도를 차지할 만큼 강성
했다. 병자호란(1636, 인조 14)으로 청에 무릎을 꿇었던 조선왕조는 북
벌을 꿈꾸었지만, 청이 장기간 안정기에 접어들고 문화가 발전하자
점차 청 문물에 대한 거부감이 완화되었다. 그러나 19세기 중엽이 되

면서 청을 중심으로 한 사대교린 체제는 뿌리째 흔들리기 시작했다. 동아시아 세계에 청을 압도하는 새로운 세력들이 등장했기 때문이다. 산업혁명 이후 서구 사회에는 자본주의 경제가 급속히 성장하고 있었다. 그리고 팽창하는 자본주의 경제의 선두에는 당시 세계 최대의 산업 국가이자 해군 국가였던 영국이 있었다.

자본주의 세계 경제와 청을 중심으로 한 독자적인 국제 질서는 1840년 아편전쟁(제1차 중영전쟁)을 통해 충돌했다. 이 전쟁은 1842년 난징조약 등 청에 불평등한 조약들을 체결하는 것으로 일단 마무리되었다. 이때의 조약들에는 단순히 아편 무역을 양성화하는 것뿐만 아니라 영국을 비롯한 자본주의 세계 경제에 중국 시장을 개방하는 내용이 담겨 있었다. 이로써 청을 정점으로 한 사대교린 체제는 균열이 생기기 시작했고, 동아시아 세계는 점차 자본주의 세계 경제로 편입되었다. 그러나 아직 동아시아 국제 질서의 균열이 당시 조선인들에게는 심각하게 받아들여지지 않았다. 당시 조선인들은 아편전쟁을 예로부터 중원을 괴롭혀 왔던 수많은 변방 민족들이 명멸하는 소요 사태 정도로 인식했다. 서양의 침입이 조선인들에게 절대적인 위기감으로 다가온 것은 제2차 아편전쟁이었다. 여전히 미진한 청의 시장 개방에 불만을 품고 있던 영국과 프랑스 측에서 1856년 또다시 전쟁을 도발한 것이다. 이번에는 영국과 프랑스 측에서 1860년 청의 수도인 북경까지 점령했고, 황제가 피난 갈 정도로 청은 서구의 침입에 크게 흔들렸다. 이에 따라 중화질서가 일거에 붕괴되는 듯한 위기감이 조선을 감쌌다.

1860년 북경(베이징)조약 체결 후 외국군이 철수하고, 황제가 북경으로 돌아오면서 외관상 청은 안정을 찾는 듯 보였다. 그러나 실상은 외국 공사관원의 북경 주재 허가, 개항장 확대, 청에 대한 열강의 교통·통상·포교의 자유, 교역의 불평등성 심화 등 중국이 본격적인 반식민지화의 길을 걷는 것이었다. 이와 동시에 북경조약은 청 정부가 서양에 대한 무조건적인 배척에서 탈피해, 오히려 서양 문물의 도입을 통해 부국강병을 이루려는 양무운동*을 활발하게 펼치는 계기가 되었다. 이처럼 시시각각 변화하는 청의 정세는 이제 사대교린 체제가 반석과 같이 안정된 체제가 아니라는 것을 조선인들에게 각인시켜 주는 것이었다.

조선인들의 위기감을 증폭시킨 것은 대외 정세의 변화만이 아니었다. 하루하루의 삶을 영위하는 현실 자체가 민중에게는 무거운 짐이었다. 조선 후기 생산력 향상은 농민의 계층 분화를 가속시켰고, 이에 따라 빈부 격차는 더욱 커지면서 경제적으로 어려움을 겪는 사람이 많아졌다. 신분적으로는 우월하지만 경제적으로는 그렇지 못한 경우가 비일비재해지면서 신분제 사회의 안정성도 흔들렸다.

이러한 상황에서 변화된 사회에 걸맞은 제도적 개선 작업은 이어지지 않았다. 과세 기준을 토지로 잡는 비중이 점점 높아져 가고 있었음에도 토지 측량, 즉 양전量田이 전국적으로 이루어지지 않았다. 군포軍布는 양인에게만 부과되고 사족은 면제받을 수 있었기 때문에 온갖 부정을 통해 면제받는 사람들이 늘어났다. 군포는 고을별 총액제로 운영되었으므로, 면제받을 만한 경제력도 없어 군역을 져야만 하는 가난한 양인의 경제적 부담이 가중되는 악순환이 계속되었다. 춘궁기에 부족한 곡식을 빌려주어 진휼하던 환곡 제도도 조선 후기에는 부

양무운동

1861년부터 1894년까지 중국 청에서 진행된 자강운동인 양무운동은 공친왕恭親王과 태평천국을 진압하는 데 공을 세운 중국번曾國藩, 이홍장李鴻章, 좌종당左宗棠 등의 한인 관료들이 중심이 되어 추진되었다. 양무운동은 19세기 중엽 중국 청 왕조가 경험한 나라 안팎의 위기를 배경으로 하고 있다. 아편전쟁(1840~1842) 이후 중국은 서구 열강들의 군사적 위협 앞에 무력감을 느껴 왔으며, 안으로는 1851년 봉기한 태평천국이 지배 체제를 뒤흔들고 있었다. 청 정부는 아편전쟁과 태평천국을 겪으면서 서양 기계 문명의 우수성을 인식하게 되었고, 이에 청은 근대적 군수 공업을 육성하여 서구 문물과 기술을 수용했다. 이로 인해 청은 지배 체제를 안정시켰을 뿐 아니라, 중국 사회에 근대적 변화를 가져오게 되었다. 하지만 양무운동은 서양의 근대 정신을 이해하지 못한 채 그들의 기술만을 수용하려 했으며, 서구 열강의 잇따른 침략으로 성공을 거두지 못했다.

세 제도로 변질되었다. 그럼에도 환곡 제도는 여전히 진휼 제도의 외양을 갖고 있어 오히려 혼란과 부정을 부추기고 있었다.

이처럼 19세기 조선 사회 전반에 사회 현실과 제도 사이의 괴리가 점점 커지고 있었지만, 세도 정권은 변화하는 사회 현실에 놀랄 만큼 무관심했다. 이들에게는 국가 세수의 확보만이 주요 관심이었다. 즉 변화된 세원에 대한 파악이나 새로운 제도 개선 노력은 없이, 지역별 총액제적인 부세 수취로 일관했다. 이에 따라 각 지방에서는 국가에 납부해야 할 총액을 맞추기 위해 자기 지방의 모든 세금을 토지 기준으로 부과해 일괄징수하는 이른바 도결都結이 유행했다. 이 과정에서 수령을 중심으로 향리와 향임층이 결탁해 도결의 수취액을 과도하게 책정하는 등 중간 수탈이 심했다. 조선 정부는 부세를 총괄하고 민정을 직접 살피는 수령의 역할과 책임을 누누이 강조했지만, 수령의 역할을 견제하거나 장려할 수 있는 제도적 장치를 보완한 적이 없으며, 중간 수취인들의 부정에 대한 엄격한 처벌도 찾아보기 어려웠다.

세도 정권이 사회 현실과 유리된 데는 장기적인 정치권력의 독점과도 관련이 있다. 19세기 세도 정권은 왕권을 가탁한 소수의 유력 가문들이 권력을 장악하고 있었다. 왕권은 유명무실화하고 여타 가문 혹은 당색, 신분층이 대부분 도태되면서 세도 정권을 견제할 수 있는 정치 세력은 찾아볼 수 없게 되었다.

19세기 조선을 장악한 세도 정권에 대한 저항이 없지는 않았다. 가령 1811년 평안도 지역의 상인, 향임층, 장사, 유랑 농민 등을 기반으로 발생한 홍경래의 난은 세도 정권을 직접적 공격 대상으로 삼아 일어난 것이었다. 그러나 홍경래의 난이 진압된 이후에는 산발적 저항을 넘어서 중앙 정부에 직접 타격을 줄 만한 도전은 없었다. 결국 세도 정권의 권력 독점은 안정적으로 지속되었고, 이에 따라 사회적 모순은 더욱 심화되었다.

1862년(철종 13) 2월 진주에서 농민들의 항쟁이 발생하자 순식간에 전국으로 확산되었다. 안동 김씨 세도 정권에서 영의정을 지낸 정원용鄭元容조차도 농민들의 항쟁은 일조일석에 일어난 것이 아니라 그동안 누적되었던 불만이 제방을 뚫고 터져 나온 형상이라고 고백할 정도였다. 1860년 북경이 영국·프랑스 연합군에 함락되었을 때 조선인들이 느꼈던 위기감의 방향은 이제 조선의 내부로 집중되었다. 내우외환이 극대화되었으며, 국가가 총체적으로 붕괴할 것 같은 위기감이 몰려오고 있었다.

대원군의 정치적 기반

나라 밖에서는 청의 수도가 오랑캐로 여겨졌던 영국·프랑스 연합군에 함락되었으며, 청은 이들을 제압하지 못했다. 나라 안에서는 전국적인 농민들의 소요가 이어졌음에도 정부에서는 근본적인 제도 개선책을 수립하지 못했다. 그렇다고 농민들이 봉기하지 못하도록 무력을 강화시키지도 못했다. 비록 청의 전란이 바로 조선 국경의 위태로움으로 이어지지는 않았고, 1862년 내내 전국에서 끊이지 않던 농민 항쟁도 1863년이 되면서 누그러지기 시작했지만 이러한 시대를 살아가는 조선인들의 위기감이 해소된 것은 아니었다.

동아시아 질서를 유지해 왔던 청이 과연 서양에 대항할 수 있을지 조선으로서는 지켜보는 것 외 다른 방도가 없었다. 조선 정부는 농민들의 소요에 대응해 환곡 제도 폐지 등 조세 제도를 개편했다. 그러나 곧 문제점이 많다는 이유로 중지했다.

이때 철종이 왕위 계승자를 정하지 못하고 승하하자(1863년 음력 12월 8일),[*] 조선인들의 관심은 누가 새로운 국왕이 될 것인지에 쏠렸다. 철종의 선대 국왕인 헌종에게는 아들도 형제도 없었다. 그래서 헌종의 고조할아버지인 사도세자의 피를 이어받은 철종이 왕위를 계승하게 되었다. 다시 말해서 사도세자의 정궁 소생인 정조의 혈통이 순조 —효명세자(後에 익종으로 추존)—헌종에서 끝나게 되자, 정조의 이복동생 은언군의 손자인 철종이 왕위를 계승한 것이다.

철종은 사도세자의 피를 이어받았다고는 하나 정조 초반 역모에 연루되어 강화로 유배된 은언군의 손자로서, 유배지인 강화에서 태어나 왕실은 고사하고 사대부로서의 교육조차 제대로 받지 못한 인물이었다. 더군다나 철종은 헌종에게 아저씨뻘 되는 사람이었으니 아저씨가 조카의 왕위를 계승한 것도 당대인들에게는 어색해 보였다. 그런데 이러한 철종마저 후사를 남기지 않은 채 승하한 것이다. 이번에는 국왕의 팔촌 이내 혈족, 즉 영조의 피를 이어받은 왕실의 남자가 아무도 없었으며, 그보다 더욱 선대인 효종의 피를 이은 왕실의 남자도 아무도 없었다. 이제 조선은 왕실마저 중단될지 모른다는 위기감에 휩싸였다.

이런 상황에서 흥선군의 열두 살 된 아들이 철종의 왕위를 계승하니 그가 고종이었다. 흥선군은 인평대군(인조의 셋째 아들)의 후손으로서 은신군(정조의 두 번째 이복동생)에게 입적한 남연군의 아들이었다. 군에 봉작된 왕실이기는 했으나, 혈연으로만 본다면 방계에 속했다.

이하 이 책에서는 1896년 1월 1일 이전은 음력, 이후는 양력으로 표기한다.

따라서 고종은 왕위 계승에서 혈연적 약점을 지닌 채 즉위하게 된 것이다.

고종의 즉위와 관련한 또 다른 문제는 고종에게 아직 아버지, 흥선군이 생존해 있다는 점이었다. 이는 한 나라에 두 임금이 있는 상황이 될 수도 있는 문제였다. 흥선군의 생존에도 불구하고 그의 아들이 왕위를 계승한 것은 당시 왕위 결정권을 갖고 있던 대왕대비 신정왕후 조씨의 입장 때문이었을 것이다. 신정왕후 조씨의 입장에서는 고종을 익종의 양자로 입적시켜 왕위를 계승하게 해야만 익종의 계통이 단절되지 않는 것이었다. 따라서 익종과 같은 항렬인 흥선군은 철종의 왕위 계승 문제를 신정왕후와 상의하면서 본인이 왕위를 계승하는 경우에 대해서는 애당초 언급조차 하지 않았을 것이다.

고종이 즉위하자 흥선군은 대원군에 봉작되었고, 이를 계기로 권력을 장악해 나갔다. 그러면서도 고종의 왕위 계승이나 자신의 집권 정당성을 선전하려 들지 않았다. 오히려 정당성을 옹호하려는 시도조차 억제할 만큼 흥선대원군은 정당성에 대한 논의 자체를 회피했다. 그 대신 과감한 개혁 정치를 쉴 새 없이 추진해 나갔다.

집권 초기 대원군의 개혁 구상은 수렴청정하던 대왕대비 신정왕후의 지시를 통해 진행되었다. 새로운 정치 세력의 기용, 정치 기구의 재편, 허구화된 부세 제도의 정비, 지방의 탐관오리나 무단토호들에 대한 혹독한 처벌 등이 이어졌다. 물론 이러한 정책을 추진하는 배후에 대원군이 있다는 사실을 누구나 인지하고 있었다. 탈출구가 보이지 않던 내우외환의 위기감이 팽배해 있던 상황에서 과감하고도 강력한 개혁은 조선왕조를 지탱할 수 있는 유일한 대안처럼 여겨졌다. 그

1863
고종 즉위, 흥선대원군의 섭정.

1873
흥선대원군 하야, 고종의 친정.

1882
흥선대원군 재등장(1894, 1895).

고종(1851~1919)과 흥선대원군(1820~1898)　　부자 관계인 고종과 흥선대원군은 불행하게도 정치적 라이벌 관계로 살아야 했다. 최익현의 상소로 고종이 친정을 선언하면서 양자는 갈등 관계로 들어갔고, 흥선대원군은 정국이 요동칠 때마다 고종의 권력을 위임받는 형식으로 정치적 전면에 등장하곤 했다. 1882년 임오군란 때는 구식 군인 등 개화 정책에 대한 반발 세력을 대변하고, 1894년 갑오개혁 때는 개화파와 연합 정권을 구성하는 한 축이었으며, 1895년 명성황후 살해 사건에서는 일본 공사에게 이용당했다. 고종은 친정 이후 1907년까지 35년간 국왕 중심의 근대화를 추구했지만 국가 권력을 사적 권력으로 사용했기에 엘리트층의 충성을 얻어내지 못하여 망국의 주인공이 되고 말았다.

리하여 점차 개혁의 문제점이 드러나 비판이 제기될 시점에 고종의 왕위 계승이나 대원군의 집권 자체는 어느새 당연한 기정사실로 받아들여지고 있었다.

고종의 즉위나 대원군의 집권에 대한 문제 제기가 없었다고 해서 그것이 곧 대원군 정권의 기반이 확립되었음을 의미하는 것은 아니었다. 오랜 세월 견고하게 쌓여 온 외척 세도 가문들의 정치 기반과 비교하자면 대원군의 정치적 기반은 내세울 것도 없었다.

대원군이 자신의 정치적 기반으로 상정할 수 있는 세력은 바로 대원군과 비슷한 왕실의 인물들이었다. 그러나 고종 즉위 시점에서 군에 봉작된 왕실 인물은 흥인군, 흥선군 형제와 영평군, 완평군 등 모두 네 명에 불과했다. 이들의 힘을 아무리 결집해 봐도 유력 가문 세력과 대항할 수 없었다. 이에 흥선대원군은 군에 봉작된 종실 인물들을 관장하던 종친부의 기능을 확대해, 국왕의 성씨인 전주 이씨 선파인璿派人● 전체를 관장하는 기구로 개편했다. 그리고 선파인들만을 대상으로 별도의 과거를 열거나 관료로서의 승진 기회를 확대하는 등의 특혜를 통해 그 세력을 확장시켰다. 이로써 대원군 집권기 고위직에 오른 선파인의 수가 급증했다.

이처럼 확대된 종친부 세력 기반에 주목해 대원군 정권의 속성을 세도 정권의 연장으로 파악하기도 한다. 즉 이전의 정권이 외척인 유력 가문들을 기반으로 하는 외척세도라고 한다면, 대원군 정권은 종친세도라는 것이다. 물론 대원군 정권의 정치관행은 세도정치기적 특징을 갖고 있다. 공적인 관료제에 포섭되지 않는 사적인 영역에서 대원군이 실질적인 권력을 행사한 것은 세도정치기의 세도가적 관행을

선파인
전주 이씨 중 조선왕조를 개창한 태조 이성계의 자손들을 총칭하는 용어.

닮았다고 할 수 있다. 그러나 정치 세력 기반을 놓고 볼 때 대원군 정권은 이전의 정권과 분명한 차이가 있다.

가령 선파인들의 위상이 급격히 부상하기는 했지만, 대원군 정권 말기까지도 당상관 중에서 전주 이씨 전체의 수가 안동 김씨보다 적었다. 그나마 세도정치기 유력 가문들은 가문의 범위가 14~20촌의 범위로 묶이는 혈연적 동질성이 강한 집단인 데 비해, 전주 이씨는 파별 분립의식이 강해 대동 항렬도 사용하지 않았다. 즉 종친부가 대원군의 중요한 정치적 기반이 될 수는 있었겠으나, 정권의 성격을 규정지을 만큼 결정적인 기반이 될 수는 없었다.

종친 외에 주목되는 다른 범주의 정치 세력은 남인이나 북인이었다. 북인은 17세기 전반 광해군 정권 몰락 이후 사실상 폐절되다시피 했고, 남인은 17세기 말 이후 권력을 잡아보지 못했다. 19세기 세도정치기에는 노론 계열의 유력 가문들이 권력을 독점했기 때문에 남인이나 북인은 정치 세력으로서의 의미를 거의 상실한 상태였다. 그런데 대원군 정권은 이들을 과감하게 중용했다. 이에 따라 정부의 고위 관료 중에서 남인이나 북인이 차지하는 비중이 탕평책을 실시한 18세기 영조·정조대에 비해 월등히 높아졌다.

대원군 정권에서 종친이나 남인·북인보다도 훨씬 이질적인 정치 세력은 바로 무신武臣들이었다. 무신들이 관장하는 군사력은 권력의 직접적인 기반이 될 수 있었다. 대원군은 집권하자마자 각 군영에 대한 영향력을 강화했다. 우선 외척 가문과 그 가문의 후원을 받는 무신들이 장악하고 있던 각 군영의 대장들을 가문의 배경에 상관없이 모두 무신들로만 임명했다. 그리고 그들의 지위를 병조판서와 같은 품계인 정2품으로 상향했다. 이로써 중앙 사군영의 대장과 통제사統制使, 진무사鎭撫使 등 모두 여섯 명의 무장들은 육조판서와 대등한 위상을 갖게 되었다. 대원군이 집권하는 동안 무신들의 권한을 강화하는 조치는 계속 이어져, 결국 의정부와 동일한 지위를 갖는 정1품 아문으로서 삼군부가 설립되었다.

삼군부가 설립되기는 했으나 대원군 집권기에 무장 출신의 대신大臣이 배출되지는 못했다. 집권 초기 유후조柳厚祚(남인), 집권 말기 한계원韓啓源(남인), 강노姜㳣(북인) 등 남인이나 북인을 과감하게 대신에 임용하기는 했지만 아직 무장들까지 대신에 임용하지는 못한 것이다.

남인이나 북인이 과감하게 등용되었다고는 하지만 권력의 핵심부는 여전히 유력 가문 출신들이 장악하고 있었다. 대표적인 인물은 대원군 집권기 내내 대신을 지낸 김병학金炳學이다. 철종의 장인 김문근金汶根의 조카인 김병학·김병국 형제는 대원군 정권을 움직이는 안동 김씨 세력의 대표적인 인물들이었다. 이외에도 김세균金世均, 박규수朴珪壽와 같은 유력 가문 출신 인사들이 실무 관료적 속성을 갖고 대원군 정권을 운영하는 데 핵심적인 역할을 했다. 결국 대원군은 유력 가문 세력의 일부를 포섭함과 동시에 무신 세력, 남인·북인, 종친 등 소외된 정치 세력을 과감하게 등용해 정권을 구성했다. 대원군은 이들 다양한 구성원을 기반으로 최상층에서 절대적 권한을 행사한 것이었다.

부국강병의 추진

대원군 정권이 여전히 유력 가문 출신들을 기반으로 하고 종친이라는 가문적 속성을 벗어나지 못한다고 해서 그 의의가 손상되는 것은 아니다. 대원군 정권은 이전의 세도 정권들과는 질적으로 다른 정치 세력들을 기반으로 삼고 있었고, 이 새로운 경향은 정권 후반기로 갈수록 점점 더 강화되었다.

무신들의 중용은 궁극적으로 문신 중심의 권력 체계에서 문신과 무신이 대등하게 병립하는 체제로의 변혁을 지향한 것이었다. 그 과정에서 조선 후기 최고의 권력기관이던 비변사를 폐지하고 그 기능을 의정부와 삼군부로 분리하는 개혁을 단행했다.

이는 '문치文治'를 숭상하던 조선왕조 통치 체제의 기본 방향을 대원군 정권이 근본적으로 재검토하고 있었음을 보여 준다. 이와 같은 통치 체제의 전환은 당연히 반발이 예상되는 것이었다. 대원군 정권은 그러한 반발에 대응하기 위한 이념적 근거를 조선왕조 건국 초기에서 찾아냈다. 고려 말 왜구나 홍건적의 침입과 같은 외환과 권문세족 집권의 모순을 극복하면서 왕조를 개창하여 부강한 기반을 갖추었던 역사적 경험은 19세기 후반 내우외환의 위기감을 불식할 수 있는 좋은 모델이 될 수 있었다.

그러나 대원군 정권이 상정하고 있는 조선왕조 개창기의 모습은 자의적인 것이었다. 가령 대원군 정권은 의정부와 병립하게 된 삼군부 설치의 근거를 조선 초기의 의흥삼군부義興三軍府에서 찾았다. 그러나 의흥삼군부가 조선 전기 군사 제도의 '전형'이었는지, 아니면 혼란기를 수습하는 과정에서 과도적인 제도였는지에 의문이 제기될 수도 있다. 조선 전기에 삼군부가 설치될 수 있었던 기반은 조선 건국 직전인 1391년 종래의 오군 체제를 삼군 체제로 바꾼 데서 비롯되었다. 의흥

삼군부는 1401년 승추부承樞府로 개편되면서 사라졌다. 그리고 그 기반이 된 삼군의 군사편제도 1450년대 5위 체제로 개편되면서 역사 속으로 사라졌다.

대원군 집권기 군사 제도의 근간은 5군영(훈련도감, 어영청, 금위영, 총융청, 수어청) 체제였다. 즉 명실상부한 삼군부가 되기 위해서는 군사 편제에 대한 대대적인 개혁이 있어야 했다. 그러나 대원군 집권기에는 군사적 개편이 이루어지지 않았다. 이는 대원군 집권기의 삼군부가 조선 초기의 삼군부와 내용적인 면에서 판이한 것이었음을 보여준다.

사실 대원군 집권기 삼군부는 조선 후기에 설치된 비변사의 기능 중에서 군사적 역할만 옮겨온 것이었다. 비변사는 16세기 국방상의 긴급한 사항을 논의하기 위해 임시로 설치되었는데 차츰 국정 전반을 논의하는 정치 기구로 발전했다. 이로 말미암아 본래 최고 국정기관이던 의정부는 유명무실한 기구가 되어버렸다. 특히 19세기 세도정치기의 비변사는 외척을 비롯한 몇몇 유력 가문들이 장악하고 있었기 때문에 새로이 권력을 장악한 대원군으로서는 비변사의 권한을 약화시키는 것이 급선무였다.

이에 대원군은 1865년(고종 2) 비변사를 폐지해 의정부 산하 기구로 개편했고, 다른 한편으로는 세 개의 군사 관련 기관(훈련도감 신영, 남영의 마병소, 5영의 주간 근무처)을 하나의 건물로 모아 삼군부라 불렀다. 그리고 1868년 의정부에 통합된 비변사의 역할 중 군사에 관한 기능을 분할해 새로 설치한 삼군부에 넘겨주었다. 이처럼 비변사의 기능을 의정부와 삼군부로 분할해 상호 견제하게 함으로써 유력 가문들의 권한을 약화시킬 수 있었다.

　물론 분산된 비변사의 권한을 물려받은 의정부나 삼군부는 조선 후기 비변사의 운영 방식을 그대로 물려받았다. 결국 대원군 집권기 삼군부와 조선왕조 개창기 삼군부 사이의 공통점은 의정부에 비견될 수 있는 최고 군사기관이라는 명목밖에는 없었다. 이처럼 조선왕조 개창기라고 하는 모델은 그 모델에 맞추어 현실을 바꾸어 나가야 할 이념이라기보다는, 현실의 문제점을 타개하는 과정에서 동원되고 만들어진 명목이고 이미지였다.

　이와 유사한 사례가 바로 경복궁 중건이었다. 경복궁은 조선왕조를 개창하면서 조성되었으나 1592년 임진왜란 때 소실된 이후 끝내 중건하지 못한 채 빈터로만 남겨져 있었다. 물론 임진왜란 이후 창덕궁과 창경궁이 중건되어 법궁法宮의 역할을 했고, 경희궁이 새로 영건되어 이궁離宮으로 활용되었기 때문에 경복궁 중건이 절박하지는 않았다. 하지만 경복궁은 조선왕조가 개창되면서 조성된 법궁이었으므로 언젠가는 중건해야 한다는 부담이 역대 국왕들에게 남아 있었다.

　1865년 4월 시작된 경복궁 중건 공사는 1868년 7월 고종이 이어함으로써 일단락되었다. 경복궁을 중건하기 시작해 마무리하는 과정에서, 조선왕조는 이제 다시 새롭게 시작한다는 점을 내외에 알리는 효과를 가져올 수 있었다. 혈연적 승계에 약점이 있던 고종은 왕조를 중흥하는 국왕이 될 수 있었으며, 경복궁 중건을 주도한 대원군의 권위는 더욱 높아지게 되었다.

　그 시점에서 대원군은 의정부가 갖고 있던 군사적 권한을 삼군부에 나누어주었다. 의정부가 독점하던 국정에 대한 권한을 무신들이 관장하는 삼군부에 분산시킨 것은 유력 가문 세력들의 반발이 예상되는 개혁이었다. 경복궁 중건이 일단락되자 조선 건국 초기를 현양하는 분위기를 고조시키면서, 삼군부의 설치가 새로운 정치 기구를 만드는 것이 아니라 조선 초기의 제도를 복설하는 것이라고 주장했다. 경복궁 중건의 완성이라는 위세에 눌려서 그런지 삼군부 복설에 대한 노골적인 반발은 보이지 않았다.

이로써 국가를 새롭게 시작한다는 유신維新이 강조되기도 했고, 조선 초기는 숭앙을 받을 만한 가치가 있는 시대로 재해석되었다. 16세기 사림이 등장한 이후 패도覇道·잡술雜術 정도로 치부되었던 부국강병 정책이 거리낌 없이 추진될 수 있었던 것도 이러한 이념적 지평의 변화가 있었기 때문에 가능했다. 이처럼 대원군 정권의 기반을 합리화시키기 위해 동원된 조선왕조 개창기에 대한 강조는 단순히 조선왕조 개창기로의 복귀가 아니었다. 조선 후기 정치·사회질서, 즉 사림이 등장한 이래 형성된 사족 중심의 지배질서를 뛰어넘어 새로운 모색을 가능하게 할 수 있는 원동력이 되었다.

대원군 정권의 태생적 한계 탓에 조선의 건국 이념을 강조하게 된 것이 이 시기 부국강병 정책을 추진할 수 있는 주관적 동인을 만들어주었다면, 조선이 처한 내우외환은 부국강병 정책의 객관적 동인을 조성하고 있었다. 특히 농민 소요에 대처하여 민심을 무마하면서 재정의 안정을 꾀하던 대원군 정권이 대대적인 군비 확장을 병행하게된 계기는 1866년(고종 3) 병인양요였다.

병인양요 이후 군사력 강화의 방향은 포군砲軍을 근간으로 하는 상비병 증설이었다. 병인양요 이전까지 조선군의 기본 전술은 조총을

1395(태조 4)
경복궁 건립.

1592(선조 25)
임진왜란으로 경복궁 전소.

1867(고종 4)
경복궁 중건.

경복궁   임진왜란으로 경복궁이 전부 소실된 후 터만 남은 근정전의 모습을 볼 수 있는 정선의 〈경복궁도〉
(19세기, 왼쪽)와 경복궁 중건 이후 근정전(1910년 이후, 오른쪽).
1867년 위축된 왕권을 회복하려는 의지에 따라 흥선대원군에 의해서 왕권을 상징하는 정궁인 경복궁의 중건
이 이루어졌다. 1868년에 고종이 궁을 사용하기 시작했는데, 약 30년이 지나지 않아서 1895년에 궁 안에서
명성황후 시해 사건이 벌어졌다. 1896년에는 고종이 러시아공관으로 거처를 옮기는 일이 일어났다. 1910년

이후에는 궁의 전각 대부분이 의도적으로 철거되어 일부 전각만 남게 되었고, 총독부 건물이 근정전 바로 앞에 대규모로 들어서면서 궁의 면모가 크게 변화했다. 광복 후에는 정부청사 일부가 들어오기 하고 궁 안에 박물관이 세워지는 등의 변화를 겪었다.

다루는 포수砲手, 활을 쏘는 사수射手, 창을 다루는 살수殺手를 혼합 편성하는 삼수병 체제였다. 그러나 서양과의 전투를 거치면서 군 편제는 포수 중심 체제로 재편되었다. 그리고 번상番上 방식(교대 근무 방식)으로 군사를 확보하는 것이 아닌 상비병 체제로 증강하여 정예화를 시도했다.

군비를 증가시킨 대표적인 지역이 바로 도성 방비의 요충지로서 병인양요와 신미양요의 격전지였던 강화도였다. 대원군은 강화유수가 겸직하던 진무영鎭撫營을 서울에 있는 군영과 같은 지위로 격상시켰다. 진무영의 대장인 진무사鎭撫使에는 무신을 임명하고, 강화유수를 겸직하게 했다. 진무영을 중심으로 강화에는 무기와 전함들이 보강되었고, 포군 3300명의 병력을 설치해 훈련시켰다. 또한 강화의 군사력을 운영하기 위해 심도포량미沁都砲糧米라는 명목의 세금을 신설해, 전국의 토지에서 결結당 쌀 1말[斗]씩을 더 걷었다.

그 외에도 전국 각 지방에는 고을별로 포군砲軍을 설치했다. 당시 배치된 포군 병력은 약 3만 명 정도로 추산된다. 이 시기 새로 배치된 군사들은 흔히 조총이라고 불리던 화승총을 기본 무기로 하는 포군이었다. 이들은 대부분 급료를 받는 상비병으로, 평상시에는 농사를 짓다가 유사시에 동원되던 중세적 군대와는 다른 성격의 병력이었다. 이들은 각 고을별로 수령의 지휘하에 훈련하면서 이양선이 출몰하는 등의 사태에 기민하게 대응하는 한편, 신미양요와 같은 대규모 군사적 침입이 발생하면 서울로 집결해 삼군부 지휘하에 대규모 부대를 형성했다.

이처럼 포군 병력이 대폭 증가하고, 군사 편제도 상비병 체제로 발

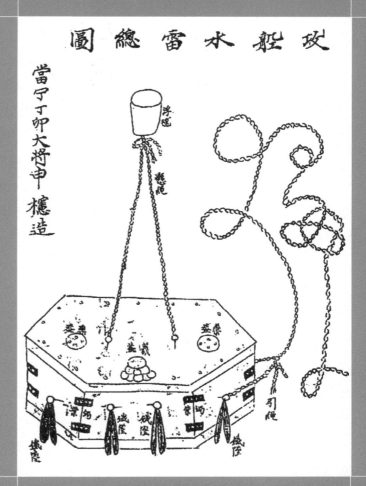

수뢰포   물속에 설치하여 적의 함선을 공격, 침몰시킬 수 있는 무기로서, 잠수부가 수중에 설치한 후 일정한 시간이 지나야 폭발한다는 점에서 오늘날의 기뢰와 비슷하다고 할 수 있다. 이 무기는 흥선대원군이 서양 군함을 격파하기 위하여 훈련대장 신헌으로 하여금 제작하게끔 했으나 실험까지만 했을 뿐 실전에 사용되지는 못했으며 실물이 남아 있지도 않다.

전한 점은 대원군 정권이 추진한 군사력 증가의 주요 성과였다. 하지만 전국적으로 일사불란한 지휘 체제를 갖춘 군사조직이 아니라 여전히 각 고을 단위로 양성되는 한계가 있었다.

그러나 대원군 정권은 군사 편제보다는 무기의 낙후성에서 군사력의 한계를 더욱 절감하고 있었다. 따라서 신무기 개발을 활발하게 진행했다. 새로운 전함의 건조, 수뢰포 제작, 각종 화포류의 개발 등이 이어졌다. 이러한 무기 개발을 위해 중국에서 제작한 대포나 《해국도지》, 《연포도설집요》 등과 같은 서양 무기 제조술이 소개된 서적들을 도입하기도 했다. 그러나 이러한 간접적인 기술 도입만으로는 월등히 앞서 있는 서양의 무기 제조 기술을 따라갈 수 없었다. 대원군 정권이 추진한 군비 확장은 여기서 한계점에 도달했다.

재정 확충과 제도의 정비

대원군 집권 전반기에 추진했던 경복궁 중건, 병인양요 이후 급증한 군비 등은 국가 재정에 커다란 부담이 되었다. 사실 대원군 정권은 출범 당시부터 국가 재정의 고갈과 전국적인 농민 봉기에 허덕이고 있었다. 따라서 대원군 정권은 한편으로는 민심을 달래면서도 다른 한편으로는 대대적으로 세원을 증대시켜야 했다.

대원군 정권은 농민들이 항상 빈궁하고 국가의 재정이 넉넉하지 못한 것은 국가 기강이 문란해져 백성과 국가 사이에서 모리배들이 부당한 이득을 취하고 있기 때문이라고 보았다. 대원군 정권은 해이해진 국가 기강을 바로잡고자 부정을 저지른 관리나 아전 그리고 지방의 유력자들을 가혹하게 처벌했다. 대원군 정권이 기강 확립을 위해 시행한 엄벌은 병인박해 이후 천주교도들에 대한 잔혹한 처벌과 겹쳐져 공포정치를 펼쳤다는 인상을 주었다. 그러나 대원군 정권은 가혹한 처벌만으로 기강이 확립될 수 있다고 보지는 않았다. 대원군 정권은 엄격한 기강 확립과 함께 각종 제도를 정비하는 작업을 병행했다. 이전의 국왕들이 마련한 제도가 아름답지 않은 것은 없으나 세월이 많이 흐르면서 해이해졌으므로 바로잡는다는 명분을 내세우면서 재정을 비롯한 국가 통치 전 영역에 걸쳐 제도를 정비했다.

부세 제도의 개혁은 1862년 농민 항쟁 이후 중요한 현안이었다. 그 중에서도 가장 시급하게 해결하려고 한 문제는 환곡 제도의 개혁이었다. 정권 초기에는 환곡 제도를 폐지해 토지세로 전환하는[罷還歸結] 개혁책을 환곡의 폐단이 가장 심하던 평안도와 충청도에 도입했다. 그리고 나머지 지역에서는 과도하게 부과된 환곡의 부담을 현실에 맞게 경감해 주는 방식으로 개선했다.

한편으로 환곡 제도를 보완하기 위해 사창社倉을 설치했다. 그동안 군현 단위로 시행된 환곡은 행정실무를 담당한 이서층이 운영하는 과정에서 많은 문제를 야기했다고 판단되었다. 이에 따라 사창은 군현보다 작은 지역인 면을 기본 단위로 삼아 설치했다. 그리고 그 운영을 이서층이 아닌 일반 백성 중에서 재산이 많거나 신분이 높은 사람을 자율적으로 선발해 담당하게 함으로써 환곡 제도의 문제점을 개선하고자 했다.

대원군 정권이 시행한 부세 제도 개혁 중 가장 파격적인 것은 아마도 1870년(고종 7)부터 전국적으로 시행된 호포법일 것이다. 호포법 시행은 군포를 징수하는 방법의 개혁이었다. 그동안 군포 징수는 사족을 군포 부과대상에서 제외함으로써 사회적 신분에 따라 차별적으로 운영되었는데, 대원군 정권은 개인[軍丁] 단위가 아닌 호戶를 기준으로 납부하게 했다. 그러면서 사족들의 호도 부과대상으로 삼았다. 또한 개인별로 동일한 액수를 납부하게 하던 군포를 호의 재산 정도에 따라 차등을 두어 부과함으로써 가난한 백성들의 부담을 경감해 주었다. 이처럼 대원군 정권의 부세 제도 개혁은 사족들의 신분적 특권을 인정하지 않으면서 재산이 많은 사람에게 부담을 늘리는 방향으로 진행되었다.

사족들의 특권을 배제하는 정책은 비단 부세 제도 개혁에서만 보이는 것은 아니었다. 1868년 사액賜額(임금이 이름을 지어 편액을 내림)되지 않은 서원書院과 향현사鄕賢祠를 철폐한 데 이어, 1871년에는 47개의 사액 서원을 제외한 모든 서원을 철폐했다. 이로써 사족은 향촌 사회에서 권위를 내세우고 세력을 결집할 수 있는 주요 기반을 상실했다. 이 같은 방식의 개혁은 조선 중기 이래 사림이 구축한 향촌 사회의 질서를 부정하는 것으로, 조선왕조 개창기에 대한 숭상의 분위기 속에서 개혁에 속도를 붙일 수 있었다.

대원군 정권은 제도의 개혁을 추진하면서 이를 법제화시켜 나갔다. 국가의 기본법전인《경국대전經國大典》,《속대전續大典》,《대전통편大典通編》의 뒤를 잇는《대전회통大典會通》을 정권 초기에 간행했다. 비변사 폐지와 의정부 권한의 회복, 종친부 권한 강화 등과 같은 정치 기구 재편을 기본 법전인《대전회통》에 명문화했다. 그 후《육전조례六典條例》를 통해 중앙 정부 각 기관의 구성, 운영 방식, 운영 규정 등에 대한 정비 개혁안을 확정했다.《육전조례》에서 포괄적으로 정리한 것만으로는 그 복잡한 내용이나 중요한 내용을 모두 담을 수 없는 기관들에 대해서는 《종친부조례宗親府條例》(종친부), 《은대조례銀臺條例》(승정원), 《양전편고兩銓便攷》(이조와 병조), 《홍문관지弘文館志》(홍문관) 등과 같이 관서별로 법령집 혹은 관서지를 간행했다. 이처럼 대원군 정권이 모든 중앙 관서의 실무집행과 관련된 구체적인 준칙을 마련한 것은 그만큼 대원군 정권의 정부조직에 대한 개혁이 광범위하고 철저했음을 증명한다.

대원군 정권의 정책들이 사족의 특권적 지위를 인정하지 않는 방향과 제도적 개혁이라는 합리적 측면을 갖는 반면, 원납전願納錢과 같은 사실상의 강제 수탈이 있었다. 원납전은 이름 그대로 '(백성들이 자발적으로) 원해서 납부하는 돈'이라는 뜻으로 국가의 중요한 사업에 백성들이 기부하는 돈을 의미했다. 경복궁 중건에 필요한 재원을 조달하기 위해 본격적으로 징수한 원납전은 경복궁이 중건된 이후에도 군비 확장이나 각종 사업에 동원되었다. 원납전은 개인들의 재산을 정부에서 파악해 재산의 정도에 따라 강제로 부과했다. 이 과정에서 파산하는 사람들이 속출해, 원납전은 '원해서 납부하는 돈[願納錢]'이 아니라 '원통하게 납부하는 돈[怨納錢]'이라는 비아냥거림을 받기도 했다.

또 다른 원망거리는 1866년부터 발행한 당백전當百錢이었다. 당백전의 명목가치는 상평통보의 100배였으나 실질 가치는 상평통보의 5~6배에 불과했다. 당백전을 발행한 정부는 일시적으로 막대한 이익을 남기게 되었지만 물가는 급등했다. 결국 당백전의 통용은 1868년 10월에 중단되었다.

대원군 정권은 1867년(고종 4)부터 청전淸錢을 유통시켰다. 당백전 발

1866(11월)
당백전 발행.

1867(5월)
당백전 주조 중단.

1867(6월)
청전 유통 시작.

1868(5월)
당백전 유통 금지.

1874(1월)
청전 유통 금지.

당백전   당백전은 기존의 1푼짜리 상평통보(당일전)에 비해 실질가치가 5~6배에 불과한데 명목가치를 100푼으로 유통시
킨 악화였다. 6개월 만에 1600만 냥을 주조 유통시켜 쌀값이 1~2년 사이에 약 6배나 폭등했다. 당백전 주조 중단 후 정부
는 청국에서 수입해 온 동전을 유통시켰다. 그 실질가치는 당일전의 3분의 1 내지 2분의 1에 불과하여 역시 물가를 급등시
켰다. 정부는 흥선대원군 하야 직후인 1874년 1월 청전 유통 금지령을 발했으나 이로 인해 재정 궁핍에 처하게 되었다.

행이나 청전 유통 등의 정책은 조선 후기 상품화폐경제가 확대됨에 따라 증대한 화폐 수요를 충족시키는 측면도 있었지만, 물가 급등을 야기함으로써 일반 백성들의 고통을 초래했다. 그러나 원납전 징수, 당백전 발행, 청전 유통 등의 정책이 가진 문제점은 정책의 적절성을 떠나, 여타 개혁들과 달리 공식적인 경로를 통한 제도적 뒷받침이 없었다는 점이다. 즉 개별 정책의 추진을 승인하는 국왕의 포괄적인 명령 이외에는 법전을 통한 제도화 과정이나 추진 과정에 대한 공식적인 파악 혹은 논의를 찾아보기 어려웠다. 따라서 대원군의 자의적 수탈이라는 인상을 갖게 했으며, 대원군 정권이 몰락하게 되자 이러한 정책은 즉각 중단되었고 이는 또 다른 사회·경제적 혼란으로 이어졌다.

서양과의 접촉과 양요의 발생

1860년 북경이 영국·프랑스 연합군에 의해 함락되자 조선인들의 위기감은 극에 달했다. 그러나 이 사건의 직접적인 결과로서 조선이 침략당하는 사태는 발생하지 않았다. 영국·프랑스 연합군의 북경 함락이 조선에 끼친 직접적인 영향은 러시아와 맞닥뜨리게 되었다는 것이다. 러시아가 영국·프랑스 간의 조정을 맡은 것을 빌미로 청과 북경조약을 체결하면서 연해주를 획득했기 때문이다.

조선과 직접 국경을 접한 러시아가 청과 새로운 국경선을 확정 짓는 광경이 조선의 국경 수비대에게 목격된 시기는 1861년(철종 12)이었다. 그러나 곧 철종이 승하함으로써 러시아와의 접촉은 대원군 정권의 몫이 되었다.

대원군 집권 초기 러시아의 위협에 대한 위기감은 러시아가 조만간 조선을 침공할 듯이 필요 이상으로 부풀려져 있었다. 이로 인해 대원군은 러시아의 침공에 대비해 프랑스 및 영국과의 연대도 고려했고, 조선에 몰래 들어와서 포교활동을 하던 프랑스인 천주교 신부와 비밀리에 접촉하기도 했다. 그러나 러시아의 침공 위협이 지나치게 강조되었음이 드러나고 프랑스 신부들이 조선 정부의 정치적 갈등에 간여한다는 혐의를 받음으로써 프랑스와의 연대 시도는 오히려 천주교도들에 대한 대대적인 탄압의 빌미가 되기도 했다.

대원군 정권 초기 러시아의 조선 침공에 대한 위기감은 현실화되지 않았다. 그보다 중요한 사안은 새로이 국경을 접한 러시아로 많은 조선인들이 월경하는 문제였다. 러시아도 초기에는 연해주의 부족한 농업 노동력을 확보하기 위해 조선 측 월경민을 환영했다. 그러나 1869년(고종 6) 함경도에 기근이 닥치자 그해 겨울 무려 수천 명의 조선인들이 월경하는 사태가 발생했다. 단기간에 폭증하는 조선인을 모두 수용하기에는 러시아도 역부족이었다. 이에 1869년 말 조선의 경흥부사와 러시아의 연해주 군무지사 사이에 월경한 조선인의 귀환과 안전보장 등에 관한 교섭이 벌어지기도 했다. 이처럼 일상적 통상·교류를 금지하는 원칙에서 벗어나지 않는 범위에서 지방 관원을 통한 유연한 대외교섭으로 조선은 새로 국경을 접하게 된 러시아와 무력 충돌 없이 평화적인 관계를 유지할 수 있게 되었다.

그러나 프랑스와의 관계는 전혀 다른 방식으로 전개되었다. 프랑스는 1866년 병인박해로 불리는 조선 정부의 천주교 탄압 과정에서 프랑스 신부들이 처형된 것을 빌미로 조선을 군사적으로 침략했다(병인양요). 프랑스는 침략 과정에서 무력 충돌을 피하려는 조선 정부의 어떠한 교섭 요청에도 응하지 않은 채 강화부를 군사적으로 점령하고 천주교 공인과 수호조약 체결을 요구했다.

무력을 앞세운 프랑스군의 요구에 대해 조정 내에서는 화친책이 불가피하다는 의견도 있었으나, 대원군은 프랑스군의 침략에 단호하게 맞서 싸우도록 국론을 주도했다. 이항로李恒老, 기정진奇正鎭 등과 같은 명망 있는 재야의 유생들이 정부의 강경한 대외 정책을 지지한 것도 프랑스에 대한 항전 여론을 조성하는 데 기여했다.

프랑스군이 강화부를 점령할 때 조선군은 프랑스군의 압도적인 화력에 밀려 무기력하게 달아났지만 차츰 전열을 정비하면서 반격을 시작했다. 한성근이 지휘하는 부대는 문수산성에서 프랑스군을 기습했고, 양헌수가 지휘하는 부대는 정족산성에서 프랑스군의 공격을 물리쳤다. 프랑스군은 정족산성 전투에서 패한 뒤 더 이상의 강화부 주둔은 무리라고 판단해 조선에서 철수했다. 프랑스군은 강화부 점령과 철수 과정에서 약탈과 방화를 저질렀고 문화재를 파괴했다. 특히 강화부의 외규장각 등에 보관되어 있던 은괴는 약탈당했으며, 도서 대부분이 잿더미로 변했고, 일부 의궤류는 프랑스로 반출되었다.

프랑스군의 침략을 물리친 대원군 정권은 천주교도가 프랑스군의 침입과 연계되어 있다고 판단해 탄압을 강화했고, 서양과 통상교역을 하지 않겠다는 의지를 더욱 강화했다. 프랑스와 천주교를 배척하는 분위기는 1868년(고종 5) 오페르트 일행의 남연군묘 도굴 시도 사건으로 더욱 고양되었다. 독일인 오페르트는 조선에서 병인박해를 피해 탈출한 프랑스 선교사 페롱의 제안에 따라 대원군의 아버지인 남연군 묘를 도굴한 후 조선 정부와 협상을 벌이려고 했다. 이 과정에서 조선의 천주교도들이 오페르트 일행의 길잡이 노릇을 하기도 했다. 그러나 관을 둘러싼 회벽을 깨뜨리지 못함으로써 이들의 시도는 무위로 그치고 말았다. 비록 실패했지만 이들이 벌인 야만적인 행위로 조선의 프랑스와 천주교 배척은 더욱 강화되었다.

프랑스와 달리 미국과의 교섭은 대원군 정권 초기에는 비교적 평화롭게 진행되었다. 미국이 대원군 정권과 교섭하게 된 계기는 제너럴셔먼General Sherman호 사건이었다. 1866년(고종 3) 미국 국적의 상선 제너럴셔먼호가 대동강을 침범해 교역을 강행하려 했고, 특히 평양에 들어와서 무력 도발 행위를 자행하다가 전원 몰살이라는 비참한 최후를 맞이했다. 이후 미국은 제너럴셔먼호 사건의 진상 및 생존자를 확인하기 위해 1866년에는 슈펠트, 1868년에는 페비거가 인솔하는 함선을 파견했다.

조선은 이들과의 교섭을 러시아의 경우처럼 지방관을 통해 처리하고자 했다. 조선의 지방관원들이 서양 세력과 교섭하면서 준수하는 원칙은 유원지의柔遠之義, 즉 먼 데서 온 사람들에게 부드럽게 대해 주라는 것이었다. 외국인들이 조선의 국법을 의도적으로 어기면 단호히 대처해야 되겠지만 그렇지 않으면 최대한 관용을 베푸는 것이 조선의 대외교섭 시 기본 원칙이었다. 대원군 집권 초기 미국과의 교섭은 조선의 중앙 정부가 아닌 평안도 관찰사 박규수가 주도했는데, 그는 대동강에 진출한 페비거의 함대와 무력 충돌 없이 원만하게 사태를 타결할 수 있었다.

그러나 미국 정부의 목적이 제너럴셔먼호 사건에 대한 진상 규명을 하는 데 그치지 않고 미국 선원들의 조난에 대한 안전보장 및 조선과의 통상조약을 목적으로 한 교섭으로 바뀌면서 서양과의 통상을 금지한 대원군 정권의 정책과 긴장 관계에 들어갔다. 1871년(고종 8) 미국의 아시아 함대는 강화 해역에 출동해 무력 시위를 벌이면서 조선 측이 미국과의 수호조약 체결에 나설 것을 강요했다(신미양요). 이는 애초에 설정한 최소한의 요구 사항이던 조난 선원에 대한 안전보장 문제를 훨씬 넘어서는 요구였다. 대원군 정권은 수호통상조약 체결에 대한 거부와 무력 시위에 대한 결사항전의 결의를 보이면서 지구전을 펼쳐 미국의 의도를 좌절시켰다. 결국 미국은 광성보 전투 등에서 승리를 거두고서도 아무런 성과 없이 조선 해역에서 철수했다. 이후 무력을 앞세우며 통상교역을 강요하는 서양에 대한 대원군 정권의 거부 의사는 더욱 단호해졌다. 서양의 침략에 단호히 대처한다는 의지를 보여 주기 위해 전국의 주요 지점에 척화비斥和碑를 세우기도 했다.

이처럼 대원군 정권은 조선과 새로 접촉하게 된 서양의 여러 나라들에 대해 중앙 정부 차원의 교섭은 가급적 피하면서 지방관 차원의 교섭을 통해 평화적으로 해결하고자 했다. 그러나 서양과의 교역을 금지하는 전래의 규범을 확고하게 유지하려는 것이 대원군 정권의 기본 원칙이었으므로, 러시아를 제외한 프랑스, 미국의 요구는 지방관 차원에서 고식姑息적으로 해결할 수 있는 사안이 아니었다.

프랑스는 처음부터 조선의 영토를 강점하는 등 침략적 성격을 노골적으로 보여 주었다. 그러므로 대원군 정권은 프랑스에 단호한 반침략 투쟁으로 일관했으며, 병인양요 이후에도 양국 간의 적대적인 관계를 해소하려 하지 않았다. 미국도 신미양요 단계에서는 무력 시위를 통해 조선과의 통상조약을 압박하는 침략적 성격을 지니고 있었고, 이에 대

광성보 전투와 척화비　　　　1871년 6월 조선을 개항시키기 위해 원정 온 미국 함대는 조선군의 기습 포격을 평계로 강화도 초지진을 함포사격해 초토화시켰다. 이어서 덕진진을 무혈 점거하고 광성보에서 어재연이 이끄는 600여 명의 조선 수비병과 치열한 격전을 벌여 광성보를 함락시켰다. 미군의 희생은 미미했으나 조선군은 전사 350명, 부상 20명에 달했다. 그럼에도 불구하고 조선 정부가 통상 요구를 거부하자 미군은 강화도에서 철수했다. 조선 정부는 서양의 침략에 단호히 대처한다는 뜻을 보이기 위해 "서양 오랑캐가 침입해 오는데 그와 싸우지 않으면 화친하는 것이요, 화친을 주장하는 것은 나라를 팔아먹는 것이다"라는 글을 새긴 척화비를 전국 각지에 세웠다.

한 대원군 정권의 반침략투쟁은 단호했다. 그러나 양국의 군사적 충돌에도 불구하고 조선 정부는 유원지의의 원칙에 따라 미국의 조난 선원에 대해 신미양요 이전처럼 인도적 지원을 지속할 것이라는 입장을 청을 매개로 삼아 공식적으로 전달했다. 그 결과 조선과 미국 사이의 공식적인 반목은 사실상 해소되었다. 이러한 실질적인 관계의 진전은 1882년 조선이 미국과의 수호통상조약을 체결할 때 양국 간에 앙금처럼 남아 있을 수도 있었던 적대적 감정을 제거해 주었다.

서양 문물에 대한 수용과 배척

대원군은 집권 초기 러시아의 위협에 대비해 프랑스 신부들과 접촉을 시도하거나, 조선과의 접촉을 추진하던 서양 세력들에게 유원지의에 따라 관용적인 태도를 보이는 등의 유연성을 갖고 있었다. 그러나 조선 침략에 대해서는 단호하게 무력으로 대응했다.

대원군 정권은 서양의 침공 위협에 대비하기 위해 각종 무기를 개발했는데, 이를 위해서 중국에서 간행된 서적들을 이용했다. 대표적 서적이 《해국도지海國圖志》, 《영환지략瀛環志略》, 《연포도설집요演礮圖說輯要》, 《칙극록則克錄》 등으로 서양의 지리, 군사·과학 기술 등에 관한 것이었다. 대원군 정권은 이 서적들을 통해 수중 시한폭탄이라고 할 수 있는 수뢰포水雷砲, 대포를 이동하거나 대포 사격의 방향을 손쉽게 잡을 수 있는 마반포거磨盤礮車 등을 제작했다. 또한 품질이 향상된 대포를 대량생산하기 위해 철제 거푸집 제작 기술을 도입하기도 했다.

그러나 동화모銅火帽, 즉 뇌관 제조와 같은 작업은 결코 이루지 못했다. 당시 조선에서도 서양 화기는 동화모를 이용하고 있다는 사실을 알고 있었으면서도, 동화모 제조 기술을 터득할 방안을 찾지 못했다. 서적을 통한 간접적인 방식의 기술 도입만으로 서양의 과학 기술을 수용하는 데에는 한계가 있었다.

대원군이 서양 세력에 대해 유연성을 발휘하고 서양의 군사 기술을 도입했다고 해서, 서양 문물 전반에 대해 수용적 태도를 보였던 것은 아니다. 집권 초기 프랑스 신부들과 접촉을 시도할 때조차도 천주교도들이 제사를 지내지 않는다는 사실은 대원군에게 도저히 용납하기 어려운 문제였다. 더군다나 병인양요, 오페르트 일당의 남연군묘 도굴 시도 사건 등을 겪으면서 서학은 인간으로서 지켜야 할 도리를 넘어선 것이라고 인식했다. 부모와 조상에 대한 효도, 임금과 국가에 대한 충성 등 유학적 입장에서 바라본 가치질서를 근본적으로 부정하는 것처럼 보이는 서학은 야만을 넘어서 짐승과 같은 존재들의 문화로 여겨졌다. 따라서 대원군은 서학을 배척하고 정학正學을 수호하는 것이 집권자로서의 사명이라고 생각했다.

대원군이 지켜내고자 하는 정학의 실체에 대해 재야 유생들의 의견은 달랐다. 대원군 정책의 지향점은 이미 사림 정치의 기본틀을 벗어나는 부국강병적인 데 있었다. 실제로 대명의리론의 상징이던 만동묘나 사림의 근거지인 서원을 대부분 훼철한 것 등에서는 양자의 차이점을 넘어 사림과 대원군이 갈등 관계였음이 분명하게 드러난다. 이처럼 지켜내고자 하는 정학의 실체에 대해서는 의견이 엇갈렸지만 서양 세력의 침입으로부터 정학을 지켜내고자 하는 점에서는 양측의 의견이 일치했다.

서양이 조선을 침입하는 까닭에 대해 대원군 정권은 조선의 서학

1866

이항로, 병인양요를 겪은 후 척사 상소.

1876

최익현, 조일수호조규 반대하는 척사 상소.

1881

이만손과 홍재학, 《조선책략》에 반대하는 집단 상소.

이항로의 상소문(1866)　　위정척사 운동의 첫 단계는 이항로가 전통적인 화이론과 소중화 사상에 근거하여 서양을 금수와 같은 존재로 배격한 데서부터 출발했다. 그는 서양 물건이 기이한 기술로 음습하고 교묘하게 만든 것이라 민생에 유익하지 않은 것이므로 사용하지 말아야 한다고 주장했다. 두 번째 단계로 이를 계승한 최익현과 김평묵 등은 일본과 서양이 한 통속이라는 왜양일체론을 주장하면서 개항을 반대했다. 세 번째 단계는 고종이 서양 문물을 받아들여 개화 정책을 펴는 데 대한 반대 운동으로서, 이만손과 홍재학 등이 집단 상소의 대표격으로 등장하여 전국적인 운동으로 확산시켰다. 1890년대 이후 위정척사 사상은 의병운동의 이념적 기반으로 작용했다.

교도들이 이들의 침입을 유도하기 때문이며, 조선에 서양 물품을 팔기 위한 경제적 동기도 있다고 파악했다. 이에 대한 대비책으로 대원군 정권은 전국에 있는 서학 교도들을 색출하여 처단하고 서양 물품의 수입을 전면 금지했다. 서학에 대한 탄압은 대단히 철저하게 진행되어 대원군 정권 말기에는 조선 내의 천주교 조직이 궤멸 상태에 놓이게 되었다. 그런데 서양 물품에 대한 수입금지령은 정권이 의도한 바와는 다른 방향으로 진행되었다.

그동안 조선의 가장 중요한 대외 무역 상대는 청이었다. 19세기 전반까지 조선이 청에서 주로 수입한 물품은 모자였고, 조선이 청에 수출한 물품은 홍삼이었다. 그러다가 1830년대 중반 이후부터는 주로 청에 들어온 서양의 면제품, 즉 서양목西洋木을 청에서 수입했다. 주요한 교역 장소는 의주를 통해 연결되는 책문후시였는데, 1860년대에는 이미 서양목이 서울뿐만 아니라 지방에서도 널리 수요가 있었다. 이 같은 서양목의 광범위한 유통은 위정척사론자들의 위기감을 고조시켰고, 서양이 조선을 침략하려는 중요한 원인으로 비춰졌다. 이에 따라 대원군 정권은 병인양요 이후 서양 물품에 대한 전면적인 금지령을 내리게 되었다.

그러나 서양 물품에 대한 금지는 간단한 문제가 아니었다. 책문을 통해 수출하는 홍삼에 부과하던 세금은 1851년 이래 중앙 정부의 중요한 재원이 되었는데, 점차 그 액수가 증대했다. 즉 조선과 청 간의 홍삼–서양목 교환은 단순히 양국 무역 종사자들만의 문제가 아니라 막대한 세원을 새롭게 발굴해낸 중앙 정부의 문제이기도 했다.

대원군 정권은 책문에서 징수한 세금을 대부분 군비 증강에 사용했다. 특히 대원군이 가장 심혈을 기울였던 강화도 진무영의 경우 현물을 제외한 돈으로 들어오는 수입이 1년에 약 12만 냥이었는데, 그중 10만 냥 정도가 책문에서의 세입으로 충당될 정도로 큰 비중을 차지했다. 그러나 서양 물품 수입이 금지되면 책문에서의 조선과 청 상인 간의 교역이 사실상 중단되는 사태에 이를 수밖에 없으며, 이는 병인양요 이후 서양의 침입에 대비해 대대적으로 군비를 확장하던 대원군 정권에게 커다란 타격이 되는 것이었다.

서양의 침입이 경제적 이윤을 실현하려는 동기에 의한 것이라는 대원군 정권의 판단은 정확한 것이었을 수도 있다. 그러나 조선이 서양과의 경제적 교역을 단절하면 서양이 조선에서 얻을 이익이 없으므로 조선을 침입하지 않을 것이라는 처방은 현실적인 것이 아니었다. 그리고 서양의 침입을 막아내기 전에 조선의 재정 자체가 파국을 맞을 수도 있었다. 비록 조선 시장이 청을 통한 간접무역 방식이기는 했으나 자본주의 세계 경제 체제에 편입되어 가고 있었으며, 이미 정부의 중요한 재원도 여기에 의존하고 있었다. 그래서 당시 조선은 서양 물품 교역에 따른 이익을 통해 서양의 침입에 대비하는 상황이었다.

서양 물품 교역 금지에 따른 예상치 못한 문제와 맞닥뜨리게 되었지만 대원군 정권은 서양 물품 수입을 재개하는 방향으로 정책을 변경하지 않았다. 그 대신 새로운 청과의 교역품으로, 당백전을 대신해 유통시킬 수 있는 청전을 발견했다. 청전은 청에서 생산된 동전으로 품질이 조악해 청에서는 거의 유통되지 않던 악화惡貨였다. 대원군 정권은 청전을 공식 통화로 인정해 조선에서 유통될 수 있게 했다. 낮은 실질가치(금속)로 들여온 청전을 높은 명목가치로 유통시켜 막대한 중

1876

도끼를 지고 조일수호조규에 반대하는 상소.

....

1905

을사조약의 무효화와 을사오적 처단을 주장하는 상소.

....

1906

전북 태인에서 의병 봉기 후 피체.

....

1906

유배지 쓰시마 섬에서 순국.

최익현(1833~1906)　이항로의 제자로 1873년 흥선대원군의 서원 철폐령의 부당함을 상소하여 고종이 친정하게 하는 데 기여했고, 1876년 조일수호조규에 반대하는 상소를 올렸다가 흑산도로 유배당했다. 1895년 단발령에 대해서도 역적을 토벌해야 한다는 상소를 올렸고 1905년에는 을사조약 무효화와 을사오적 처단을 주장하는 상소를 올렸다. 1906년 4월 전라북도 태인에서 의병을 일으켜 정읍, 홍덕, 순창을 거쳐 남원까지 진격했다가 관군의 저지에 부닥쳐 의병을 해산시키고 서울로 압송되었다. 이후 쓰시마로 유배되었으나 단식으로 저항하다가 순국했다.

간 차익을 얻을 수 있었기에, 청전은 서양목을 대체하는 수입상품이 되었다. 청 상인들도 홍삼 값을 청전으로 지불해 조선과의 교역에서 이익을 얻을 수 있었으므로, 양국 간의 교역은 일단 정상적으로 지속될 수 있었다. 그러나 이러한 교역 형태는 항구적 대책이 될 수 없었다. 청전이 대규모로 유입되면서 조선의 화폐 질서는 급속히 교란되었고 정권 후반기로 갈수록 그 혼란은 더욱 가중되었다. 한편 1871년 신미양요 이후 조선의 군비 증강에 대한 수요는 더욱 증대되었다.

서양의 침입에 대비해 대대적으로 군비를 증강하면서 간접적인 방식으로 서양의 기술을 도입하려던 시도는 무기 개발 및 기술 발전에서 한계 상황에 이르렀다. 서양 침입의 원인을 제거하려던 서양 물품 교역 금지로 경제는 파국에 이르고 있었다. 그런 상황에서 1873년 11월 청전 유통을 비롯한 대원군 정권의 각종 실책을 비난하는 최익현崔益鉉의 상소가 올라왔다. 최익현의 상소를 계기로 국왕이 친정을 선포함으로써 대원군 정권은 몰락하게 되었다.

고종의 친정과 부국강병 정책

고종 친정의 국내외적 배경

대원군 정권이 서양의 침입에 강경하게 대응하는 동안 조선을 둘러싼 국제 정세는 대원군 정권에 더욱 불리하게 형성되고 있었다. 1860

년 제2차 아편전쟁의 여파로 굴욕적인 조약을 감수해야 했던 청은 1861년 말 함풍제의 사망과 동치제의 즉위를 계기로 양무파 관료들이 권력을 장악하게 되었다. 이들은 중체서용中體西用, 즉 중국의 문화를 바탕으로 서양의 문물을 받아들여 자강을 이루겠다는 개혁을 추진했는데, 그 중심적인 기관은 총리아문總理衙門이었다. 청 정부는 서구 열강과의 조약을 준수하고, 군수공업을 비롯한 자본주의적 산업 발전에 힘을 기울였다. 이로 인해 서구와 군사적 충돌은 더 이상 발생하지 않았고 새로 수교하는 국가도 대폭 늘어남에 따라 청은 조약의 불평등성을 완화하려고 노력했다. 태평천국의 난(1851~1864)이 진압된 이후로도 지속적으로 중원 지방에 출몰하던 염군捻軍 등도 대부분 진압되었다. 청이 외세의 침입과 내란을 평정하면서 정세가 안정되는 기미를 보이자 당대 중국인들은 청이 '중흥中興' 하고 있다고 기대하면서 당시의 안정기를 가리켜, 연호를 따서 '동치중흥同治中興' 이라고 부르며 자부심을 갖게 되었다. 이처럼 위기 상황을 해결한 청 양무파 관료들은 조선이 서구 열강과 지속적으로 군사적 긴장 관계에 놓이는 것은 바람직하지 않다고 여겼다. 특히 1874년 일본의 대만 침공은 일본에 대한 청의 의구심을 높였고, 1870년대 말 이리분쟁●(1871~1881)으로 러시아와의 관계도 극도로 악화되었다. 청은 국경 지역에 대한 관심을 증폭시키면서 점차 조선에 대해서도 의례적인 관계를 넘어 실질적인 영향력을 높이려고 했다.

한편 일본은 1854년 미일화친조약, 1858년 미일수호통상조약 등을 계기로 서구에 문호를 개방하고 서구 문물을 도입하면서 부국강병 정책을 펼쳐 나가고 있었다. 막부 말기, 일본에서는 서양과의 교류 방식

이리분쟁
러시아가 청령 투르키스탄을 점령하면서 청과 충돌한 사건.

을 두고 개국론자와 쇄국양이론자들이 격렬하게 대립했다. 그 결과, 쇄국양이론을 주창하는 세력들이 막부를 타도하고 1867년 12월 천황의 친정 체제를 수립했다(메이지유신明治維新). 이후 이들 메이지유신 주도 세력은 쇄국양이책을 포기하고 서양과의 통상을 수용했고, 중앙 집권화와 근대화를 급속히 진행했다. 그러나 이들의 권위적이고 일방적인 근대화 정책 때문에 불만 세력들이 증대하면서 일본 정부는 이들의 불만을 국외로 돌리고자 했다. 이에 따라 그들의 외교 정책은 주변 국가에 대해 침략적인 성격을 가지게 되었으며, 그 주요 대상이 바로 조선이었다.

조선은 서양과의 통상을 거부하면서 사대교린 관계를 지키고자 했지만, 교린 체제의 바깥에 놓인 서구 열강뿐만 아니라 교류 대상인 청과 일본도 변화하고 있었으며, 그 영향은 점차 조선을 압박해 들어오기 시작했다.

한편 대원군의 독단적인 국정 운영은 반대 세력의 불만을 사기도 했다. 무신과 남인 및 북인의 등용은 정권의 사회적 기반을 확대시킬 수 있었지만, 오랫동안 권력을 독점하고 있던 유력 가문 세력에게는 불만이 될 수밖에 없었다. 또한 대원군이 종친부의 권한을 강화하면서 전주 이씨 전반에 대한 특혜를 비상식적으로 강화하면서도 정작 국왕의 형제나 여흥 민씨, 풍양 조씨 등과 같은 가까운 외척에 대한 배려는 미약했기 때문에 이들 국왕의 친인척 세력은 불만을 가진 유력 가문 세력들과 결합하게 되었다.

사족들도 대원군 집권기에 향촌 사회에서 주도권을 급격히 빼앗기고 있는 것에 대해 불만이 많았다. 군포의 수납이 호포제로 바뀌면서 군포의 납부를 면제받던 사족들은 신분적 특권을 상실했다고 느꼈다. 사창社倉을 운영하면서도 사족들은 운영의 주도권을 놓고 부유한 평민들과 경쟁하게 되었다. 사족들의 가장 큰 불만은 사족들이 결집할 수 있는 근거지인 서원이 47개의 사액 서원을 제외하고는 모두 철폐되었다는 점이었다. 서원 철폐는 명明 신종에게 제사지내던 만동묘를 1865년(고종 2) 철폐한 것과 더불어 대원군의 정책에 불만을 품던 사족들이 대원군 정권을 공격하던 주요 사유였다.

대원군 정권이 정치적으로 공격받는 배경에는 사족뿐만 아니라 광범위한 사회적 불만이 자리 잡고 있었다. 경복궁 중건 이래 끊임없이 이어지는 관아의 중수로 재정의 압박은 커졌다. 병인양요, 신미양요 등과 같은 끊임없는 외세와의 갈등과 그에 대비하는 군비 증강의 압박은 점점 더 누적되었다. 이러한 재정 압박을 해결하기 위해 발행했던 당백전이나 당백전 철폐 이후 통용시켰던 청전은 물가의 급격한 상승을 불러왔다. 부세 제도 개혁 등과 같은 민심 수습책과 각 지역에 설치된 포군 등과 같은 군사적 폭력성으로 말미암아 자연발생적인 민란은 현저히 감소했으나, 농민 항쟁은 좀 더 조직화된 병란兵亂 형태로 발전하고 있었다. 이필제李弼濟가 삼남 지역을 돌아다니면서 각종 민란을 조직할 수 있었던 배경에는 전국적으로 만연한 민심 이반 현상이 있었다. 특히 이필제와 동학 교도가 결합해 거사한 1871년 영해난에서 보듯이 농민 항쟁은 빠른 속도로 성장하고 있었다.

대원군은 중간 수탈을 방지하기 위해 국정을 일일이 챙기고 부정을 자행한 관리를 엄벌에 처하는 등 기강을 확립하는 데 진력했다. 그러나 대원군의 부패 척결 노력은 사적인 영역을 탈피하지 못한 대원군 자신의 한계에 봉착했다. 지방 각지에 설치된 포군은 구조 자체의 한계 때문에 국왕에게 그 결과만 통보될 뿐, 어떤 기반으로 어떻게 운영되는지 국왕이 직접 파악하기 힘들었다. 청전의 유통은 물가 상승을 초래해 민생을 피폐하게 했지만, 그 유통 경로나 수입량에 대해서는 파악조차 불가능했다. 따라서 대원군이 그 배후에서 사사로운 이익을 추구한다는 혐의를 받을 수 있었다.

당시 조선에서는 대원군 정권에 대한 광범위한 불만이 존재했지만 그렇다고 대원군에 대적할 만한 특정한 반대 세력이 형성되기는 어려웠다. 그만큼 대원군은 반대 세력을 효과적으로 제압하고 있었다. 대원군이 해결할 수 없는 가장 취약한 정치적 명분은 바로 국왕이었다. 대원군은 국왕의 아버지라는 권위로 정국을 주도할 수 있었을 뿐, 국왕은 아니었다. 고종은 1863년 즉위 당시에는 12세의 어린 나이였지만 대원군이 집권한 지 10년이 되어 가면서 가례도 치른 성년이 되었다. 이러한 상황에서 공개적으로 발설하기는 힘들었지만 성인이 된 국왕을 제쳐놓고 대원군이 여전히 모든 국정을 독단하는 것은 왕조 국가의 명분에서 크게 어긋나는 일이었다.

더군다나 성인이 된 고종은 점차 자신의 역할을 찾으려는 모습이 역력해졌다. 왕실 행사를 주도하는 일이 많아졌고, 신료들과의 대화를 통해 실무에 대해서도 점점 구체적으로 파악하게 되었다. 급기야 대원군의 분부로 부과했던 도성의 문세門稅가 국왕의 전교로 철폐되었다. 이를 계기로 고종과 대원군의 갈등이 드러나기 시작했으며, 대원군에게 불만을 품고 있던 세력이 결집할 수 있는 명분이 만들어지기 시작했다.

이런 상황에서 대원군의 정치 관여를 직접적으로 비판하는 최익현의 상소가 올라왔고, 이를 계기로 고종이 친정親政을 선언하면서 대원군의 참정은 봉쇄되었다. 이러한 정치변동의 배후에는 고종의 처가인 여흥 민씨 세력, 대왕대비 신정왕후의 친정인 풍양 조씨 세력 등이 있었다. 이들은 일부 왕실 인물들의 협력과 안동 김씨 세력의 묵인을 얻어낸 것으로 보인다. 물론 대원군 실각의 가장 중요한 요인은 고종 자신의 친정에 대한 강한 의지였다.

정국의 동향과 척화론의 퇴조

대원군의 참정을 비난하는 상소를 올린 최익현에 대해 대원군 세력이 파상적으로 공격하던 정국은 1873년 11월 4일 밤 고종이 친정하겠다는 하교下敎를 내린 것을 계기로 대원군 세력이 잇달아 처벌되는 상황으로 역전되었다. 고종은 최익현에 대한 처벌을 육지에서 멀리 떨어진 곳으로 유배보내는 절도안치絶島安置로 마무리했다. 그리고 국왕의 친아버지인 대원군에 대한 효를 강조하면서 최익현에게 더욱 무거운 벌을 내릴 것을 완강히 주장하던 홍순목, 강노, 한계원 등 삼대신 이하를 처벌하고, 이유원과 박규수를 영의정과 우의정으로 삼는 인사 조처를 단행했다.

대신 이외 눈에 뜨이는 관료들의 변동은 척족인 조영하趙寧夏와 민치상閔致庠, 종친인 이재원李載元 정도였다. 이들은 군사권과 재정권 등 국가권력의 핵심 요직을 차지했다. 그리고 중전의 친정 오라버니로서 이 시기 세도가였던 민승호閔升鎬는 친어머니의 상중에 있었기 때문에 공식 직책을 맡지 못한 채 배후에서 정국을 주도했다.

대원군이 비록 권좌에서는 물러났으나, 아직 핵심 권력집단 이외에 관료사회 전반에 걸친 세력 교체가 이루어진 것은 아니었고 고종의 친정 기반은 여전히 취약했다. 이로 인해 국왕과 직접 관련된 치안도 불안했다. 1873년 12월 초순에는 경복궁에 큰 화재가 발생해 국왕은 창덕궁으로 이어할 수밖에 없었다. 그 이듬해인 1874년(고종 11) 11월에는 의문의 폭발물 사고로 민승호 일가가 사망했다.

1874년 7월 대원군이 양주의 직곡直谷으로 거처를 옮긴 이후 정국은 극도로 불안해졌다. 대원군이 도성을 떠난 것은 고종과 그 친위세력에 대한 시위였고, 대원군 세력에게는 반격의 명분을 주는 것이었다. 1874년 10월과 12월 대원군의 봉환을 요청하는 상소가 이어졌고, 급기야 1875년 3월 이후에는 영남 유림들이 세 차례나 만인소를 올렸다. 영남 유림들은 상소에서 대원군이 도성을 등진 연유가 고종의 아버지에 대한 효심이 부족했기 때문이니, 효성을 극진히 해 대원군을 도성으로 모셔 오라고 요구했다. 이는 국정에 대해 대원군의 자문을 받으라는 압력이었다. 그러나 고종은 결코 유림의 압박에 굴복하지 않고, 만인소 주도자들을 사형에 처하라고 지시를 내리는 등 강경하게 대응했다. 결국 1875년 6월 대원군 스스로 운현궁으로 돌아옴으로써 사태는 일단락되었고, 정국은 비로소 안정되었다.

우의정 박규수(1874년 9월)와 영의정 이유원(1875년 4월)의 사직으로 진용을 새로 갖춘 이최응李最應, 김병국 두 대신 체제는 1882년 1월까지 지속되었다. 도성의 핵심 군영인 훈련도감은 1875년 조영하가 대장을 맡은 이래 1881년 정월까지 장악했다. 민승호가 사망한 이후 민씨 척족의 중심 인물, 이른바 세도가는 민규호였다. 그러나 민규호는

1878년 사망하고 세도는 민겸호에게 넘어갔다. 한편 민승호에게 입적된 민영익은 1878년 4월 의정부 부유사副有司를 맡은 이래 의정부의 실무를 관장하면서 권력의 새로운 실세로 부각되었다.

이처럼 친정 초기 불안한 정국에서 고종은 대원군 세력의 반격을 물리치고 여흥 민씨 등을 비롯한 유력 가문들을 배경으로 권력을 장악해 정국을 안정시켰다. 이와 함께 대원군의 집권 기반을 신속하게 무력화시켰다. 즉 대원군 집권기에 시행되었던 조처에 대한 혁파와 이전 제도의 복구가 이어졌다.

이를 위해 고종은 대원군 집권기에 권한이 강화되었던 무신들의 기반을 약화시켰다. 1874년 12월에는 삼군부의 기반이 되는 각 군영의 대장들을 판서보다 아래의 품계인 종2품으로 환원했다. 1875년(고종 12)에는 무신이 관장하던 강화도 진무영을 문신인 강화유수가 관장하게 했다. 재정 부담을 가중시키는 지방의 포군 증설은 중단되었고 무기의 정예화를 위한 특별한 시도도 보이지 않게 되었다. 고종은 대원군 집권기에 강화된 군사력을 직접 감축하지는 않았으나, 무신들의 기반이 약화되면서 군인들의 사기가 저하되고 군사에 대한 통제력이 약해져 국방력의 약화가 우려되었다.

불안한 정국과 부족한 재정에 시달렸던 고종은 국가적 차원의 국방력 강화보다는 군사에 대한 통제권 확보에 진력했다. 이를 위해 만들어진 것이 바로 무위소武衛所였다. 무위소는 국왕 호위를 목적으로 국왕의 전교로 창설된 기관으로, 고종이 실무 관료들의 반발을 무릅쓰면서 권한을 확대시켜 대원군 집권기의 삼군부를 대치하는 최고 군사기관이 되었다. 무위소 도통사都統使의 서열은 병조판서보다 높았고,

무위소 제조는 선혜청 제조 및 훈련도감 제조를 겸임해 재정 및 군사를 관장할 수 있었다. 무위소 도통사는 조영하·민규호·민겸호 등의 척신과 이들이 신임하는 이경하 등의 무장들이 맡았다.

한편 고종은 대원군에 의해 등용되었던 남인 및 북인계열 인사들을 권력에서 배제시켜 나갔다. 권력은 여흥 민씨 세력을 비롯한 외척들에게 집중되었다. 외척들은 노론의 핵심 가문들이었으니, 이러한 권력의 변동 과정에서 때로는 노론의 명분을 다시 확인해 주기도 했다. 고종은 대원군 집권기 지나칠 정도로 비대해졌던 종친부의 권한에 제한을 둠으로써 고종의 가까운 혈족까지만 우대하고 선파인 전체에 대한 특혜는 줄였다.

고종의 친정 기반 강화는 곧 대원군 계열 정치 세력의 기반 약화를 의미했다. 무리하게 추진된 부국강병 정책으로 취약성이 노출된 대원군 정권을 붕괴시킨 후 친정의 기반을 확대한 고종의 정책은 부국강병 정책을 부정하고 있었다는 점에서 반사적으로 문치를 숭상한 것 같은 외양을 갖고 있었다. 그러나 이 시기에 나타난 고종의 정책은 외척 세도에 의한 반동의 성격이 강했다. 즉 외척을 중심으로 한 소수의 경화사족들이 정권을 과점하고, 지방에 대한 중앙 정부의 강력한 통제력이 이완된 채 부정부패가 만연해지는 현상이 부활했다. 다만 국왕이 외척 가문에 대한 통제력을 갖고 있었다는 점에서 세도정치기 당시 국왕권이 외척 가문에 의해 위축되었던 것과는 차이가 있었다.

대원군 하야 직후 단행되었던 반反대원군 정책 중 가장 큰 영향을 끼친 것은 청전淸錢의 혁파였다. 고종이 친정을 선포한 직후 서둘러서 청전을 혁파한 직접적인 이유는 청전에 대한 당대인들의 불만을 이용해 대원군 세력에게 자금이 유입되는 것을 막아보려는 데 있었던 것으로 보인다. 그러나 청전 유통의 혁파는 화폐 교환이나 부족한 화폐유통량의 보충 등에 대한 준비 없이 진행되어 유통경제에 매우 큰 충격을 주었고, 만성적인 정부 재정 적자의 계기가 되었다. 이처럼 청전 혁파는 이를 대체하는 새로운 화폐 발행 정책을 만들어내지 못하여 정권의 사회적 기반이 점점 축소되고 민심이 이반하는 결과를 초래했다.

한편 고종이 대원군 정권의 정책을 부정했다고 해서 대원군 정권에 의해 권한이 약화된 지방 사족들의 권위까지 부활시켜 준 것은 아니었다. 가령 대원군 정권이 철폐한 서원은 지방 유생들의 끊임없는 요구에도 복설하지 않았고, 다만 만동묘를 다시 설치하는 상징적인 조처만을 취했다. 물론 다시 설치된 만동묘조차도 그 제사를 지내는 주체는 예전처럼 지방 유생들이 아니라 국왕의 대행자인 수령으로 바뀌었다. 호포법이나 사창제 등도 지방 유생들의 반발에도 불구하고 그대로 유지하였다. 이러한 고종의 정책 경향은 이 시기 권력 변동이 서울에 근거지를 둔 정치 세력 간의 변동이었으며, 지방 사족들의 입장은 철저히 배제된 것이었음을 보여 준다.

향촌 사회에서 특권적 지위를 박탈당해 대원군 정권에 불만을 품었던 지방 사족들은 고종이 친정을 행한 이후에도 불만을 해소할 기회를 잡지 못했다. 이렇게 누적된 불만은 이후 척화 정책이 후퇴하고, 급기야 개화 정책이 추진될 때 위정척사 운동으로 분출되는 기반이 되었다.

고종이 친정 이후 조심스럽지만 분명하게 정책적 전환을 모색한 부분은 바로 대외 정책이었다. 특히 대원군 정권이 무리하게 추진했던

청전

강경한 척화 정책을 완화시켜 나갔다. 척화 정책을 완화하려는 조짐은 청과의 무역 정책의 변화에서 간접적으로 확인할 수 있다. 1874년 5월 고종은 중국 광동廣東에서 제조한 면직물의 수입을 허락하는 조처를 내렸다. 고종이 친정을 선포한 직후 단행한 청전 혁파는 조선과 청 간의 교역에 타격을 주었다. 이에 대한 보완책으로 고종은 서양 면직물 수입 금지 조처는 유지하면서도 광동에서 생산된 면직물, 즉 광동목廣東木의 수입은 허락한 것이다. 그러나 당시 광동 지역에서는 면직물이 생산되지 않았다. 결국 광동목 수입 허가는 서양목 수입 반대여론을 피하기 위한 방편이었을 뿐, 실질적으로는 서양목의 수입을허락하는 조처였다. 이는 대원군 정권이 추진했던 강력한 척화 정책의 수정을 의미했다.

교린 정책과 강화도조약

친정 초기 대외 정책의 중요한 현안은 일본과의 관계를 재정립하는 문제였다. 이는 사대교린 체제를 근간으로 했던 동아시아 국제 질서가 만국공법萬國公法 질서, 즉 서구의 국제법 질서로 전환되는 문제였다. 그런데 조선과 공식적인 국가 관계를 수립한 적이 없었던 서구 세력과 달리 일본이나 청은 오래전부터 조선과 공식적인 관계를 지속하고 있었다. 그렇기 때문에 이들과 새로운 관계를 정립하고자 할 때, 이전의 관계를 어떻게 정리할 것인가 등의 복잡한 문제가 제기될 수밖에 없었다.

조선은 청에 사대事大하는 것과 달리 일본에 대해서는 대등한 관계로 교린 관계를 맺고 있었다. 즉 조선 국왕은 일본의 실질적인 지배자였던 막부의 쇼군將軍과 대등한 입장에 서서 쇼군의 습직襲職을 축하하거나 조문하는 예 등을 표하는 통신사通信使를 파견함으로써 상호 간의 우호 관계를 유지했다. 다만 임진왜란의 경험이 있었던 조선은 내륙의 정세를 관찰할 우려가 있는 일본 측 사절은 받지 않았다.

그 대신 왜관倭館을 설치해 양국 간의 통교업무를 총괄하도록 했다. 왜관은 1677년(숙종 3) 이래 동래부사가 관할하는 부산 초량草梁에 설치되어 있었다. 조선 정부는 일본에서 도항하는 사람들을 통제하기 위해 쓰시마번주의 문인文引을 받도록 했다. 또한 쓰시마번주가 조선에 보내는 서계書契에는 조선 국왕이 하사한 도장을 찍게 하는 등 엄격한 격식을 규정해 시행했다. 즉, 쓰시마번주의 서계와 왜관에서의 교역 형식은 조공적 무역 형태를 띠고 있었다.

일본은 1854년(철종 5) 미국을 비롯한 서구의 여러 나라와 조약을 체결해 문호를 개방했고, 이후 서구의 제도를 적극적으로 도입하면서 쓰시마를 매개로 한 조선과의 관계를 중앙 정부 간의 관계로 변화시키고자 했다. 특히 1868년(고종 5) 막부체제를 무너뜨리고 천황天皇 친정 체제를 수립한 메이지 정부는 조선에 왕정 복고를 통고함과 동시에 조선과의 관계도 재정립하고자 했다.

일본 정치체제의 변동을 알리는 서계를 쓰시마번주 측이 1868년 말 왜관에서 조선 측 역관인 안동준安東晙에게 전달했다. 그런데 그 서계에는 지금까지 조선과의 관계를 '사사로운 교제[私交]'로 규정함으로써 전통적인 교린 관계의 공식적 성격을 전면적으로 부정했고, 특히 황실皇室, 봉칙奉勅 등 전통적으로 지켜 오던 격식과는 다른 용어들을 사용했다. 이는 그동안의 교린 전통에 어긋났고, 특히 중국의 제후국을 자처하는 조선으로서는 일본이 조선에 대해 종주국宗主國 행사를 하려 한다는 혐의를 갖게 만들었다. 이에 대원군 정권은 일본이 서계의 형식을 원래 규정에 맞도록 작성해야만 공식 접수가 가능하다는 입장을 보였다. 그러나 일본은 규정에 어긋난 서계를 고집함으로써 서계는 공식적으로 접수되지 못했다. 조선 정부는 전통적인 교린 관계의 틀 내에서 일본과의 새로운 관계를 모색하자는 입장인 데 반해 일본 정부는 만국공법적 질서, 즉 서양의 국제법 질서를 근간으로 삼아 교린 체제를 전면적으로 부정하려는 경향이 강했다는 근본적인 차이점이 있었다. 결국 새로운 외교 관계 수립은 진전을 보지 못했고, 쓰시마번주는 조선 국왕이 하사한 도장을 이용하면서 조선과의 교역을 유지시켜 나갔다.

폐번치현
폐번치현은 번을 폐지하고 현을 설치한다는 뜻으로 이전까지 지방 통치를 담당하던 번을 폐지하고 중앙 정부가 부와 현을 일원화해 통제하는 행정 개혁이다.

　그러나 1871년 일본에서 폐번치현廢藩置縣*의 결과 조선과의 통교를 담당했던 쓰시마번의 업무는 외무성이 관할하게 되었다. 일본은 1872년(고종 9) 조선에 이러한 사실을 통지하는 외무성 관리를 부산 왜관에 파견했다. 이러한 일본의 일방적인 조처에 대해 조선 정부 역시 강경하게 대응해 이들의 면담 요청은 물론이고 문서 접수마저 거부했다. 이에 일본 관리들은 조선의 동의 없이 함부로 왜관을 나와 동래부에 이르러 동래부사와의 면담을 요구했으나[倭館欄出] 면담은 끝내 성사되지 않았다. 1873년 일본은 외무성 고위관료인 하나부사花房義質를 파견해 조선이 쓰시마번주에게 대여하고 있던 왜관을 일방적으로 접수해 외무성의 공관으로 삼았고, 이로 인해 조선과 일본의 관계는 더욱 악화되었다.

　그러던 중 조선에서는 대원군이 하야하고 고종이 친정에 나섰다.

고종은 대원군의 강경한 척화 방침을 변경했다. 특히 대만에 출병했던 일본군이 조선을 침략할지도 모른다는 정보와 함께 이 기회에 조선은 서양과 통상조약을 맺으라는 청 총리아문總理衙門의 비밀 자문咨文이 1874년 6월 도착했다. 고종은 서양과 통상조약을 맺으라는 권고에 대해 청의 전례 없는 내정 간섭이라며 일단 기각하면서도 일본과의 외교 관계를 중앙 정부 차원에서 공식적으로 재검토하기 시작했다. 그 결과 일본과의 교섭에서 실무 담당자였던 훈도訓導 안동준이 부정을 자행했을 뿐 아니라 외교적으로도 불필요한 문제를 일으켰다는 이유로 처벌됐다. 일본이 보내온 서계에 사용된 '황皇'이나 '칙勅' 등의 단어는 스스로 높이려는 표현일 뿐이고 조선에는 칭할 것을 요구하지 않았음에도 이를 문제 삼는 바람에 일본과의 교섭이 두절되어 선린 관계를 저해했다는 것이다. 이는 대원군 집권기 유지되었던 강경한 척화론이 후퇴하고 있음을 의미했다.

하지만 이러한 입장 변화가 곧바로 서양과의 통상조약 체결이나 일본을 통한 서양 문물의 도입을 의미하지는 않았다. 그보다는 일본과의 불필요한 마찰로 인한 국경 문제의 발생을 미연에 방지하고자 하는 의도였던 것으로 보인다. 당시 대원군 세력의 반발이 거센 가운데 고종의 친정 기반은 대단히 불안했고, 특히 청전 혁파 이후 재정 궁핍으로 강력한 척화책을 유지하기 어려웠던 것으로 보인다. 그러나 격식을 어긴 일본의 서계에 대해 고종을 비롯한 권력집단이 유연한 태도로 넘어갔음에도 불구하고, 서계를 휴대한 일본 관리들을 위한 동래부사의 연향宴饗 자리에 일본 관리가 서양 복식으로 나타나서 이전의 접대와는 다른 격식을 주장함으로써 교섭은 또다시 난항을 겪었

운요호   일본이 영국에서 수입한 근대적 군함이다. 일본은 1853년 미국의 군함 외교에 의해 개항한 것을 그대로 모방하여 조선을 개항시키고자 했다. 운요호는 1875년 서해안을 거슬러 강화도에 이르렀다. 일본 해군은 담수 보급을 받겠다는 명목으로 작은 보트를 타고 강화도 초지진에 접근했다. 조선 수군은 예고도 없이 침투하는 일본군 보트에 포격을 가했다. 일본군은 모함으로 되돌아가 조선군에 함포로 포격을 가했으며 영종도에 상륙하여 조선군에게 큰 피해를 입히고 무기도 탈취했다. 일본은 이 사건의 책임을 조선에 물으며 수교 통상할 것을 강요하였고 이듬해 1876년 2월 3일 강화도에서 조일수호조규가 체결되었다.

다. 이에 서계 접수 문제가 논란이 되었고 1875년 5월 조선 정부는 논의 끝에 새로운 복제를 입은 일본 관리들의 서계 접수를 거부하는 것으로 결론을 맺었다. 아직은 일본에 대한 강경론이 조정의 다수 의견이었다. 그러나 조선 정부는 이러한 강경한 방침을 일본에 통고함과 동시에 별도로 역관을 파견해 연향에서 일본 관리의 서양식 복제服制도 허용할 의사가 있음을 알리는 이중적인 모습을 보였다. 그리고 그해 8월 서계의 원본 접수를 최종 결정했다.

그러나 조선 정부의 이러한 양보가 일본 측을 협상 테이블로 끌어들이지는 못했다. 일본은 서양에 대한 개항 이후 점증하는 국내 불만 세력들의 관심을 대외적으로 돌리기 위해서라도 대외적인 침략에 강한 유혹을 느끼고 있었다. 다만 그 명분과 시점이 필요했다.

서계의 접수로 일본과의 군사적 충돌은 넘길 수 있을 것이라고 본 조선 정부의 희망과는 달리 일본은 1875년 9월의 운요호雲揚號 피격을 구실로 12월 군사를 이끌고 조선과의 새로운 조약을 요구하며 강화도에 나타났다. 이에 정부는 신헌申櫶을 접견대관接見大官으로 파견했다. 이들의 협상 결과 1876년 2월 양국 간에는 강화도조약(조일수호조규)이 체결되었다.

일본과의 협상을 반대하던 세력들은 일본과 서양은 동질적인 집단[倭洋一體]이라고 주장했으나 조선 측 협상단은 일본은 일본이고 서양은 서양이라고 파악하고[倭自倭 洋自洋] 사대교린의 외교 형식을 벗어나지 않는 입장에서 일본과의 교섭에 임했다. 조약의 첫머리에 '과거의 우호적인 관계를 더욱 발전시키기를 원한다[欲重修舊好]'라는 표현을 삽입한 것은 교린 정책의 연장에서 본 조약에 임한다는 조선의 입장을 일본으로부터 확인받으려 한 것이었다. 일본이 제시한 조약문 중에는 조선이 이후 다른 국가와 조약을 체결할 때 새로운 특권을 주게 되면 일본도 그 내용을 공유하겠다는 최혜국 대우 조항이 실려 있었으나 조선은 서양과 통상할 의사가 없다고 하여 이 조항을 거부했다.

조약의 주체를 조선과 일본 각 국가의 국왕으로 하지 않고 대조선국과 대일본국이라는 국명으로 표현한 것이나, 추후 교섭을 조선의 예조와 일본의 외무성 간의 대등한 외교 체제에 의해 진행한다는 조항도 조선의 의도를 관철한 것이었다. 교섭의 발단이 되었던 운요호 피격 문제에 대해 조선 정부는 어떠한 사과도 하지 않았다. 사실 운요호 피격 문제는 일본이 억지로 만든 사건이었기 때문에 일본으로서도 더 이상 강하게 주장할 수 있는 처지도 아니었다.

이에 반해서 일본에 불법 점거당한 초량의 왜관을 일본 공사관으로 공인해 사실상의 조차지租借地가 될 수 있게 한 점이나, 부산 이외에 두 곳의 추가 개항 약속, 조선 연해에 대한 일본의 자유로운 측량 허용, 영사재판권의 인정, 일본 사신이 서울에 머물 수 있게 한 점 등은 이후 일본이 조선에 대한 경제적 침탈을 하는 데 유리한 바탕이 되었다. 특히 강화도조약 5개월 뒤인 7월에 체결된 조일수호조규부록 및 일본인민무역규칙에서는 개항장에서 일본 화폐를 통용하게 하고, 일본이 조선에서 무관세로 미곡을 수입해 갈 수 있게 함으로써 조선에게는 불리한 협상이 되었다.

이처럼 조선에 불리한 조약이 되었던 근본적인 원인은 조선이 일본과의 협상을 주로 정치적 입장에서 접근해 가급적 교린 약조의 원칙을 지켜 나가려고 했기 때문이었다. 조선 측 협상단에게 상인들의 교역은

조일수호조규　　한일 양측 회담도(왼쪽)와 조약 체결 당시 강화도 남문에 모여든 사람들(오른쪽). 1876년 2월 강화도 연무당에서 조일수호조규를 논의하기 위해 조선 대표 신헌, 일본 대표 구로다 기요타카黑田淸隆 등이 모여 회담하는 장면이다. 조일수호조규의 주요 내용은 ① 조선은 자주국으로 일본과 평등한 권리를 가진다, ② 양국

1876
조일수호조규 조인.

1880
일본에 원산 개항.

1881
조사시찰단(신사유람단) 일본 파견.

은 15개월 후 수시로 사신을 파견하여 교제 사무를 협의한다, ③ 조선은 부산 이외에 두 항구를 20개월 이내에 개방하여 통상을 한다, ④ 양국 인민은 각자 임의로 무역하며 양국 관리는 조금도 간섭하거나 제한하거나 금지할 수 없다, ⑤ 양국 인민이 죄를 범하였을 경우 각기 국가의 관청에 넘겨 조사 판결한다 등이었다. 이 조약은 같은 해 7월 '조일수호조규부록'과 '일본인민무역규칙'으로 보완되어 일본의 경제적 침략의 계기가 되었다.

정치적 협상에 따른 부차적인 사안이 될 수밖에 없었다. 이런 점에서 근대적 개항의 경험을 바탕으로 무역 확장에 주안점을 두고 협상에 임했던 일본은 손쉽게 경제적으로 유리한 조약을 체결할 수 있었다.

강화도조약 체결 직후 조선의 여론은 불평등 조약에 대한 불만보다는 일본과의 무력 충돌 위기가 무사히 해결된 것에 안도하는 분위기가 우세했다. 일본의 서계를 접수해서는 안 된다는 의견을 펼쳤던 대원군도 강화도조약이 체결된 이후에는 반대 의견을 피력하지 않았다. 조약 체결을 위한 협상 과정에서는 최익현 등이 조약 체결을 반대하는 상소를 올리기도 했지만, 조약이 체결되자 조약을 파기해야 한다는 상소가 올라오지는 않았다. 이는 일본과 서양은 별개의 존재라는 입장으로 교린 약조의 연장선상에서 조약을 체결했다는 조선 정부의 논리가 국내에서는 통용되었음을 보여 준다. 따라서 이후로도 조약의 불평등한 내용을 갖고 비판하는 경우는 없었다.

무관세를 비롯한 독소 조항에 대한 문제점은 조선 정부 차원에서 제기되어 1883년 7월에 가서야 수정·보완되었다. 그러나 그때도 조약의 불평등성 자체가 근본적으로 해결되지는 못하였다. 1882년 임오군란 진압의 여파로 조선의 발언권이 약화되어 조선 정부가 준비했던 협상안보다 더욱 후퇴하여 타결되었기 때문이다. 결국 1876년부터 약 7년간 일본은 조선으로부터 미곡 수입 시 무관세의 혜택을 받았고, 이는 고스란히 조선의 손실이 되었다.

개항장을 통한 일본과의 교역에서 조선은 미곡을 비롯한 곡물이 주요한 수출품이었고, 일본 상인들은 주로 영국산 면제품을 조선에 판매했다. 그런데 개항장을 통한 미곡의 수출은 국내 곡물 가격의 상승을 초래했고, 특히 농업 기반이 없는 도시 지역 하층민들의 생활이 더욱 곤궁해져 이들이 개항 및 개화 정책에 반발하게 만들었다.

강화도조약을 조인한 연회석상에서 일본은 조선에 사신 파견을 요청했는데, 그로부터 20일이 채 지나기도 전에 조선은 김기수金綺秀를 수신사로 파견하기로 결정했다. 일본이 조선에 사신 파견을 요청한 데에는 일본에 대한 조선 측의 적대감을 해소해 이후 조약의 실질적인 내용을 정하는 각종 협약을 원활히 진행하고자 하는 목적이 있었다. 이에 대해 조선 정부가 신속하게 수신사 파견을 결정한 까닭은 일본의 물정을 탐색하기 위해서였다. 특히 일본의 군사시설과 군사력에 대해 파악하고 싶어 했다. 그러나 김기수는 일본의 물정을 깊이 있게 파악하고 돌아오지는 못했다. 그는 자신의 임무를 교린 체제에 따른 통신사행의 연장선상으로 이해하고 있었다. 예의에 어긋나는 행동은 자칫 일본인의 비웃음을 살지도 모른다고 판단했고, 그렇기 때문에 일본의 물정을 꼼꼼히 캐어묻거나 수행원들로 하여금 정탐하도록 시키지 않았다.

대원군 정권 붕괴 이후 위축되었던 무기 개발 작업은 다시 활기를 되찾았다. 고종은 일본이 새로 도입한 서양 기술들, 특히 무기, 화륜선, 농기구 등에 대해 관심을 가지고 이를 일본에서 수입할 수 있는지를 강화도조약 체결 당시 일본과 접촉했던 신료들에게 계속 물었다. 그리고 1876년 7월 의정된 조일수호조규부록의 내용을 청에 알리기 위해 파견된 역관 이용숙李容肅을 통해 청에 화륜선과 무기 제조술을 도입할 수 있는지를 문의하기도 했다. 이는 이미 고종이 청 혹은 일본을 통해서 서양의 기술을 도입하려는 의지를 갖고 있었음을 보여 주

김기수(1832~미상) 조일수호
조규 체결 후 최초의 수신사. 사
절단원 76명을 인솔하고 1876년
4월 일본으로 출발, 5월에 도쿄
에서 20일간 머물면서 메이지유
신 이후 도입된 전신과 철도, 군
함과 대포 제조를 비롯하여 학
술·교육 등 시설을 관람하고 돌
아와 《일동기유》, 《수신사일기》
등의 견문기를 남겼다. 그의 일
행이 고종에게 올린 보고서는
1880년 제2차 수신사 김홍집 일
행과 1881년의 일본 시찰단을 파
견하는 계기가 되었다.

구로다 기요타카(1840~1900)
가고시마번 출생. 1868년 메이지
신정부의 군대를 지휘하여 홋카
이도 부근의 막부군을 평정.
1870년 개척차관이 된 후 홋카이
도를 개척, 주민을 이주시키는
정책을 추진했다. 그 결과 10년
사이에 홋카이도 인구가 4배나
증가하고 생산성도 증가했다.
1875년 특명전권변리대신으로
강화도 운요호 사건의 처리를
맡아 조선과 조일수호조규를 체
결했다. 1888년 4월부터 제2대
내각총리대신으로 선출되었으
나 열강과의 불평등조약 개정
교섭에 실패한 후 사임했다.

는 것이다.

그러나 실제로 취해진 정책은 일본 측 전권대신이었던 구로다 기요타카黑田淸隆 일행이 주고 간 무기를 모방해 1876년 8월 자기화自起火, 칠연총七連銃, 수차水車 등을 무위소에서 제작한 정도였다. 이와 같이 서양의 무기 제조 기술을 간접적으로 습득하는 작업은 병인양요나 신미양요를 계기로 대원군 정권이 추진한 방식과 비슷했다. 즉 반대원군 정책으로 인해 군비가 축소되는 경향이 중지되기는 했으나, 아직 대원군 집권기를 뛰어넘는 부국강병 정책이 추진된 것은 아니었다.

이처럼 서양의 기술, 특히 무기에 대한 관심이 고조되고 그 도입에 대한 필요를 절감하면서도 개항 후 바로 개화 정책이 추진되지 못한 까닭은 당시 팽배했던 위정척사론을 의식했기 때문이다. 양주에서의 은거를 끝내고 운현궁에 돌아온 이래 그 세력이 현저히 약화되어 가던 대원군은 강화도조약 체결에 즈음해 강력한 척화론을 내세웠다. 이러한 대원군의 행보는 아직도 조야의 다수 세력인 척화론자들과 대원군이 결합할 수 있는 가능성을 보여 주는 것이었다. 이러한 상황에서 만일 적극적으로 서양의 기술을 도입한다면 정권은 위기상황에 몰릴 수 있었다. 따라서 고종이 개화 정책을 추진하고 싶더라도 관료기구에 대한 통제력이 좀 더 안정적인 기반 위에 놓일 때까지 시간이 필요했다.

물론 새로운 정책을 펼칠 수 없었던 직접적인 이유는 새로운 정책을 추진할 만한 재정이 부족했기 때문이었을 것이다. 대원군 하야 직후 단행한 청전 혁파로 만성적인 재정 적자에 시달리던 조선 정부가 새로운 정책을 적극적으로 추진할 재원을 마련하기는 어려웠을 것이다. 더구나 강화도조약에서는 관세를 설정하지 않아 새로운 재원을 마련할 수 있는 기회를 상실했다. 결국 기존의 재정 체계에 변화를 주어야 하는데 당시 조선 정부는 이 과정에서 발생할 반발을 억누를 만한 힘을 갖지 못하고 있었다. 민씨 척족을 비롯한 이 시기 집권 세력은 실무를 파악해 관료사회를 개혁할 수 있는 능력이 부족한 채 관료 기구에 기생하고 있는 성격이 강했기 때문에 조선 전반에 만연한 부패 문제도 해결할 수 없었다.

개화 정책을 펼칠 수 없었던 다른 이유는 정부의 공식 입장에서도 찾아볼 수 있다. 일본과 서양을 분리해 일본과의 조약 조인이 전통적인 교린 관계의 회복일 뿐이라는 입장은 강화도조약을 체결하는 데는 적절한 논리일 수 있었다. 그러나 조선이 주장했던 교린 관계의 틀로는 공식적인 사절의 파견이나 국경무역 이상의 관계를 갖기는 어려웠다. 일본과의 조약이 교린 관계의 연장이라는 논리는 조선이 국내적 필요에 의해 스스로 설정해 놓았던 주관적인 원칙이었을 뿐이다. 따라서 이처럼 주관적으로 설정한 교린 관계가 허구였다는 점이 드러났을 때 비로소 조선은 새로운 국제 관계에 적극적으로 대응하게 되었다.

왜와 양을 분리해 사대교린 관계 속에서 일본과의 국교를 정상화한다[重修舊好]는 주장이 조선 정부의 일방적 해석이었음이 드러난 계기는 두모진豆毛鎭에서 세금을 부과하려던 시도였다. 1878년(고종 15) 9월 정부에서는 부산 두모진에 해관을 설치하고 대일무역에 종사하는 상인에게 일정한 세금을 징수하려 했다가 일본의 무력 시위에 부딪혀 중단했다. 이때 세금을 부과하려고 했던 까닭은 근대적 의미의 관세 자주권 회복이라기보다는 전통적인 사대교린 관계에서 개시開市에서의 상업세를 의도했던 것이다. 이는 교린 관계에서는 당연한 조처로 조선 정부는 수호조규상 별도의 조문이 필요하지 않았다고 판단한 것으로 보인다. 그러나 조선을 개항시켰다고 주장하는 일본의 입장에서는 용납할 수 없는 조약 위반일 뿐이었다.

조선이 교린 약조의 관행을 관철시키기 위해서는 일본의 무력 시위를 제압할 수 있어야 했다. 그러나 고종은 이번에도 일본과의 군사적 갈등을 회피했다. 이러한 태도는 1876년 강화도조약 체결 당시 일본과 서양을 분리해 이전의 수호 관계를 회복한다는 일방적인 해석을 포기하는 것을 의미했고, 조선은 새로운 국제 질서에 적응해 나가야 했다.

그 당시 조선의 권력집단은 청의 양무파 대신인 이홍장李鴻章과의 비밀 교신 등을 통해 서양과의 통상조약 체결을 권유받고 있었다. 이러한 과정에서 관세는 주권국의 당연한 권리라는 점을 충분히 인지하게 되었고, 이를 통해서 새로운 재원을 마련할 수도 있다는 점도 파악할 수 있었다.

한편 조선에서는 사대교린 관계를 지속할 수 있는 힘의 원천인 청에 대한 회의도 깊어지고 있었다. 청은 서양의 침공으로 불평등 조약을 체결했을 뿐 아니라 일본과도 사대조공이 아닌 대등한 입장의 수호통상조약을 체결했고(1871), 류큐琉球(1872) 및 대만(1874)에 대한 일본의 침공에도 적절하게 대응하지 못했다. 심지어 류큐가 일본에 편입되어 현으로 개편되었음에도(1879년 4월) 청이 아무런 조처를 취하지 못한 것은 청의 힘을 바탕으로 한 사대교린 관계 자체에 대해 심각한 의문을 갖게 만들었다. 이러한 상황들은 조선이 더 이상 사대교린적인 국제 질서에 안주할 수 없음을 보여 주는 것이었다.

개화 정책의
추진과 저항

통리기무아문의 설치와 조미조약

사대교린 관계를 지속할 수 있는 힘의 원천이던 청이 약해졌음을 절감하면서 조선 정부는 국가의 생존을 위해 새로운 모색을 시도했다. 이러한 모색은 군사력 강화에 중점을 두고 있었으며, 주도적인 인물은 바로 고종이었다.

1880년 4월 청에 유학생을 파견해 무기 제조 기술을 학습하는 문제[軍械學造事]를 국왕이 주도해 의견을 모으도록 했다. 정부 대신들의 신중론에도 불구하고 결국 국왕은 유학생 파견을 결정했고, 이후 청과의 교섭을 통해 확정지었다. 영선사 김윤식金允植의 인솔로 총 38명의 학도學徒와 공장工匠으로 구성된 유학생이 1881년 9월 서울을 떠나 이듬해 정월부터 천진天津의 기기국機器局에서 화약, 탄약의 제조술을 비롯해 서양의 과학 기술을 습득했다. 이들 유학생은 조선 정부의 재정 부족 및 임오군란(1882년 6월)으로 인해 나선 지 1년도 못 되어 귀환하게 되었지만, 이후 조선에 기기국, 기기창을 설치할 수 있는 기반이 되었다.

청의 국력에 대해 깊이 회의하고 있던 조선의 입장에서는 더 이상 청을 통해서만 국제 정세를 파악할 수는 없는 일이었다. 이에 1880년 3월 김홍집金弘集을 제2차 수신사로 삼아 일본에 파견하기로 결정했다. 파견 명분은 김기수를 파견한 이래 일본의 사절들이 조선을 자주

방문한 것에 대한 회답 차원이었지만, 실제 의도는 당시 일본과의 현안인 관세, 미곡수출 금지, 인천 개항 문제 등을 타결함과 동시에 일본 정세를 탐지하려는 것이었다.

그해 5월 서울을 출발한 수신사 일행은 관세 등의 현안을 타결하지는 못했지만 일본의 정세에 대해 깊이 있게 탐문하고 돌아왔다. 일본 주재 청공사 하여장何如璋 등과는 여섯 차례나 면담을 갖고 조선을 둘러싼 열강의 정세와 조선의 향후 외교전략에 대해 논의했다. 일본에서 1880년 8월 귀국한 김홍집의 복명 내용과 그가 가져온《조선책략朝鮮策略》,•《이언易言》등은 조선 정계에 커다란 영향을 주었다. 특히 주일 청 공사관의 참찬관인 황준헌黃遵憲이 지은《조선책략》에는 러시아의 남하 정책을 경계하면서, 이를 방어하기 위해 조선이 중국과 친해지고[親中國], 일본과 맺어지며[結日本], 미국과 연결되어야[聯美國] 한다는 주장이 담겨 있었다.《조선책략》은 서양 국가인 미국과의 수교를 공식적으로 논의할 수 있는 계기를 제공하여 주었다는 점에 의의가 있다.

고종은 김홍집이 가지고 온《조선책략》의 방략을 전·현직 대신들의 논의에 부쳤다. 이 논의에는 대원군의 신임을 받았던 대신들도 포함되었다. 이들은 미국과 연결되는 것이 나쁘지 않다는 결론을 내렸다. 다만 조선이 먼저 나서서 통할 수는 없는 일이고, 미국의 선박이 정박하거나 표류했을 때 이들을 우대해 주면 서로 통할 수 있을 것이라고 보았다. 대신들이 건의한 방략은 대원군 집권기 미국에 대해 일관되게 평화적인 관계를 유지하려 했던 정책의 연장선상에 있었다. 그러나 미국과 연결되는 것이 나쁘지 않다는 점을 공식적으로 표명했다는

조선책략

중국의 황준헌黃遵憲이 1880년경 러시아의 남하 정책에 대비하기 위해 조선, 일본, 청국이 취해야 할 외교 정책을 기술한 책이다. 삼국은 서양의 기술과 제도를 배워야 하고 러시아를 막기 위해 삼국이 수호 관계를 맺어야 하며, 미국과도 연합해야 한다고 주장하고 있다. 1880년 2차 수신사로 일본에 갔던 김홍집이 저자로부터 직접 받아와 고종에게 바쳤던 바, 고종이 개화 정책을 국가의 정책으로 삼게 하는 데 결정적인 역할을 했다. 한편, 보수 유학자들의 강한 반발을 받아 위정척사 운동의 발발에 동기를 부여하기도 했다.

점에서 대원군 집권기 때와는 근본적인 차이가 있다.

조선과 미국이 연결된다는 생각은 조선에 교역국 수가 증가한다는 것 이상의 의미가 있다. 이는 서양을 단지 금수처럼 여기던 대외 인식에 변화가 생겼음을 뜻한다. 즉 서양의 종교는 사학邪學으로 마땅히 배척해야 하지만 구태여 서양의 모든 것을 배척해 그들과 긴장 관계를 조성할 필요는 없다고 생각하게 된 것이었다. 이처럼 서양과 서양의 종교를 분리하여 서양의 종교는 배척하되 우수한 기술 문명은 받아들인다는 논리는 동도서기론東道西器論의 기본 틀이었다. 즉 조선의 권력집단은 동도서기론적인 사고 속에서 서양의 기술 특히 군사 기술을 도입해야 함을 인정한 것이다.

이와 같이 변화된 인식을 바탕으로 1880년(고종 17) 12월 새로운 정책을 추진하기 위한 기구로 통리기무아문統理機務衙門을 설치했다. 통리기무아문은 의정부의 예에 따라 도상都相을 두어 전·현직 대신 중에서 겸하게 하여 정일품 아문衙門으로 삼았다. 주목할 점은 통리기무아문의 위상이 최고 정무기관인 의정부와 동일하다는 것이다. 의정부와 동격인 정치 기구로 조선 후기에는 비변사備邊司가 있었고, 대원군 집권기 비변사가 혁파된 이후로는 삼군부三軍府가 있었다. 삼군부는 대원군 하야 이후 직무도 거의 없는 기구로 방치되었는데, 이때 삼군부는 완전히 폐지되고 그 관아를 통리기무아문에 내어주게 되었다. 이러한 조치는 대원군 집권기에는 문신과 무신 병용에 의한 부국강병 정책을 추구했다면 이제부터는 동도서기론적인 부국강병 정책을 추구하겠다는 고종의 의지를 보여 주는 것이라고 할 수 있다.

통리기무아문에는 사대사, 교린사, 군무사, 변정사, 기연사, 통상사, 이용사, 기계사, 군물사, 선함사, 전선사, 어학사 등을 설치하여 업무를 분담했고, 각 사司의 책임자로 당상堂上을 두었다. 이 같은 업무 분장 내역을 통해 통리기무아문은 단순히 새로운 국제 관계에 따른 외교 업무의 처리뿐만 아니라 외국과의 통상 문제, 서양식 군사 기술 및 과학 기술의 도입 등을 추진했다.

이러한 정책을 추진하기 위한 재정적 기반을 마련하기 위해 통리기무아문은 삼군부가 관할하던 주교사를 넘겨받았다. 주교사가 관할하던 전국의 조운을 관장하는 막강한 권한이 통리기무아문에 넘어온 것이다. 또한 광산의 개발을 허락해 징세하고, 화폐 주조를 관장하기도 하는 등 당시 가장 중요한 재원들을 확보했다. 이처럼 중요한 재원들을 확보할 수 있었다는 것은 그만큼 정치 기구로서 통리기무아문의 권력이 강함을 의미하며, 다른 한편으로는 불평등조약으로 인하여 아직 개항장에서 아무런 재원도 확보하지 못하고 있는 조선 정부의 어려움을 보여 주는 것이기도 하다.

통리기무아문 각 사의 당상은 이후 경리사經理事로 호칭이 바뀌었다. 민겸호, 조영하, 민치상, 김병덕, 민영익, 이재긍 등 척족 및 종친을 중심으로 구성되었고, 김홍집, 신정희 등과 같은 개명관료나 무신 등이 포함되었다. 특히 왕비의 친정조카인 민영익이나 고종의 본가 사촌동생인 이재긍과 같은 연소한 권력 실세들이 경리사에 임명된 것도 주목된다. 이는 좀 더 혁신적인 기풍으로 통리기무아문을 운영하겠다는 고종의 의지가 담긴 것이었다.

통리기무아문은 외국과의 교섭에 관한 업무에서도 적극적인 역할을 했다. 의례적인 사대조공 업무는 예전처럼 예조禮曹에서 담당했지만, 이 시기 새로 발생한 외교적 현안인 영선사 파견, 서양 열강과의 조약 체결 등은 통리기무아문이 담당했다. 1882년 조미수호통상조약을 비롯하여 조·영, 조·독 수호통상조약의 체결을 담당한 조선 측 관원은 모두 통리기무아문에 소속된 관원들이었다. 전통적으로 승문원에서 계속 발간했던 외교문서집인 《동문휘고同文彙考》의 간행도 통리기무아문이 담당함으로써 외교 정책을 실질적으로 주관했다.

통리기무아문은 군사 및 국방과 관련된 개혁도 주도적으로 추진했다. 신식 군대인 교련병대敎鍊兵隊(별기군)를 설치해 일본 육군 소위 호리모토 레이조堀本禮造를 고문으로 초빙해 일본식 군사훈련을 받게 했다. 종래의 군사 기구인 무위소 및 5군영은 무위영武衛營과 장어영壯禦營으로 통폐합했다. 일본과의 통상 증대로 전략적 가치가 높아진 울릉도에 검찰관檢察官을 파견하고, 절영도絶影島에 진鎭을 설치하기도 했다.

동전의 주조, 금·은광의 개발 등은 통리기무아문의 재정 확보를 위한 정책이기도 했지만 재정적인 금기사항을 깨는 조처이기도 했다. 대원군 정권의 당백전 주조나 청전 유통에 대한 비판 여론이 고종이 친정을 선포할 수 있었던 주요 기반이었다는 점에서 동전을 새로 주조한다는 것은 정권이 과거 여론의 부채로부터 벗어나고 있음을 시사한다. 호조의 엄격한 통제 아래에 있던 광산 개발 허가권을 통리기무아문에서 관장하게 되었다는 것에서는 광공업을 재정의 기반으로 좀더 적극적으로 평가하고 있음을 알 수 있다. 이러한 조치들은 조선 정부가 장차 상공업을 진흥시키기 위한 출발선을 지나고 있음을 암시하는 것이기도 하다.

1881
일본, 시찰단 파견.

1881(5월)
교련병대 설치.

1882(6월)
임오군란 발발.

교련병대(별기군)　　　1881년 4월 조선 정부의 신식 군대 창설 계획을 탐지한 일본이 서울 주재 일본 공사관 소속 공병 소위 호리모토 레이조를 교관으로 추천했다. 조선 정부는 이를 받아들이고 5월에 5군영으로부터 신체가 강건한 80명의 지원자를 선발하여 무위영武衛營에 소속하게 했으니 이를 별기군이라 했다. 별기군은 서대문 밖 모화관을 임시 훈련장으로 사용하다가 현재 서울사대부고 자리인 하도감으로 옮겨 훈련했다. 급료나 피복 지급 등 모든 대우가 구식군대보다 월등하여 이들을 왜별기倭別技라고 칭했으며, 이러한 차별대우는 1882년에 일어난 임오군란의 유발 요인의 하나가 되었다.

이처럼 통리기무아문을 중심으로 새로운 세계관에 의해 다양한 국제 관계, 서양의 군사 기술 도입 등을 추진한 정책을 개화 정책이라고 불렀다. 개화 정책을 추진한 국왕이나 척족, 개명관료 사이에는 개화 정책이나 외세에 대한 이해도에서 차이가 있었지만 아직 이들 사이에 균열은 보이지 않았다. 그보다는 국왕의 적극적인 의지를 중심으로 척족과 개명관료들이 개화 정책을 확산하는 데 진력하고 있었다.

통리기무아문을 통해 개화 정책을 추진하려는 고종의 의지는 일본시찰단원의 파견에서 엿볼 수 있다. 종2품에서 정4품에 이르는 중견관료들로 구성된 일본시찰단은 고종의 밀명으로 구성되어 1881년 4월부터 윤7월까지 약 4개월간 일본의 근대 문물 제도를 시찰하고 돌아왔다. 시찰단원들은 시찰한 내용에 대해 상세한 보고서를 작성했고, 고종과의 대화를 통해 자신들의 견해를 피력했다. 그리고 시찰단원들은 대부분 직급에 따라 통리기무아문의 경리사 혹은 부경리사로 임명되었고, 일본에서 시찰했던 업무의 내용별로 통리기무아문에서의 업무를 분장했다.

그런데 고종이 당시 청에서 진행되는 양무운동의 추진 기구였던 총리아문의 영향을 받아 통리기무아문을 설치했음에도 중견관료들을 총리아문이 아닌 일본의 정부 기구에 파견했다는 점에도 주목해야 한다. 일방적으로 청에만 의지하는 것이 아니라 국제 정세에 대한 정보를 다변화해서 받아들이려 한 고종의 의도를 엿볼 수 있기 때문이다.

이러한 의도는 군비 증강 정책을 추진하는 과정에서도 확인할 수 있다. 영선사행을 파견해 청에 무기 제조 기술을 배우는 문제를 논의하는 과정에서 이홍장은 조선에 무기의 구입과 군사훈련도 제의했다.

그러나 조선에서는 민겸호의 주도로 일본에서 군사 기술을 도입하는 것으로 결정했고, 그 결과 1881년 4월에는 교련병대를 설치했다. 그리고 무기와 군함의 구입 가능성을 타진하기 위해 1881년 2월 이동인과 이원회를 일본에 파견하기로 했다. 한편 청이 제의했던 무기 구입이나 군사훈련은 회피하고 본래의 계획대로 청에서는 무기 제조술만을 도입하기로 했다. 이는 군비 확장을 추구하면서 일방적으로 청에만 의존하지 않으려는 의도에서 나온 결정이었다.

물론 이 시기 조선 권력집단의 의도가 양무파 세력을 비롯한 청을 적대 세력으로 간주하고 그들의 간섭으로부터 벗어나 일본에 접근하려는 것은 아니었다. 당시 조선은 일본과의 외교 현안이었던 관세 문제 및 미국 등 서양과의 조약 체결에 대해 청의 양무파 관료들로부터 절대적인 도움을 얻고 있었다. 이는 이들에 대한 신뢰 없이는 불가능했을 것이다. 하지만 사대교린 질서가 붕괴해 가는 모습을 지켜보고 있던 조선 권력집단의 입장에서는 청의 호위력만 믿을 수 없었다. 따라서 이들은 특정한 국가에 기대어 정책을 추진하기보다는 청·일 양국 사이에서 조선의 독자적인 노선을 추구하려 했다.

청과의 관계에서 조선의 변화된 세계관을 보여 주는 사례는 통리기무아문의 개편 과정에서 볼 수 있다. 1881년 11월 통리기무아문은 각 사의 호칭과 일부 업무를 변통했는데, 그 일환으로 사대사事大司와 교린사交隣司를 동문사同文司로 합쳤다. 이는 청과 일본에 대해 여전히 '동문', 즉 '같은 문화권의 교류'라는 특별한 의미를 부여하고는 있지만 기존의 사대교린 질서를 그대로 묵수하지는 않겠다는 의도를 보여 주는 것이다.

청과의 사대 관계를 개편하려는 의도는 1882년 2월 문의관問議官 어윤중과 이조연李祖淵을 파견하여 이홍장에게 전달한 자문咨文에서 더욱 분명하게 드러난다. 이때 조선 정부는 해금 정책을 풀고 통상장정을 체결할 것, 사신을 파견하여 북경에 주재하게 할 것, 평안도와 함경도의 개시開市 및 그에 따른 접대의 폐기, 사대 의례를 행하기 위한 사신 파견의 폐지 등을 요구했다. 사대조공 관계의 근본적인 원칙을 흔들 만한 이러한 요구를 조선 정부는 협상에 의해 추진하려 했다. 이는 청과 사대 관계를 형식적으로는 유지하면서도 만국공법적 대등 외교 관계로 나아가려는 시도였다.

1882년 4월에는 조미수호통상조약(이하 조미조약)이 체결되었다. 조미조약은 조선이 서양의 국가와 체결한 최초의 조약으로 이후 영국, 독일 등 일련의 서양 제국과 조약을 체결하는 계기가 되었다. 조선이 서양의 여러 국가 중에서 미국과 최초로 조약을 체결하게 된 배경에는 대원군 집권 이래 조선과 미국이 실질적인 관계를 진행시켰던 경험이 있었다. 따라서 청이 미국과의 수교를 권유하자 무리 없이 수용할 수 있었다. 조선 정부는 1881년 9월 청에 파견한 영선사 김윤식을 통해 미국과의 협상을 이홍장에게 의뢰했다. 이홍장은 미국 측 전권대신 슈펠트와의 협상을 통해 가조약문을 작성했다. 슈펠트는 인천으로 와서 청의 마건충馬建忠이 중재하는 가운데 조선 측 전권대관 신헌, 부관 김홍집과 최종 협상을 통해 조약을 체결했다. 신헌과 김홍집 모두 통리기무아문의 경리사 직함을 갖고 있었다는 점은 통리기무아문이 새로운 국제 관계를 추진해 나갈 중심적인 기관이었음을 보여 준다.

보빙사   미국으로 가는 길에 일본을 방문한 보빙사 일행. 앞줄 왼쪽 네 번째가 정사 민영익, 첫 번째 부사 홍영식, 다섯 번째 서기관 서광범, 뒷줄 네 번째가 수행원 유길준이다. 1882년 조 미수호통상조약 체결 후 이듬해 푸트L. H. Foote가 주한미국공사로 부임했고 조선 정부는 이에 대한 답례로 사절단을 파견했다. 전권대신 민영익, 부대신 홍영식 등 11인으로 구성된 보빙사 일행은 1883년 9월 미국 대통령 아서C. A. Arthur를 만나 국서와 신임장을 제출했다. 홍영식은 곧바로 귀환했으나 민영익, 서광범, 변수는 유럽을 거쳐 서유럽의 신문물을 직접 관찰하여 귀국 했고 유길준은 미국 학교에서 공부하고 1885년 유럽을 거쳐 귀국했다. 이들의 경험은 신식 우 편 제도 창시, 육영공원 설치에 영향을 미쳤고, 특히 농업 기술 발달에도 기여했다.

조미조약은 미국에 영사재판권과 최혜국 대우를 부여하고 협정관세율을 정한 불평등한 내용을 담고 있었다. 그러나 영사재판권을 영구히 설정하지는 않았고 협정관세율도 비교적 높은 세율을 적용했으며, 아편무역이나 미곡 수출을 금지하는 등 당시 동아시아 각국이 서양의 제국과 체결했던 조약 중에서는 불평등성이 가장 완화된 내용이기도 했다. 이러한 조약이 체결될 수 있었던 배경에는 조약에 대한 협상이 군사적 충돌 없이 진행되었다는 점과 서양과의 교섭 경험이 풍부한 이홍장의 주선이 있었다는 점을 들 수 있다. 그러나 협상을 주선했던 이홍장은 조선에 속방화 정책을 전개하려는 의도에서 조선이 청의 속방이라는 점을 조약에 반영시키고자 했다. 이로 말미암아 조선은 '조선은 중국의 속방이지만, 내치와 외교는 자주적으로 운영한다'는 조회문을 조약 체결에 앞서 미국에 전달했다.

이처럼 조선 정부는 한편으로는 청과의 사대 관계를 개편하고자 하면서도 다른 한편으로는 청을 통해 서구와 만국공법적인 관계를 체결하고자 하는 이중적인 모습을 보였다. 조선의 이러한 태도는 청과의 사대 관계는 서구와의 만국공법적 관계를 해치지 않는 의례적 관계로 설정하되, 동시에 청을 다른 외세의 침탈로부터 조선을 보호해 주는 후원자로도 설정했기 때문이다. 이와 같이 사대 관계와 만국공법 질서를 병존시키면서 조선의 자주권을 지켜 나가는 외교 체제를 당시 개화사상가인 유길준은 '양절兩截 체제'라고 표현했다.

그러나 사대 관계와 만국공법 체제가 병존할 수 있다는 생각은 조선 정부의 희망일 뿐이었다. 당장 그 협상 대상이 되는 청은 조선의 정세나 사대 관계 개편에 대해 청의 영향력에서 벗어나려는 불순한 의도라고 의심하게 되었다. 청은 조선의 정세에 변동이 있으면 조선의 내정에 간섭해 조선을 확실히 자신의 영향력 아래 두어야 한다는 욕구를 강하게 갖게 되었다.

위정척사 운동과 임오군란

조선과 미국의 수교 문제는 강화도조약과는 달리 서양에 대한 공식적인 인식의 전환이 수반되어야만 하는 것이었다. 1880년 8월 일본을 다녀온 수신사 김홍집의 복명과 이때 그가 함께 바친 황준헌의 《조선책략》은 당시 조선의 집권 세력에게 미국과의 수교가 불가피하다는 생각을 굳히게 만들었다. 조정에서도 초기에는 일부 관원들의 반대가 있었으나 점차 미국과의 수교가 불가피하다는 여론이 조정의 대세가 되어가고 있었다.

그러나 지방 유생들의 생각은 달랐다. 《조선책략》을 읽은 이들 사이에서는 위기감이 고조되어 정부의 개화 정책에 반대하고 나아가 반정부 투쟁에 나서는 유생들이 늘어났다. 지방 유생들은 농업을 기반으로 향촌 사회에서 강력한 영향력을 행사하고 있었지만 조선 후기 이래 사회적 영향력이 축소되고 있었고, 19세기 들어서는 중앙의 정계나 학계와의 단절이 더욱 심화되고 있었다. 대원군 집권기 호포법의 시행, 서원 철폐 등으로 세력 기반이 더욱 위축되는 바람에 대원군 정권에 대한 반감도 컸다. 대원군이 하야한 후 유생들은 서원 복구나 호포법의 폐지 등을 기대했지만 이러한 조처는 이루어지지 않았다.

이런 상황에서 위정척사론은 지방 유생들이 재결집할 수 있는 계기가 되었다. 위정척사는 정학인 유학을 지키기 위해 이단 사상을 배척

한다는 성리학 본연의 사상이었다. 18세기 이래로는 배척해야 할 이단 사상으로 주로 서학이 지목되었다. 1866년 병인양요를 계기로 위정척 사사상은 서학에 대한 사상적 대항뿐만 아니라 서양의 군사적 침략에 대한 반침략, 서양의 통상 요구에 대한 반대 등을 포괄하게 되었다.

이러한 위정척사사상이 사회 운동이나 정치적 투쟁으로 발전하게 된 계기는 개항에 있었다. 1876년 최익현, 홍재귀 등 '이항로 문인'을 중심으로 강화도조약 협상에 반대하는 상소 운동이 전개되었다. 일본과 조약을 체결하게 되면 조선 사람들이 서학에 물들고, 서양 물품의 유입으로 경제가 황폐해질 가능성이 높다는 것이 이들의 논리였다. 이들은 주장의 근거로 일본과 서양 사이에 본질적인 차이가 없다는 점을 들었다. 따라서 조선 정부가 일본과 서양은 별개의 존재이며, 일본과의 조약이 다른 서양 국가와의 통상조약으로 발전하지 않는다는 입장을 천명하자 이들의 영향력은 그다지 확대되지 않았다.

그러나 1881년(고종 18) 미국과의 수교 방침을 정부의 공식 입장으로 정하려는 경향이 분명해지자 지방 유생들의 불만은 걷잡을 길 없이 번져 나갔다. 1881년 2월 이만손李晩孫을 소두로 하는 영남 유생들이 만인소를 올려 미국과의 수교에 반대했다. 이들은 조선의 국가 이념인 성리학의 정당성을 재확인하면서 서양과의 교역이 조선을 병들게 할 것이라고 주장했다. 《조선책략》의 내용에 대해서도 황皇 등과 같이 참람한 표현이 들어 있는 일본의 국서를 받아들이면 중국과의 관계가 어려워질 것이며, 멀리 있는 미국과의 수교는 공연히 가까운 러시아의 혐의만 증가시켜 조선을 더욱 위태롭게 만들 것이라고 비판했다.

3월 하순부터는 척사 운동이 전국적인 규모로 확대되었다. 이들의 비판은 미국과의 수교뿐만 아니라 기존에 체결된 일본과의 조약에 대해서도 교린약조 체제에 어긋난 것이라며 비난했다. 또한 점차 당색을 초월하여 연합하는 양태도 띠게 되었다. 이처럼 위정척사 운동이 확대되어 나아가자 조정에서는 5월 중순 전국에 '척사윤음斥邪綸音'을 반포하고, 서학교인들을 체포해 처벌함으로써 민심을 수습하려고 했다.

그럼에도 불구하고 위정척사 운동은 더욱 치열하게 전개되었고, 그 논지도 점차 조정에 대한 직접적인 공격을 하는 등 과격한 논조로 발전했다. 상소 운동의 주도자들에 대한 정부의 강경한 탄압이 이어졌지만 척사 운동의 열기는 식을 줄 모르고 상승했다. 계속 이어지는 유생들의 대규모 집단 시위로 인해 도성의 치안과 민심도 불안해졌다. 위정척사 운동으로 인한 정세의 불안정은 서양과의 통상을 거부하고 서학을 탄압했던 대원군에게 정치적으로 유리한 국면이 되는 것이기도 했다.

이에 안기영安驥永을 중심으로 한 일부 남인들이 왜적을 정벌하고 강화론자들을 제거한다는 명분의 쿠데타를 준비했다. 이들은 대원군의 서자인 이재선李載先을 앞세우고, 대원군의 호응을 얻어서 궁궐을 침입하는 계획까지 수립했다. 그러나 자금 모집과 군사력 동원에 실패함으로써 실행에 옮겨지지는 못했고, 8월 말 발각되었다. 조정은 이 역모를 조사하고 처벌하면서 위정척사론을 잠재울 수 있는 기회로 삼았다. 그 결과 8월 이후로는 더 이상 대규모의 연명상소 운동은 벌어지지 못하고 소강상태에 들어갔다.

대규모 운동은 소강상태가 되었지만 위정척사 여론 자체가 소멸된 것은 아니었다. 1882년 정월 조선 정부는 이최응과 김병국을 대신하여 서당보徐堂輔(3월에 홍순목으로 교체)와 송근수宋近洙를 새로 영의정과 좌의정에 임용함으로써 조정의 진용을 새롭게 구성했다. 특히 송시열의 8대손인 송근수의 임용은 다분히 위정척사 여론을 무마시키기 위한 인사였다. 그러나 위정척사 여론이 완전히 사라진 것은 아니었으며, 좌의정 송근수를 비롯해 조정 관료들까지 위정척사 상소를 올려 고종을 당황하게 만들었다.

이는 고종의 개혁 정치가 척족을 중심으로 한 소수집단에 의해 급진적으로 추진되면서 정권의 사회적 기반이 급속히 축소되고 있었음을 드러내는 것이다. 고종의 개혁은 일본과의 통상 확대에 따른 성과보다는 사회경제적 문제점이 더 많이 드러났고, 통리기무아문을 중심으로 한 개혁의 성과는 아직 실감할 수 있는 상황이 아니었다. 이에 따라 조선에는 정치·군사적 불안감이 고조되고 정권 기반의 취약함이 노출되고 있는 가운데 1882년 6월 구식 군인들이 폭동을 일으켰다.

구식 군인들은 대체로 도성과 주변 지역에 거주하는 도시 하층민들이었다. 19세기 후반 국가재정의 악화로 인해 하급 군인들에게는 급료가 제대로 지불되지 못하는 일이 자주 있어 이들의 불만은 누적되어 왔다. 또한 일본에 대한 개항 이후 무관세로 진행된 미곡의 대량 수출은 곡물 가격의 상승을 가져와서 이들의 생활을 더욱 곤궁하게 만들었다. 개화 정책을 추진할 때 구식 군대를 도태시키면서 신식 군대인 교련병대를 확대 개편한 조치는 이들의 위기의식을 더욱 고조시켰다. 특히 교련병대의 군병들이 좋은 대우를 받는 것은 이들의 상대적 박탈감을 더욱 높였다.

그러던 차에 1882년 6월 5일 무위영에 소속되어 있던 옛 훈련도감 군병들은 13개월치나 밀려 있던 급료 중 1개월분을 지급받게 되었다.

그러나 선혜청에서 급료로 지급한 쌀은 규정에도 못 미치는 양이었을 뿐만 아니라 그나마도 겨와 모래가 섞여 있었다. 이에 항의하던 군병들이 포도청에 잡혀가자 구식 군인들이 집단으로 반발했고, 이들의 격렬한 항의는 폭력 사태로 발전했다.

자연발생적인 군병들의 폭력 사태는 대원군을 만난 이후 구체적인 방향을 가지게 되었다. 이들의 최종 목표는 명성황후였고, 민씨 척족과 개화파 관료, 일본 공사관 등을 습격하기 시작하여 급기야 궁궐에까지 난입했다. 고종은 대원군의 입시를 명령해 국정을 위임했고, 명성황후는 군병들을 피해 충주로 피신했다.

고종은 스스로를 자책하는 교지를 반포함으로써 이들의 운동에 정당성을 부여했다. 그리고 명성황후가 사망했다고 발표하고 국장國葬까지 진행했다. 또한 통리기무아문을 폐지하고 그 자리에 있던 삼군부를 부활시켰으며, 신식 군대인 교련병대를 폐지하고 2군영으로 통폐합되었던 5군영을 복구시켰다. 위정척사 운동으로 투옥되었던 인사들도 석방시켰다. 이는 조선인들에게 개화 정책을 부정하는 대원군 정권이 다시 탄생한 것이라는 인상을 주었다. 그러나 대원군 정권은 강화도조약 및 조미조약을 준수할 것임을 공식적으로 표명하기도 했다.

대원군 정권은 임오군란을 수습하며 자기 기반을 갖추어 나가려 했다. 그러나 대원군이 재집권한 지 33일 만에 청군이 개입해 대원군을 천진으로 납치함으로써 붕괴하게 되었다.

— 연갑수

내란히 선 신식 군인과 구식 군인 왼쪽의 세 명이 신식 군인 별기군이고, 오른쪽의 5명이 구식 군인들이다. 구식 군인이 다소 챙이 넓은 모자를 쓰고 옷소매도 넓은 도포를 입고 있는 반면, 신식 군인들은 챙이 좁은 모자, 좁은 소매의 저고리에 활동하기에 편해 보이는 바지를 입고 있어 좀더 날렵해 보인다.

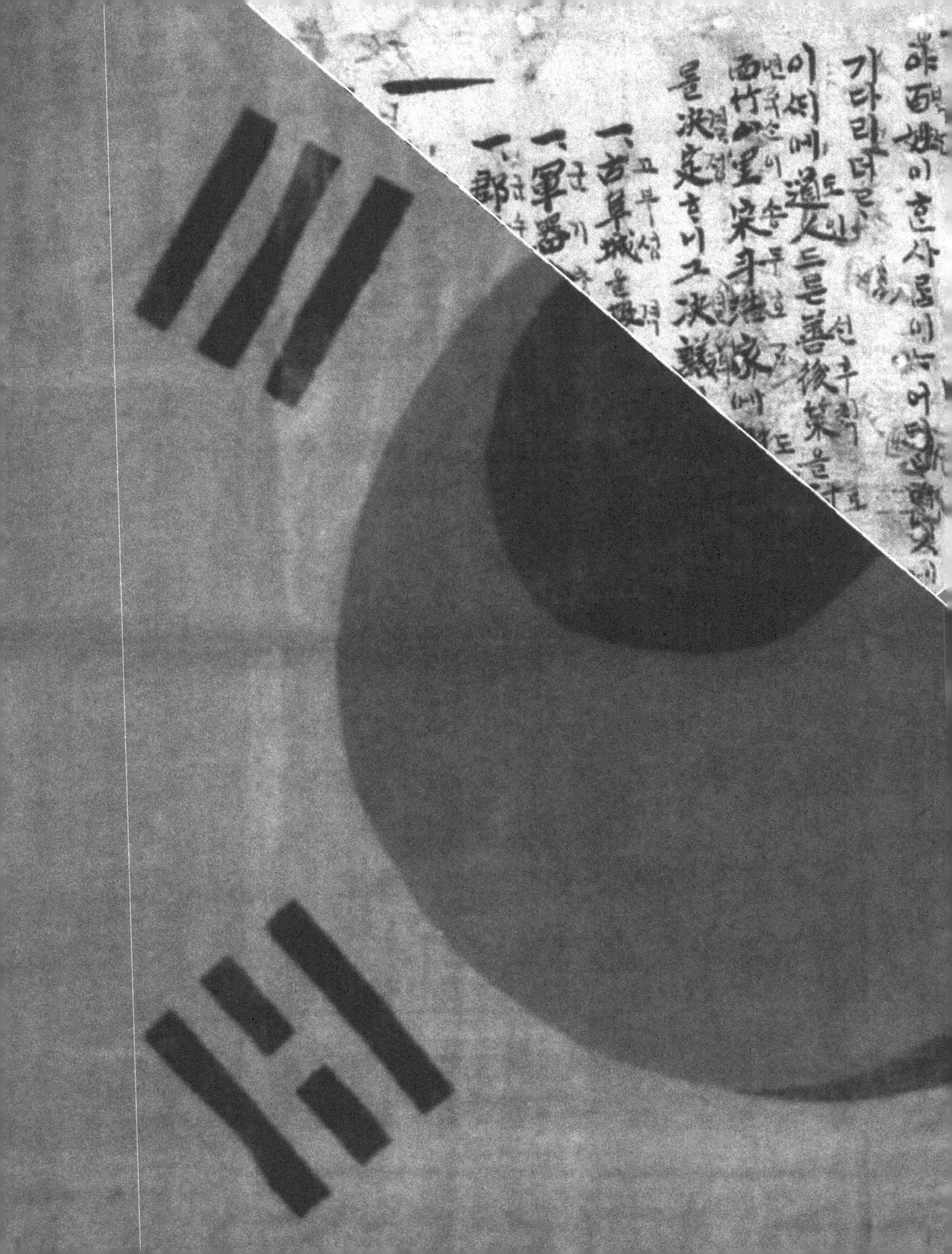

1880년대에 들어와 청과 일본이 경쟁적으로 조선에 개입해 오기 시작했다. 특히 청은 1882년 임오군란 이후 실질적인 종주국 행세를 하려 했다. 이에 조선의 개화파들은 1884년 일본의 지원을 받아 갑신정변을 일으켰다. 하지만 청의 개입으로 실패했고, 그후 고종은 왕실 주도의 근대 국가를 수립하려 했으나 그 과정에서 농민 수탈이 가중되었다. 결국 1894년에 농민전쟁이 일어났으나 외세의 개입으로 인해 실패로 돌아갔다.

근대 국민 국가
수립 운동의 출발

1884~1894, 갑신정변에서 1894년 농민전쟁까지

1880년대 초
조선과 국제 정세

한반도를 둘러싼 국제 정세

임오군란 이후 일본은 본국으로 피신했던 하나부사 요시모토花房義質 공사를 교섭 대표로 조선에 파견했다. 4척의 군함과 1개 대대 병력을 이끌고 조선에 온 하나부사는 조선 정부의 사죄와 배상금 지불, 호위병의 공사관 주둔을 요구했다. 흥선대원군이 청에 납치된 후 조선 정부는 일본과 6개조로 구성된 제물포조약과 2개조의 수호조규 속약을 체결했다. 이로써 공사관 호위 명목으로 일본군이 서울에 주둔하기 시작했고, 일본인 관리와 상인들의 활동 영역이 넓어졌다. 일본은 조선에서 청과의 정면 대립을 피하면서 자신들의 기득권을 유지하고자 했다.

1882년 임오군란을 탄압한 청은 조선에 대한 내정 간섭을 본격화했다. 청은 조선과 조청상민수륙무역장정을 체결해 청이 조선의 종주국임을 명문화하고, 일본보다 유리한 조건으로 통상 관계를 맺었다. 청은 군대를 서울에 상주시켜 조선 군대를 통제하고, 마건상馬建常과 독일인 묄렌도르프 등을 각각 정치·외교 고문으로 파견해 조선의 내

하나부사 요시모토 일행과 제물포조약　1882년 임오군란이 일어났을 때, 조선 군인들은 일본 공사관을 불태웠다. 하나부사 공사를 비롯한 일본인들은 겨우 일본으로 돌아갔다. 임오군란이 청의 개입으로 무산된 후, 일본은 군함을 이끌고 제물포에 나타나 조약 체결을 요구했다. 조선과 일본의 무력충돌을 우려한 청은 조선에게 양보를 요구하여 제물포에서 배상금의 지불과 일본 군대의 주둔 등을 주요 내용으로 하는 조약을 체결했다.

정과 외교에 깊이 관여했다. 이로써 청은 조선에 대해 일본보다 우세한 입장에 서게 되었고, 일본의 정치적·경제적 침투는 상당 기간 위축되었다.

청프전쟁
1884년 8월부터 1885년 4월까지 베트남에 대한 지배권을 둘러싸고 청과 프랑스 사이에 벌어진 전쟁. 청은 전쟁에서는 패하지 않았으나 프랑스가 베트남을 보호국으로 지배하는 것을 인정하고 말았다.

청은 베트남에서 청프전쟁*이 발발(1884. 8)하자 조선에 주둔했던 병력의 반인 1500명을 철수시켰고 일본 정부는 이에 고무되었다. 게다가 민간의 자유 민권 운동 세력이 조선의 개화파 관료들과 결합해 조선에 진출하려는 것에 자극을 받은 일본 정부는 개화파에 대해 취했던 소극적 태도에서 벗어나 조선 정세에 적극적으로 개입하고자 했다. 특히 다케조에 신이치竹添進一郎 공사는 청에 대한 도발적 언행을 하면서 개화파들과 긴밀한 관계를 맺고 1884년 갑신정변에 개입했다.

문명개화론의 수용 과정

문명은 18세기 후반 프랑스에서 처음 만들어진 새로운 용어다. 문명을 의미하는 'Civilization'은 인류의 진보와 미래, 보편성을 강조하는 개념으로, 구舊제도의 여러 가지 폐해를 지적하며 그것을 대신할 국민 국가를 구상했다. 이상적인 국가와 국민이 지향해야 할 이상으로서 문명이 설정되는 것이 일반적 경향이었다. 그러나 다른 한편으로 '문명'은 '문명의 사명'이라는 이름 아래 '미개인'을 문명화한다는 명목으로 제국주의적 침략을 정당화하는 명분을 제공하기도 했다. 문명개화론은 '미개인'들도 문명의 정점에 있는 선진국인 자신들과 같은 길을 걷게 될 것이라는 가정을 전제로 하고 있었다.

동아시아에서 'Civilization'을 문명이라는 개념으로 번역해 활용하기 시작한 곳은 일본이었다. 문명개화론은 당시 일본이 근본적인 서양화, 즉 문명개화를 이룩하지 못했다는 것을 전제한 논리였다. 따라서 일본에서 문명개화론자들이란 서양의 종교를 비롯한 문화, 사상의 수용을 주장하는 세력을 의미했다.

후쿠자와 유키치福澤諭吉*는 문명이라는 용어와 개념의 보급에 가장 공헌한 지식인으로 평가되고 있다. 그는 일본 국민들에게 '서양'을 쉽게 이해시키기 위해 노력했다. 문명개화론 초기에 그는 야만 또는 반개화半開化로 간주되었던 일본에 점차 문명개화 정책을 구체화시키면서 다른 아시아 국가들과 차별화를 시도했다. 그리고 일본은 '야만 지역'인 중국과 조선을 문명의 길로 인도해야 한다는 문명지도론을 주장하고, 이를 근거로 문명화를 위한 침략을 정당화했다.

후쿠자와 유키치(1835~1901)
하급 무사 출신으로 근대 일본의 대표적인 계몽사상가, 교육가, 언론인, 저술가였다. 게이오의숙과 시사신보를 창설했으며 《문명론개략》 등은 베스트셀러였다. 조선의 개혁운동에 개입했고 특히 김옥균, 유길준 등 조선의 개화파에게 깊은 영향을 끼쳤다. 갑신정변 실패 후에는 '탈아론'을 주장하여 침략주의로 전환했다.

1881년 김옥균金玉均과 서광범徐光範은 조사시찰단(신사유람단)과 별도로 일본의 문명개화 정책을 시찰하고 조선의 개혁운동에 대한 일본의 지원 가능성을 모색하기 위해 일본을 방문했다. 그동안 조선에서는 임오군란이 발생했다. 김옥균은 이 소식을 듣고 당시 일본에 유학 중이던 유길준兪吉濬과 윤치호尹致昊에게 일본 정부에 무력 지원을 요청하는 편지를 쓰게 했고 제물포조약을 강요하기 위해 조선으로 오는 일본 사절단의 군함을 타고 귀국했다. 이때부터 그는 이미 일본 정부 요인은 물론 재야 정치인 및 지식인들과의 교류를 통해 청의 간섭에서 벗어난 자주독립의 구상과 조선 개혁운동에 대한 지원을 약속받고 있었다.

한편 제물포조약 후속 처리를 위해 일본에 간 수신사 박영효 등은 일본의 정치인, 지식인은 물론 구미의 외교관들과 자주 접촉했다. 이들에게 조선의 독립 문제는 중요한 과제였다. 박영효가 일본에 가면서 태극기를 사용한 것도 바로 그러한 의미를 지닌 것이었다. 조선은 이미 일본 및 구미 열강과 외교 관계를 수립했으므로 국제법적으로 그들과 동등한 독립국이었으나 청과는 여전히 속방 관계를 유지하고 있었으므로 유길준이 지적했듯이 '양절체제兩截體制'가 되고 말았던 것이다. 일본을 비롯한 열강의 인사들은 조선이 이미 독립국이라는 점을 강조했고 이에 고무된 조선의 문명개화론자들은 독립론을 수용했다. 당시 일본에서 이들을 독립당으로, 조선의 집권 세력을 사대당으로 불렀던 이유는 여기에 있었다.

이제 문명개화론은 서양의 법과 제도를 수용해 근대화를 이룩한다는 의미로 사용되었다. 이러한 개념에 입각했을 때 조선은 야만으로 규정되어 개화해야 할 대상이 되었다. 이는 그동안 조선을 문명으로, 서양을 개화시켜야 할 야만 또는 금수로 여기던 유교 지식인들의 사고방식을 완전히 뒤엎은 것이었다. 예를 들어 홍영식은 미국에 다녀온 후 유교를 비판해 기탄없이 이상한 무리가 되었다는 평가를 받았다. 그들은 동도東道에 대해 선배들이 가지고 있었던 자부심을 폐기했다. 1884년 정변 직전에 이들은 당시의 현실을 "이름만 개화일 뿐 막상 개화의 효과는 없다"라고 비판하면서 "실로 개화당이라고 할 사람은 거의 없고 사실은 모두가 완고당이니 개화의 효과가 언제 나타날지 알 수 없다"고 한탄했다.

조선에서 문명개화론을 수용한 세력에게 청이란, 문명의 견지에서 반개화에 속해 있으면서도 조선의 국권을 침해하는 존재였다. 문명개화론자들은 부국강병을 이룩하기 위해서는 동도의 폐기까지도 필요하다고 생각했다. 그들은 서양의 제도를 수용하는 것은 물론이고 종교, 그 가운데에서도 기독교의 수용까지도 고려했다. 물론 그들은 기독교로 개종하는 것이 목표가 아니었다. 기독교를 믿는 나라들이 문명개화를 이루었으므로 조선도 기독교를 문명개화의 수단으로서 활용할 수 있으리라 기대했다.

1882년 수신사로 일본에 파견된 박영효는 후쿠자와 유키치와 긴밀한 관계를 가졌다. 박영효가 이노우에 가쿠고로井上角五郎를 비롯한 후쿠자와의 제자들을 동반하고 귀국한 것도 후쿠자와가 주장해 온 문명전파론의 연장선상에 있었다.

김옥균은 1883년 3월까지 일본에 머물다가 귀국했는데 울릉도와 독도에서 삼림 벌채와 포경 사업을 통해 재정 조달을 할 수 있다는 것을 내세워 동남제도개척사東南諸島開拓使 겸 관포경사管捕鯨使에 임명되었다. 그러나 이 사업은 제대로 운영되지 못했다. 그는 같은 해 6월 일본으로부터 300만 엔圓의 차관을 도입할 수 있다고 주장해 다시 일본에 건너가 교섭을 했으나 실패했다. 그 이유에 대해 김옥균은 다케조에 공사의 방해 공작으로 몰아갔지만 당시 일본 정부는 청과의 정면 대결을 피하고자 했기 때문에 확고한 세력 기반을 갖지 못한 김옥균을 지원할 수는 없다는 입장이었다. 이처럼 김옥균은 묄렌도르프와 중신들이 진행하던 당오전 발행 등을 반대하면서 내세웠던 차관 교섭이 실패하자 정치적으로 곤경에 빠졌다.

보빙사로 미국을 방문하고 귀국한 민영익閔泳翊은 김옥균 세력이 주장하는 독립론에 대해 부정적인 태도를 보였다. 그는 미국 방문을 통해 미국이 조선과 너무 멀리 떨어져 있고, 미국인들의 조선에 대한 관

1880	1882	1884
수신사 김홍집 일행, 일본 시찰.	조미수호조약 체결.	갑신정변 발생.

민영익 일행의 미국 방문 　앞줄 왼쪽에서부터 통역관 로엘, 홍영식, 민영익, 서광범. 조선이 서양과 처음 맺은 조미수호조약의 결과 푸트 공사가 부임했다. 이를 보답하는 의미에서 1883년 파견된 것이 보빙사로서 민영익이 정사, 홍영식이 부사였다. 이들이 미국에서 견학한 내용을 바탕으로 우정총국, 육영공원, 농무목축시험장 등이 설립되었다. 이때 유길준은 민영익의 수행원으로 따라갔다가 남아서 최초의 미국 유학생이 되었다. 그런데 미국이 너무 멀고 조선에 대한 관심이 전혀 없다는 것을 깨달은 민영익이 귀국 후 개화파의 의도와 달리 청에 대한 사대와 점진적 개혁을 주장하는 쪽으로 바뀌자 서로 대립하게 되었다.

심도 미미하다는 점을 직접 보고 경험하여 깨달았다. 그는 청으로부터 독립하기 위해서는 다른 외세의 지원이 불가피하지만 일본은 믿을 수 없고, 미국은 지원할 수 있는 상황이 아니라고 판단했다. 민영익은 이러한 상황에서 청과 대립할 수 없다고 생각한 것이다. 결국 그는 개화파와 결별했고, 갑신정변에서 가장 먼저 제거해야 할 대상으로 지목되었다. 하지만 민영익이 귀국 후 완전히 수구파 민씨 척족의 품으로 회귀했다는 것은 무리한 주장이라고 할 수 있다. 당시 그는 보수 세력의 반발을 무릅쓰고 흰 옷이 아닌 검은 옷을 입자고 주장했고 한복을 간소화하는 복제변통服制變通을 추구했다. 그런 그를 수구파로 전락했다고 보기는 어려울 것이다.

1884년에 청이 베트남 문제로 프랑스와 전쟁에 돌입하면서 조선에 파견했던 군대의 절반을 철수시켰던 것도 문명개화론자들을 고무시켰다. 먼저 문명개화론자들은 일본 공사로부터 재정적·군사적 협조와 지원을 약속받았다. 또한 개화당 인사인 홍영식洪英植이 우정총국 총판으로 임명되고, 서재필徐載弼이 일본 유학에서 돌아와 신설된 조련국 사관장이 되었으며, 박영효는 경기도 광주의 수어청을 담당하는 등 정변을 일으키기 위한 기반이 조성되었다.

한편 다케조에 일본 공사가 1884년 정변에 가담한 까닭은 청프전쟁으로 인한 공백이 생겼고, 김옥균 등이 자신들의 위급한 처지를 호소했기 때문이었다. 다케조에가 정변 지원을 허가해 달라는 전문을 일본에 보낸 후 회답을 받기도 전에 정변에 가담한 것은 어디까지나 조선 내부의 권력 투쟁에서 자신들과 밀접한 관계를 맺은 독립론자들을 지원하는 차원이었을 뿐, 청군과의 충돌까지 예상한 것은 아니었다.

따라서 청군이 무력으로 개입하자 다케조에의 구상은 좌절되었다. 정변이 실패하자 일본 측이 우려한 대로 조선 내 일본의 지지 세력은 완전히 상실하고 말았다.

사실, 김옥균이 정변의 가능성을 점친 것은 일본의 지원을 예상했기 때문이었다. 특히 그는 일본의 자유민권 운동 세력과 접촉하면서 그들의 조선독립론에 크게 감명을 받았다. 그러나 현실적으로 청을 몰아내는 데 힘이 될 수 있는 것은 후쿠자와 유키치나 고토 쇼지로後藤象二郎와 같은 재야 세력이 아니라 일본 정부였다. 김옥균은 정부와 재야 세력이 대립하고 있는 일본의 국내 정세와 역학 구도에 대한 이해가 부족한 상태에서 차관 교섭에 분주했고, 자신의 개혁 구상 실현에 일본이 지원을 아끼지 않을 것이라고 오판했던 것이다. 결국 김옥균 등은 정변의 무력 기반을 일본군에 의존했다가 그들의 철수로 파탄을 맞았고, 일본 정부가 그들의 일본 망명에 대해 미온적 태도를 보인 것이나 일본 도착 후 냉대한 것도 대조선 정책의 일환이었다는 점을 알지 못했다.

따라서 1884년 정변의 직접적인 동기는 개혁 방법을 둘러싼 문명개화론자들 간의 이견과 대립이었지만, 그 배경에는 청과의 관계 설정에 대한 입장 차이가 자리 잡고 있었다. 그것은 사대와 독립에 대한 이견이었고 세계 정세에 대한 인식과 개혁 모델을 둘러싼 대립이었다.

1884년 10월 17일, 정변

1884년 정변의 전개

김옥균을 중심으로 한 문명개화론자들은 1884년 10월 17일에 우정총국 개국 축하연을 계기로 정변을 단행했다. 이들은 애초의 안동별궁 방화 계획에 차질이 생기자 부근의 초가에 방화를 해 밤 10시에 소동을 일으켰다. 서울을 책임지고 있는 네 군영 중 전영의 책임자로서 민영익이 상황을 파악하기 위해 나오자 그를 살해하려다 중상만 입혔다. 그 후 창덕궁으로 가서 정변이 일어났다고 거짓 보고하며 고종과 왕실 가족들을 창덕궁 옆의 경우궁으로 옮겼다. 그리고 일본 공사와 일본 군대의 보호를 요청하는, 즉 궁궐로 들어와 국왕을 호위하라[日使來衛]라는 전갈을 보냈다.

10월 18일 새벽 일본군은 경우궁에서 외곽 경비를 맡고, 내부는 서재필을 위시한 사관생도들이 경비하면서 입궐하는 중신들을 살해했다. 이때 민태호, 민영목, 조영하 그리고 한성을 경비하는 네 군영의 지휘관들이었던 한규직, 이조연, 윤태준 등이 살해되었다. 국왕 앞에서 그동안 개화당의 동지로 여겼던 환관 유재현도 살해했다. 이들은 민씨를 제외한 척족 세력과 대원군 세력을 포함한 신新정부를 구성했다.

이러한 인사를 본 왕비는 정변의 목적이 민씨 세력을 제거하는 데 있다고 파악하고 반격을 시도했다. 우선 거주 공간이 비좁다는 이유로 환궁을 요구했으며 측근을 통해 청군과 연락을 시도했다. 이때 거처는 당시 영의정으로 추대된 왕족 이재원의 집인 계동궁으로 옮겼다가 고종과 일본 공사의 동의를 얻어 창덕궁으로 환궁했다. 개화파는 적은 병력으로 넓은 궁궐을 수비하는 것이 어렵다고 판단하여 극구 반대했으나 일본 공사의 동의에 어쩔 수 없이 환궁할 수밖에 없었다. 이날 이들은 현재 14개조가 남아 있는 정령을 반포했다.

10월 19일 사대파 관료들은 청군에게 구원을 요청했다. 청군의 수뇌부는 일본과의 정면충돌을 우려해 본국의 지침이 올 때까지 기다리자는 미온적인 태도를 보였지만 참모였던 원세개袁世凱*의 주장에 따라 결국 창덕궁을 공격했다. 무기를 수리하던 조선군은 청의 공격을 받고 방어진이 와해되고 말았다. 전날 정변에 개입하지 말라는 일본 외무성의 훈령을 받은 다케조에 공사는 난감한 상황에서 청군이 공격해 오자 응전을 했지만 150명 정도의 병력으로는 그 열 배인 청군 1500명을 맞아 수적인 열세를 극복할 수 없었다. 더욱이 조선군의 대부분도 청군에 가담해 일본군과 개화파를 공격했다.

개화파는 고종에게 제물포나 강화도로 천도할 것을 요청했으나 거절당했고 결국 김옥균, 박영효, 서광범, 서재필 등은 일본 공사를 따라 피신했다. 다케조에 일본 공사는 처음에 김옥균 등 개화파 인사들을 데려가지 않으려 했으나 할 수 없이 함께 일본으로 도피했다. 고종을 수행했던 홍영식, 박영교 등은 청군에게 피살되었으며 남은 개화파 세력들 중에서도 다수가 체포되어 사형을 당했다.

창덕궁에서 일본군이 후퇴한 뒤 정변 소식에 분개한 서울의 백성들은 일본 공사관을 습격했다. 외세를 끌어들여 국왕을 기만하고 중신

원세개(1859~1916)
원세개는 임오군란을 탄압하기 위한 청군으로 조선에 파견되었다. 그는 갑신정변에서 직접 군사를 지휘하여 개화파 정권을 붕괴시켰다. 1885년 조선 주재 총리교섭통상사의總理交涉通商事宜로 임명되어 대원군과 함께 조선으로 돌아왔다. 그 후 조선의 내정에 적극적으로 개입했으나 1894년 일본이 군대를 조선에 파병하자 청으로 도피했다.

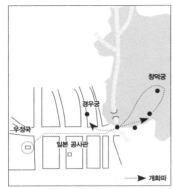 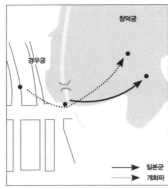 

10월 17일 밤

정변 주도 세력은 우정총국 부근의 초가에 방화를 하여 소동을 일으켰다. 민영익이 상황을 파악하러 나오자 그를 칼로 베어 죽이려 했으나 중상을 입히는 데 그쳤다. 그 후 김옥균 등은 일본 공사관을 거쳐 창덕궁으로 가서 정변이 일어났다고 알리고 고종과 왕실 가족들을 창덕궁 옆의 경우궁으로 피신시켰다.

10월 18일

일본군은 궁궐 외곽 경비를 맡고, 서재필을 중심으로 사관생도들은 내부를 경비했다. 개화파는 고종을 만나러 오는 민태호, 조영하 등의 중신들을 살해하고 신정부를 구성했다. 숙식의 불편함 때문에 개화파가 영의정으로 추대했던 이재원의 집으로 옮겼다가 왕비의 요구를 일본 공사가 수용하여 창덕궁으로 다시 돌아갔다.

10월 19일

청군이 개입해 오고 조선군인들 대부분이 청군에 가담하자, 일본군과 개화파는 수적인 열세를 극복하지 못하고 후퇴했다. 김옥균 등도 일본 공사를 따라 일본으로 망명했다. 고종을 수행하던 홍영식 등은 살해되었고 피신하지 못한 개화파들도 체포되었다.

갑신정변의 네 주역　　일본으로 망명한 후, 개화파들은 일본 정부의 냉대를 받고 김옥균을 제외한 세 사람은 미국으로 떠났다. 사진은 그들이 헤어지기 직전에 찍은 것으로 추정되는데 왼쪽부터 박영효, 서광범, 서재필, 김옥균이다.

우정총국　보빙사로 미국을 다녀온 홍영식의 주도를 통해 1884년 전의감 자리에 설치되었다. 안국동에 우정총국을 두고 각 지방에 우정국을 두었다. 그러나 우정총국의 낙성을 축하하는 연회에서 갑신정변이 일어났다. 그 결과 갑신정변이 실패한 후 폐지되었다가 1893년에 가서야 전우총국電郵總局으로 이어졌다. 현재 그 자리에 복원이 이루어져 전시관으로 활용되고 있다.

을 죽인 정변에 대한 민심의 반응은 적대적이어서, 개화파로 간주된 사람이 길에서 난타당하는 상황마저 벌어졌다. 개화당 정권이 붕괴되자 고종은 심순택, 김홍집을 중심으로 하는 새로운 정부를 구성하고 개화당의 개혁 조치를 무효화했으며, 우정총국도 폐지했다. 또한 개화당 인사들에 대한 체포령을 내린 다음 일본에 관리를 파견해 김옥균 등 개화당 인사들의 송환을 요구했다. 일본으로 망명한 개화파들의 남은 가족들은 자결하거나 감옥에서 죽음을 맞이했다.

1884년 정변의 지향

정변 당시 발표된 정령으로는 김옥균이 쓴 《갑신일록》에 14개 조항이 남아 있는데 그 내용은 다음과 같다.

제1조 대원군을 가까운 시일 안에 돌아오게 하고 청에 조공하는 허례를 폐지할 것.

제2조 문벌을 폐지하여 인민 평등의 권리를 제정하고 능력에 따라 관리를 등용할 것.

제3조 지조법을 개혁하여 간사한 관리를 뿌리 뽑고 백성의 곤란을 구제하며 국가 재정을 넉넉하게 할 것.

제4조 내시부를 없애고 그 가운데 재능이 있는 자는 등용할 것.

제5조 국가에 해독을 끼친 탐관오리를 처벌할 것.

제6조 각 도의 환곡을 영구히 폐지할 것.

제7조 규장각을 폐지할 것.

제8조 급히 순사를 두어 도둑을 막을 것.

제9조 혜상공국(보부상 조직)을 폐지할 것.

제10조 그 전에 유배, 금고된 사람들은 사정을 참작하여 석방할 것.

제11조 4영을 합쳐 1영으로 하고 영 중에서 장정을 뽑아 근위대를 설치할 것. 육군 대장은 세자를 추대할 것.

제12조 재정은 모두 호조에서 관할케 하고 그 밖의 재무 관청은 폐지할 것.

제13조 대신과 참찬(새로 임명된 여섯 사람의 이름은 지금 쓸 필요가 없다)은 매일 궁궐 내의 의정소에서 회의하고 국왕에게 아뢰어 정령을 집행할 것.

제14조 의정부, 육조 이외의 불필요한 관청을 폐지하며 대신과 참찬으로 하여금 논의해 보고를 올릴 것.

이러한 정령이 실제로 존재했는지에 대한 논의가 분분하지만 당시 기록을 볼 때 정령을 반포한 것은 분명하다. 다만 당시 정령이 14개 조로만 구성되었던 것은 아니고 김옥균이 일본 망명 시절에 기억에 의존해 기록한 것이기 때문에 《갑신일록》을 참고할 때는 신중한 판단이 요구된다.

《갑신일록》에 실린 14개 조항의 내용을 살펴보면 정변의 주도 세력이 청으로부터의 독립을 추구했고 재정 기구의 합리화와 군사 기구의 정비를 지향했음을 알 수 있다. 특히 정치 개혁은 정령의 핵심 요소라 할 수 있다.

제13조에 언급된 '의정소'는 의정부를 상정했다기보다는, 일본의 태정관제太政官制●에 바탕을 둔 별도의 기구를 설립해 정권을 장악하려 했다는 결론을 내릴 수 있다. 즉 일본의 태정대신과 좌우대신에 해당되는 의정부 대신들, 그리고 일본의 참의에 해당하는 참찬으로 구

태정관제
1868년 메이지유신 이후, 새 정부의 내각을 고대의 최고 관청의 이름을 가져다 사용했다. 새로 설치된 태정관은 개편을 거듭하여 1871년 입법부인 좌원, 사법부인 우원, 행정부인 정원으로 구성되었다. 이러한 독재적 구조는 민주적인 의회제를 채택하라는 압력을 받게 되어 1885년에 폐지되고 천황에게 책임을 지는 새로운 내각이 조직되었다.

성된 의정소에서 국왕의 보필을 위한 의결 심의를 거쳐 국왕에게 재가를 받은 다음 국왕의 이름으로 이를 집행하는 형태를 상정했던 것으로 보인다. 물론 이때 정권의 핵심이 되는 것은 대신이 아니라 참찬들이다. 한편 제14조의 규정도 다른 복잡한 부서를 폐지하고 위의 대신과 참찬들이 논의해 모든 정령을 집행한다는 뜻으로 해석된다.

정변 주도 세력이 의정소를 궁내에 두려고 했던 이유는 왕권에 의지해 취약한 권력 기반을 유지하기 위해서였다. 이들이 먼저 논의한 후에 국왕에게 보고해 정령을 집행한다고 해서 왕권의 제약을 목표로 했다고 하기는 어렵다. 정변 주도 세력은 왕권이 모든 정치를 직접 좌우하는 형태가 아니라 어디까지나 일본의 '천황'과 같이 정치적 권위의 실체이면서, 취약한 정통성과 기반을 보완해 주는 정치적 상징으로서의 기능을 기대했다.

일반적으로 학계에서는 근대적 정치 개혁은 군주권의 제한을 수반해야 한다는 것이 통념으로 되어 있다. 그러나 군주권은 반드시 근대 국민 국가 수립과 대립하지 않는다. 오히려 부르주아 세력이 자생적으로 형성되어 근대 개혁을 주도해 나가지 못하는 국가들의 경우, 군주권은 근대 개혁과 대립하는 개념이 아니라 개혁을 추진하는 관료들의 버팀목이 되고 국민 통합의 구심점이 되는 것을 볼 수 있다. 독일과 일본이 그 대표적인 사례라고 할 수 있으며 이를 대체로 '위로부터의 개혁'이라고 부른다.

그런데 정변 주도 세력은 관제 개혁에 대한 논의도 '대신과 참찬'에게 전적으로 맡기고 있고 의회 구상에 대한 전망과 민권에 대한 이해도 보이지 않았다. 그들은 어디까지나 개화파 관료들이 주체가 되어 권력을 장악해 왕권을 앞세우는 형태의 개혁을 구상했던 것이다. 이는 아직 그들의 주장을 지지해 줄 사회 세력이 존재하지 않은 상황에서 어쩔 수 없는 현실이었을 것이다.

이런 상태에서 설령 정변이 성공한다 하더라도 소수의 핵심 세력이 전권을 장악하고 국왕의 뜻을 앞세워 운영하는 정치 구조가 될 수밖에 없는 것은 당연하다. 따라서 이들이 일본의 태정관제에 기초한 내각을 조선 정치에 도입하려 했던 까닭은 단순한 일본 정치 구조의 모방이라기보다 당시 자신들이 개혁을 주도할 수 있는, 가장 현실에 부합하는 체제라고 판단했기 때문이다. 아직 실현을 위한 조건이 국내적으로 성숙되지 않았고 일본에서조차 성립하지 못한 내각책임제가 그보다 앞서 조선에서 시도되었다고 보는 것은 무리한 해석이라고 생각된다.

권력 구성의 인적 기반

《갑신일록》의 인사 기록을 정리하면 다음과 같다.

영의정: 이재원(고종의 종형)

좌의정: 홍영식

전·후영사 겸 좌포장: 박영효

좌·우영사 겸 대리 외무독판 겸 우포장: 서광범

좌찬성 겸 좌우참찬: 이재면(대원군의 장남, 고종의 형)

이조판서 겸 홍문관 제학: 신기선

예조판서: 김윤식

병조판서: 이재완(이재원의 동생)

형조판서: 윤웅렬

공조판서: 홍순형(왕대비[헌종의 비]의 조카)

호조참판: 김옥균

한성판윤: 김홍집

판의금부사: 조경하(대왕대비[익종의 비]의 조카)

예문관 제학: 이건창

병조참판 겸 정령관: 서재필

도승지: 박영교

동부승지: 조동면(대왕대비의 종손)

동의금부사: 민긍식

병조참의: 김문현(순화궁[헌종의 후궁]의 동생)

수원유수: 이희선

평안감사: 이재순(대원군의 지친)

설서: 조한선(대원군의 외손)

세마: 이준용(대원군의 손자)

이들의 면면을 보면, 정변 주도 세력은 민씨 척족을 제외한 다른 외척 세력(홍순형, 조경하, 조동면, 김문현)과 종친 및 대원군 세력(이재원, 이재완, 이재면, 이재순, 조한선, 이준용) 및 동도서기론자(김홍집, 김윤식, 신기선, 이건창)들과 연합 정권을 수립하려 했음을 알 수 있다. 이러한 성격의 인사 구성은 곧 정변 주도 세력의 정치적 기반이 얼마나 협소했는지를 방증하는 것이다. 그러나 대원군 세력과의 연합은 정치적 기반을 마련하고자 했던 정변 주도 세력의 의도와는 다르게 언제든지 이들과 마찰을 빚을 수 있음을 예비하는 것이었다. 갑오개혁(1894) 과정에서 나타난 대원군과 군국기무처 간의 격렬한 대립은 그 대표적인 사례라고 할 수 있다. 더욱이 민태호, 민영목, 조영하의 죽음은 당연히 왕비와 대왕대비의 원한을 초래할 수밖에 없어, 그들의 권력 기반은 더욱더 협소해질 수밖에 없었다.

한편 정변 주도 세력이 살해한 민태호, 민영목, 조영하, 윤태준, 이조연, 한규직 등과 살해하려 한 민영익이, 정변 주도 세력이 손을 잡으려고 한 종친이나 대원군 세력보다 수구적이며 개혁에 방해되는 제거 대상으로 분류된 데 대한 합리적 근거는 찾을 수 없다. 정변 주도 세력에게 살해당한 이들은 청과의 사대 관계를 바탕으로 제국주의 열강의 침략 위기를 막아내고 청의 양무 정책을 모델로 개혁을 진행하려 했다. 따라서 사대 관계의 청산을 통한 청으로부터의 독립과 일본을 모델로 한 보다 철저한 개혁을 추구했던 정변 주도 세력과 정치적으로 대립했다.

하지만 민영익 등은 문호개방 이후 왕실 중심의 근대화 정책을 담당해 왔으며, 이로 인해 대원군 세력과 척사위정론자 등 보수 세력과 대립하고 그들을 탄압했다. 동시에 이들은 당시 조선의 현실에서 청과의 단절은 무리한 일이라고 판단하고, 국내의 반개혁 정서를 감안해 점진적인 개혁을 추진하려고 했다. 결국 갑신정변으로 이들마저 대부분 살해되고, 정변 주도 세력도 정변에 실패한 후 살해되거나 망명함으로써 그렇지 않아도 취약했던 근대 개혁 추진 세력은 크게 약화되었다.

1884년 정변 이후의
국제 정세

청일 간의 타협

1884년 정변이 실패한 후, 일본은 이노우에 가오루井上馨 전권대신의 인솔하에 7척의 군함과 2개 대대 병력을 인천에 파병해 배상금 지불과 공사관 신축비 부담을 요구했다. 결국 조선은 청의 권유와 일본의 강요로 한성조약을 맺어 일본의 요구를 받아들였다.

1885년 3월 4일 청과 일본은 천진조약天津條約을 체결했다. 조약에서 가장 중요한 부분은 "조선에서 이후 변란이나 중요 사건이 발생해 청일 두 나라 또는 어느 한 나라가 파병할 때는 먼저 문서로 연락하고, 사태가 진정되면 다시 철병할 것"이라는 조항이었다. 이를 통해 일본은 청이 주장하는 조선 속국론을 저지하고 다시 군사력을 파병할 수 있는 명분을 만들어, 훗날 농민전쟁(1894)을 계기로 군대를 파병하고 청일전쟁을 일으킬 수 있는 발판을 마련했다.

러시아의 남하에 위협을 느낀 일본은 대청對淸 협조 정책을 취하는 쪽으로 입장을 전환했다. 1884년 정변이 실패하면서 조선 내에서의 세력 기반을 완전히 상실한 일본이 청과의 공존을 통해 동아시아의 안정을 도모하는 방향으로 전환한 것이다. 특히 러시아를 끌어들이려는 조선의 시도가 영국이 러시아를 견제하기 위해 거문도를 점령하는 상황으로 비화되자 일본은 더욱더 대청 협조 정책을 취하게 되었다.

1885년 7월 2일(양력) 천진에서 에노모토 다케아키榎本武揚를 통해 이노우에 가오루가 이홍장에게 제안했던 〈조선 외무 판법 8개조〉는 일본이 조선에서 청의 우위를 인정하면서도 완전한 지배, 즉 속국화는 인정하지 않고 그에 대한 거부권을 행사하겠다는 의도였다. 그 내용을 보면 조선에 대한 청일 양국의 정책은 이홍장과 이노우에의 비밀 협의하에 이홍장이 시행한다는 것, 국왕의 측근은 정치에서 배제시키고 김홍집, 김윤식, 어윤중 등을 중심으로 정부를 구성한다는 것, 묄렌도르프를 쫓아내고 적당한 미국인으로 고문을 교체한다는 것, 무능한 당시 조선 주재 청 대표자 진수당陳樹棠을 경질하고 유력한 자로 대신하며 후임자는 한성에서 일본 대리공사와 모든 문제를 협의한다는 것을 골자로 했다.

아울러 일본은 청일 공동 대응을 통해 영국군의 거문도 철수를 요구하자는 제안도 했다. 그러나 청이 조선에서 일본보다 압도적인 우위를 차지하고 있고, 영국과의 긴밀한 협조가 이루어지고 있는 마당에 영국에 대한 우호 관계를 해칠 행동을 할 필요가 없다고 생각한 이홍장은 이것을 거부했으나, 그 외에는 이미 일본의 여러 제안을 실질적으로 받아들여 집행하고 있었다. 묄렌도르프의 조선 정치·외교 고문 해고와 데니의 임명, 원세개의 파견이 그것이었다. 청에 대한 일본의 협조적 자세는 고종이 미국에 외교 사절을 파견하려고 했을 때 일본 공사가 이에 반대한 청의 입장에 동조했던 것에서도 찾아볼 수 있다.

조러 밀약설과 거문도 사건

1885년 3월 1일 영국이 거문도를 강점한 사건은 조선을 둘러싼 청일 관계와 국제 정세에 새로운 변수로 작용했다. 1884년 정변 이전부터 조선에서 추진한 러시아와의 교섭이 그 빌미를 제공했다. 정변으로 희생된 한규직의 제안에 따라 고종은 러시아에 밀사를 파견하는 한편, 묄렌도르프를 통해 러시아와 교섭을 시도했다. 청과 일본의 대립 구도 속에서 위기의식을 느낀 고종에게 러시아는 하나의 탈출구였던 셈이다. 1884년 정변 이후 조선 왕실은 청을 견제하기 위해 미국과 우호를 강화하고자 했으나, 미국이 소극적인 태도로 일관하자 러시아와 교섭을 적극적으로 추진했다. 청이 추천한 외교 고문인 묄렌도르프와 데니는 조선에 친러 정책을 권유했다. 남하 정책을 추진하고 있던 러시아는 1884년에 조선과 통상조약을 맺으면서 함경도 경흥에 조차지를 얻고, 베베르를 조선 공사로 파견해 조정에 친러 세력을 확장했다.

그러나 러시아의 급격한 조선 침투는 청은 물론 세계 각지에서 러시아와 대립하던 영국을 긴장시켰다. 러시아의 조선 침투에 위기의식을 느낀 영국은 1885년에 거문도를 불법 점령했다(거문도 사건). 조선 정부는 영국의 주권 침범에 강력하게 항의했고, 청도 러시아와 일본의 파병을 두려워하여 중재에 나서자, 영국군은 1887년에 거문도에서 철수했다.

왕실 주도의 근대 국가 수립 정책

내무부 체제

고종은 1884년 정변 이후 정치적으로 곤란한 지경에 빠져 있었다. 정변으로 민씨 척족의 대표적 인물들이 제거되었으며 자신이 신임했던 개화파 세력들마저 망명 또는 죽음을 면치 못했다. 정변을 반대한 관료들은 정변의 원인을 고종의 독단적인 정국 운영에서 찾았다. 따라서 고종은 기무처에 분설되었던 통리군국사무아문統理軍國事務衙門을 의정부에 합쳐 사실상 해체시킬 수밖에 없었다.

김홍집, 김윤식, 어윤중 등이 신정부의 핵심 요직을 장악했다. 또한 고종의 인사 개입에 대한 대신과 유생들의 비판이 끊이지 않았다. 이는 의정부 중심의 국정을 운영하라는 요구이기에 결국 고종은 의정부에 서무를 위임한다는 지시를 내릴 수밖에 없었고, 별도의 발표를 통해 자신에 대한 비판을 수용했다.

한편 청은 정변을 진압시켜 주었다는 명분을 내세워 조선에 대한 내정 간섭을 강화했다. 더욱이 청은 1884년 정변의 처리 과정에서 명백하게 일본에 책임이 있었는데도 오히려 조선의 책임을 인정한 한성 조약을 체결하게 했다. 일본과의 정면충돌을 피하려고 했던 청 대표 오대징吳大澂이 정변 처리 과정에 개입하면서 타결을 종용했기 때문이었다.

청의 이러한 태도는 그들의 동아시아 정책을 위해 조선은 희생당할

통리군국사무아문
1880년에 설립된 군국기무 및 외교통상 문제를 총괄하는 통리기무아문이 임오군란으로 폐지된 후, 1882년 말 내정을 담당하는 통리군국사무아문과 외교통상을 담당하는 통리교섭통상사무아문이 각각 설치되었다. 갑신정변을 계기로 통리군국사무아문은 1885년에 의정부에 병합되었다.

수도 있다는 현실을 고종에게 각인시켜 주었다. 이렇게 청일 간의 세력 균형이 이루어지고 청이 조선의 입장을 전혀 고려하지 않는 외교로 일관하자 고종은 스스로 국정을 다시 주도하려 노력했다. 이를 위해 고종은 우선 김윤식과 어윤중을 정부에서 배제시키고 1885년 5월 25일에 내무부를 설치했다. 이때 고종이 내세웠던 논리는 황제 직속 기구로서 궁내 사무를 전담하기 위해 설립되었던 청의 내무부를 모방한다는 것이었다.

주도 세력

내무부는 궐 내에 위치한 최고 행정기관인 정일품아문이자 '기밀중지機密重地'로서 대신과 당랑이 매일 모여 중앙 각 관청 및 군영과 지방 8도八道 4도四都의 대소 사무를 의정부의 예에 따라 보고받아 군국 사무 및 궁내 사무를 논의, 결정하는 곳이었다. 내무부에서는 주로 자강 정책과 관련된 군사, 재정, 외교 등의 계문을 처리했다. 의정부와는 표리表裏의 관계로 규정되기도 했으나, 실제로는 지방관이 군국 사무와 관련된 장계를 의정부에 보내면 징계하고 다시 내무부로 등보騰報하게 하는 방식으로 군국 사무를 주도해 갔다.

그에 따라 친청 세력이 주도하는 통리교섭통상사무아문統理交涉通商事務衙門은 업무에서 상대적으로 위축되었다. 그러나 이 시기 내무부의 위상 및 역할은, 부국강병과 관련된 새로운 국가적 과제는 내무부가 주관하고 기존의 국가 운영과 관련된 문제는 의정부가 담당했던 것으로 이해할 수 있다.

이 시기 고종의 정치적 세력 기반은 여흥 민씨 척족 세력이었다. 그들의 진출 양상은 앞 시기보다 활발했으며, 재정을 비롯한 요직을 장악했던 것도 사실이다. 그러나 여흥 민씨 척족 세력을 고종을 압도하는 세도 정권으로 보는 것은 무리한 해석이다. 민씨 척족의 요직 장악은 어디까지나 고종이 왕권 강화 정책의 일환으로 자신에게 충성을 바칠 수 있는 척족을 활용한 것에 지나지 않는다. 이들은 고종이 정책을 펴는 데 동반자 역할을 수행했다. 결국 이 시기 내무부의 핵심 세력들은 대부분 19세기 이래 조선왕조의 주요 관직을 장악했던 경화사족 세력의 범주를 크게 벗어나지 못했다. 새로운 시대의 변화를 기대하는 세력들의 기대는 충족되지 않았고, 새로운 정치 구조를 지향하지만 현실적으로는 기존의 정치 세력에 의존하는 허약한 정치 기반을 가지고 있었다.

자주권 회복을 위한 노력

고종은 내무부를 통해 자주권 회복을 위한 외교 교섭을 계속하고 있었다. 무엇보다 가장 큰 사건은 청의 내정 간섭을 견제하기 위해서 추진했던 러시아와의 밀약이었다. 상주 외교 사절의 파견도 내무부에서 주도했다. 특히 청의 집요한 방해 공작에도 박정양朴定陽을 미국 공사로 파견했다. 박정양은 미국과의 교섭 시 청과의 협의 없이 독자적 행동을 하지 않겠다고 약정한 이른바 '삼단三端 •'도 이행하지 않았는데, 이는 고종의 지시에 의한 것이었다. 결국 청의 압력 때문에 박정양을 귀국시켰지만, 고종은 그를 처벌하라는 청의 요구를 거부하고 다시 고위직에 등용했다. 또한 외국인 고문관에게 내무부의 고위 관직을 수여한 것이나 청의 반대를 무릅쓰고 육영공원을 비롯한 각종

삼단
청은 처음에 주미전권공사의 파견에 반대했으나 미국과의 외교적 마찰을 우려하여 결국 받아들였다. 그 대신 조선이 자주국을 표방하는 것을 견제하기 위하여 세 가지 전제조건을 제시했다. 현지에 도착하면 청의 공사관에 보고하며, 반드시 청 사절단의 뒤에 따라다녀야 하고, 외국과 교섭하기 전에 청 공사와 상의하라는 내용이었다.

근대 기구에 미국인을 고빙하거나 미국 기술을 도입했던 것도 고종의 의도를 엿볼 수 있는 대목이다.

그러나 이러한 조치들은 국내외적 반발에 직면했다. 김윤식은 대원군의 환국을 추진했고 일부에서는 외교 사절 파견을 비판하는 상소를 올리기도 했다. 청은 원세개를 파견하고 대원군을 환국시켜 고종을 견제하려 했다. 원세개는 조선에 '자위자강自衛自强'의 움직임이 있다고 하면서 고종의 측근들까지 동원해 이를 비판했고, 1886년 제2차 조러 밀약설을 계기로 고종 폐위론까지 제기했다. 나아가 고종의 친러배청 정책을 비판하고 내무부의 자강 정책을 중단할 것을 요구하며 국왕이 직접 정치에 간여하는 것을 중단하고 대신들에게 정사를 위임하라고 강요했다. 이러한 원세개의 독선적인 내정 간섭의 배후에는 일본의 묵인이 있었다. 일본은 1884년 정변이 실패로 돌아가자 조선 내에서의 지지기반을 완전히 상실했고 청과의 공존을 통해 동아시아의 안정을 도모하는 입장으로 전환했다.

그러나 원세개가 감국監國이라 자칭하면서 자행한 적극적인 내정 간섭은 고종의 반발에 직면해 한계를 보이고 있었다. 고종은 원세개가 가장 친한 동지로 여긴 김윤식을 유배 보냈고 어윤중을 등용하지 않았으며, 대원군의 정치적 운신을 막았다. 또한 원세개의 삼단을 어겼다는 이유로 박정양의 처벌이나 조선 외교 사절의 독자적인 파견 반대 요구도 고종은 따르지 않았다.

나아가 고종은 1888년부터 2년에 걸쳐 청에 원세개의 소환을 끈질기게 요구했다. 당시 고종이 내세웠던 소환 요청 사유는 원세개의 임기 만료와 임무 소홀이었다. 고종은 이홍장이 전래적傳來的인 조공 체제하에서 조선의 내치와 외교는 자주라는 입장을 가지고 있는 데 반해, 원세개는 권력을 남용해 조선의 주권을 위협하고 있다고 오해하고 있었다. 그러나 이홍장은 당시 자신의 대리인이었던 원세개의 교체 요구를 청에 대한 도전으로 받아들여 거절했다.

고종은 청의 재정적 지배와 예속에서 벗어나고자 서양으로부터 차관을 들이려는 교섭을 진행했다. 하지만 광산 채굴권을 매개로 1887년부터 진행했던 대미 차관 교섭은 실패했고 1889년부터 진행되었던 프랑스로부터의 차관 교섭도 좌절되었다. 1890년에는 고문관 리젠드르를 통해 일본, 홍콩, 상해 등지에서 채권을 모집했으나 성공하지 못했다. 그럼에도 고종은 청으로부터의 차관 도입만은 기피했다. 아울러 청은 조선이 차관을 도입하려면 사전 허가를 받아야 한다고 강요했으나 고종은 이에 응하지 않았다.

조선 정부 내에서도 친청파들은 서양으로부터 차관을 들여오는 것을 반대하면서 청에 차관을 제공해 줄 것을 요청하고 있었다. 원세개와 청 정부도 각각 국내에서, 각국을 상대하며 적극적으로 조선의 차관 도입을 저지했다. 결국 조선의 차관 교섭은 청이 해관세를 담보로 20만 냥을 차관해 주는 것으로 상황이 끝나면서 청의 경제적 압력에서 벗어나려던 노력은 실패로 돌아갔다. 그 밖에도 고종은 청이 독점하고 있는 해관 운영권을 되찾아 자주적으로 운영하기 위해 노력했지만 이마저 좌절되었다.

이와 같이 독립 국가로서의 위상을 강조하려는 고종의 시도는 청의 방해로 많은 어려움을 겪고 있었다. 당시 그의 시도가 전통적 속방 관계에서 인정되었던 자주권의 회복인지, 아니면 독립론인지는 명확하지 않으나 대체로 자주권 회복에 가깝다고 할 수 있다. 그러나 현실은 국권을 유지하기 위해 청의 종주권에 의존해야 한다고 주장하는 신료들이 청에 기밀을 누설하고 청의 외압을 요청하는 모순된 상황이었다. 게다가 고종 자신도 농민들의 저항에 직면하면서 청에 의존하려는 모순을 범하고 있었다.

1894년 농민전쟁의 배경과
전개 과정

고종 친정 체제의 폐단

당시 규정을 살펴보면 내무부는 정부 기구라기보다는 국왕을 가까이에서 보좌하는 기구였으며, 실제로도 왕권의 정치적 의도를 가장 정확하게 반영하면서 왕실 중심의 근대화 정책을 집행하는 기구로서 기능했다. 특히 고종은 내무부 당상관을 육영공원, 상리국, 기기국, 전환국, 광무국, 전운국, 연무공원 등에 책임자로 임명해 운영했다. 따라서 이 시기 왕권이 내무부를 통해 근대화 사업을 주도했다는 평가가 가능하다.

이러한 사업들은 당초의 기대와 달리 원만하게 운영되지는 못했다. 무엇보다 기구의 운영을 담당할 유능한 관료가 부재했으며 재정 조달도 제대로 이루어지지 못했다. 더욱이 고종의 의욕에도 불구하고 미래에 대한 전망이 불투명해 새로운 교육기관에 입학한 학생들의 수업 태도도 부실했다. 그리하여 각 사업들은 대부분 막대한 비용을 지출했음에도 불구하고 설립 취지를 제대로 살린 경우는 드물었다.

고종이 처음 의도했던 '의정부는 국정의 중심처, 내무부는 개화 자강 업무를 담당하는 기밀 중지'라는 역할 구분은 점차 무게 중심이 내무부로 이동했다. 따라서 의정부를 대변하는 인사들은 내무부의 운영에 대해 거부감을 표했고 의정부와 상의 없이 내무부 독단으로 변통을 거듭하는 군제 개편, 고종의 독단적인 관료 임용과 차대次對 회피 등이 나타나면서 내무부에서 소외된 관료들의 불만은 고조되었다.

한편 왕실은 권력을 매개로 직접적인 토지 소유를 확대했다. 특히 곡창 지대였던 호남 지역에 균전사를 파견하거나 왕비가 사용하는 내탕을 조달하는 명례궁(덕수궁의 옛 이름)에서도 토지를 지나치게 많이 늘려 나갔다. 아울러 농민에 대한 지대 수탈이 성행해 왕실의 토지 소유 확대는 1894년 농민전쟁을 초래했다. 그 밖에도 부세 수탈이 성행하면서 지주 경영과 미곡 수출을 통한 중상층 농민의 성장도 제한을 받게 되었다.

문호개방 이후 근대화의 일환으로 시작한 각종 제반 사업은 사업이 진행됨에 따라 필연적으로 투입되는 자금의 양이 급증할 수밖에 없었다. 이러한 자금 조달의 압박을 해소하기 위해서는 당연히 세수를 늘릴 수밖에 없었으나 오히려 조세 상납 과정에서 농간을 구조화시켜 상납 연체가 누적되어 세입은 만성적인 부족 현상을 겪게 되었다. 세수 문제 악화의 원인에는 증가하지 않는 세입과 여전히 남아 있는 봉건적 재정 원리가 자리 잡고 있었던 것이다.

이때, 새로운 세입원으로 등장한 것은 화폐 주조 수익과 관세 수입이었다. 그러나 화폐 주조 수익은 결국 악화 발행으로 이어졌고 이를 통한 인플레이션은 심각한 경제 혼란을 수반했다. 정부는 다양한 기구를 신설해 재정의 팽창을 해결하려 했지만 오히려 농민의 조세 부담을 가중시켰다. 특히 기선氣船을 도입해 세곡을 운송하기 위해 설치된 전운국轉運局은 농민의 조세 부담을 오히려 가중시킨 대표적인 사례다. 1889년에는 정부의 보호 아래 특허 운송상무회사로서 기선회사가 설립되었고, 1893년에는 내무부 산하에 청의 차관을 도입해 이운사利運社를 설치한 다음 미곡 운송을 담당하게 했지만 잡비의 가중과 각지에 파견된 전운사의 작폐는 민의 불만을 불러왔다. 이와 같은 조선 정부의 근대화 사업은 결과적으로 농민들이 동학을 매개로 결집해 호남을 중심으로 농민전쟁이 일어나는 배경이 되었다.

1894년의 농민전쟁은 반反봉건적 성격과 동시에 반反근대화의 성격을 지니고 있었다. 민란 단계에서 농민전쟁으로 발전할 수 있었던 계기를 살필 때 수탈의 주체가 지역의 지주나 지방관에서 왕실 또는 민씨 척족들로 변화한 점을 주목해야 한다. 결국 1894년 농민전쟁에는 고종의 내무부 체제에 대한 농민들의 총체적 저항이라는 의미가 포함되어 있다.

고종은 오랫동안 청의 외압으로부터 벗어나기 위해 다양한 노력을 전개했지만 결국 농민들의 대대적인 저항에 직면했고, 그동안 양성해 온 신식 군대마저 그들을 진압하지 못한 상황에 처했다. 사실 고종은 1893년 보은집회 단계부터 이미 청에 군사 지원 요청을 하는 이중적 태도를 보였다. 특히 중신들의 강력한 반발에도 불구하고 민영준을 통해 청에게 농민전쟁을 진압해 달라고 요구한 것은 결정적인 실책이었다. 심지어 고종은 청에 원세개가 전주에 내려가 조선 병사들을 지휘해 줄 것을 요청하려고까지 했다.

더욱이 청에 대한 파병 요청을 '상국'과 '소국'이라는 전통적 속방 체제에 따른 것으로 인식해 일본을 비롯한 기타 국가들이 이에 간섭할 여지가 없다고 판단한 것은 고종의 착오였다. 파병 요청은 민영준의 판단이었지만, 이를 수용해 청에 군사를 요구했다는 점에서 고종이 당시 국제 정세에 무지했음을 알 수 있다. 결국 청의 파병과 천진 조약을 내세운 일본군의 파병이 이어지자 조선 정부는 양군에 철수를 요청했다. 그러나 일본은 이미 내정 개혁과 독립 문제를 빙자한 국권 침탈을 염두에 두고 있었다.

농민의 몰락과 동학의 발전

조선 후기 삼정의 문란, 지주와 소작인 간의 대립 관계는 개항으로 더욱 심화되어 갔다. 개항 이후 일본 상인들은 농촌 깊숙이 침투해 면직물과 생활용품 등 경공업 제품을 판매하고, 엄청난 양의 미곡을 수입해 갔다. 당시 일본 상인들은 일본 정부의 정치적인 비호 아래 입도선매나 고리대의 방식으로 조선 농민들로부터 곡물을 확보해 엄청난 폭리를 취했다. 이에 따라 미곡 가격이 폭등하고 토착 수공업이 붕괴되는 등 조선 민중의 생활은 나날이 어려워져 갔다. 게다가 조선 정부는 재정 적자를 메우기 위해 농민들에게 더 많은 세금을 부과했다. 당시 조선에서 근대화란 일부 지주와 상인에게는 축복이었지만 농민, 소상인, 빈민에게는 재앙이었다.

지배층의 수탈과 일본의 경제적 침탈로 농촌 경제가 파탄에 이르자, 농민들은 전국 각지에서 봉기하여 지배층에 저항했다. 그러나 농민 봉기는 대부분 군현 단위를 벗어나지 못한 채 전국적으로 확산되지 못하고 산발적으로 일어났다. 이러한 농민 항쟁의 한계를 극복하는 데 중요한 역할을 한 사상이 동학東學이었다. 1860년에 창시된 동학은 조선 후기 지배 체제가 심화되고, 외세가 조선에 접근하는 가운데 삼남 지방을 중심으로 농민들 사이에서 급속히 확산되어 갔다.

동학 교세의 급격한 확산에 당황한 조선 정부는 1864년에 교조 최제우崔濟愚를 혹세무민惑世誣民의 죄로 몰아 처형했다. 이로 인해 동학의 교세는 일시적으로 위축되었다. 그러나 개항 이후 지배층의 부패와 일제의 경제 침략으로 백성들의 고통이 가중되자, 제2대 교주 최시형崔時亨의 적극적인 포교 활동으로 동학은 다시 확산되어 커다란 세력을 형성할 수 있었다.

최시형을 중심으로 동학 교도들은 동학의 교리와 교단 조직을 근대 종교에 걸맞게 정비했다. 중앙 기관으로 충주에 법소法所를 설치하고 각 지방에는 도소都所를, 다시 그 밑에는 포와 접을 두었다. 이러한 동학의 조직은 대규모 농민 세력의 규합을 가능하게 했다. 한편, 동학의 경전으로 《동경대전》, 포교 가사집으로 《용담유사》를 간행해 교리를 전파하는 데 힘썼으며, 동학 교도들은 1892년부터 최제우의 억울한 죽음을 풀어 달라는 운동을 서울에서 전개했다. 그리고 1892년에는 전라도 삼례에서, 1893년 3월에는 충청도 보은과 전라도 금구에서 집회를 열어 동학에 대한 부당한 정부의 탄압에 항의하고 합법화를 주장했다. 그 과정에서 순수한 종교 운동으로 유지해 나가려는 동학의 상층 간부들과 농민 봉기와 결합해 대정부 투쟁으로 발전시키려는 세력들 사이에 갈등이 벌어지기도 했다.

고부 농민 봉기와 제1차 농민전쟁

1894년 농민전쟁(갑오농민전쟁)은 고부의 농민 봉기에서 시작되었다. 당시 고부는 지방 수령의 불법 행위가 끊이지 않았다. 1892년에 고부 군수 조병갑은 불필요한 만석보를 다시 쌓게 해 수세를 강제 징수하는 등 부정행위를 일삼았다. 이에 분개한 농민들이 동학의 고부 접주였던 전봉준全琫準의 지휘 아래 고부 관아와 전주의 감영에 폐정의 시정을 요구하는 등소를 올렸으나 받아들여지지 않았다. 이에 전봉준을 비롯한 농민군 지도자들은 1894년 1월에 농민군을 이끌고 고부 관아를 습격했다. 이들은 군수를 내쫓고, 횡포를 일삼던 아전들을 벌준 후 양곡을 농민들에게 나누어 주고 죄 없이 갇혀 있던 백성들을 풀어 주었다. 또한 조세 장부 등을 불사르고 만석보를 부쉈다.

정부는 조병갑을 파면하고 새로 임명한 군수 박원명은 백성들의 요구를 들어주는 것으로 회유하며 농민들을 해산시켰다. 그런데 봉기를 조사하러 온 안핵사 이용태는 모든 책임을 동학 농민군의 탓으로 돌려 봉기의 참가자와 주모자를 색출하여 가혹하게 처벌해 농민들의 반발을 초래했다.

고부 농민 봉기의 해산 이후 무장에서 봉기를 준비하던 전봉준은 안핵사의 행위에 분개한 농민들의 염원을 받아들여 3월 다시 고부를 점령하고 백산에 집결했다. 이때 폭정을 없애고 백성을 구원한다[除暴救民], 나라를 돕고 백성을 편안하게 한다[輔國安民] 등을 내세운 농민군은 호남창의소를 조직하고 전봉준을 창의 대장, 손화중과 김개남을 총관령으로 추대해 농민군의 지휘부를 구성했다(제1차 농민전쟁).

농민군은 태인을 점령하고, 전라도 감영군을 황토현에 유인해 격파했다. 이후 농민군은 정읍, 흥덕, 고창, 무장, 영광, 함평, 무안, 장성을 차례로 공격해 감옥에 갇힌 백성들을 풀어 주고 무기를 압수했으며 탐관오리와 부패 양반들의 재물을 빼앗아 농민들에게 나누어 주었다. 정부에서는 홍계훈의 지휘로 800여 명의 경군을 파견해 농민군을 진압하도록 했으나, 선발 부대가 장성에서 농민군에게 패배했다. 사기가 높아진 농민군은 빠른 속도로 북상해 전라 감영이 있었던 전주성에 입성했다. 이로써 전라도 일대는 사실상 농민군이 장악하게 되었고 농민군 진압에 한계를 느낀 조선 왕실은 청에 군사 지원을 요청했다.

전주화약과 집강소 설치

조선 정부의 요청으로 청 군대가 아산만에 도착하자, 일본 군대도 천진조약을 구실로 인천에 상륙했다. 이에 동학 농민군은 외국 군대의 철병 요구와 폐정 개혁을 조건으로 정부와 전주화약全州和約(1894)을 맺고 해산했다. 동학 농민군이 해산한 까닭은 양국 군대의 주둔 사유를 없애기 위한 목적이었으며 농번기가 돌아와 농민들의 적극적인 호응을 기대하기 힘들었기 때문이었다. 이때 농민군이 요구한 폐정 개혁의 주요 내용은 외국 상인들의 내지 시장 침투 금지, 탐관오리의 숙청과 부패한 양반 토호 징벌, 봉건적 신분 차별 폐지, 농민 수탈의 구조적 원인이었던 각종 잡세 폐지와 균전의 철폐, 농민 부채 탕감 등이었다. 농민군은 전봉준과 전라도 관찰사 김학진의 합의에 따라 전라도 53군에 집강소를 설치하고 폐정 개혁을 활발하게 진행했다. 집강소에서는 폐정 개혁안 12개조를 바탕으로 탐관오리에 대한 응징, 신분제 폐지와 천민 해방, 삼정의 개혁과 고리채의 무효, 미곡의 일본 수출 금지 등을 추진했다.

이때 지방의 양반 유생이나 향리층도 생존을 위해 다수 농민군에 가담했으며 빈민층도 급속하게 합류했다. 그동안 조선 정부는 전주화약을 체결해 청일 양국 군대의 조선 주둔 명분을 없애는 한편 자주적 개혁을 추진하기 위해 교정청을 설치하고 농민들의 요구를 수용해 내정 개혁을 실시했다. 나아가 청일 양국 군대의 철병을 요구했다. 그러나 일본군은 1894년 6월에 기습적으로 경복궁을 점령했으며, 새로 구성된 군국기무처와 함께 농민군을 진압할 계획을 수립했다.

제2차 농민전쟁

일본군의 경복궁 점령과 내정 간섭이 자행되자 농민군은 동도창의소東徒倡義所라는 이름으로 반침략 항일 투쟁 참여를 촉구했으며 약 10만 명의 농민군을 동원했다. 이어서 그동안 봉기에 반대했던 북접北接(충청도 지역의 교단 조직) 동학 지도자들의 참여를 이끌어 내 농민군의 남북접 연합 부대가 형성되었다. 남접의 농민군은 일본의 습격에 대비해 손화중을 전라도에 남겨 두고 북상해 논산에서 북접군과 합류했다. 이들은 공주에서 일본군과 관군의 연합 부대와 대치했다.

양군은 공주의 우금치에서 격전을 벌였으나 우세한 무기를 가진 일본군의 저항을 이겨내지 못하고 농민군은 후퇴했다. 후퇴하던 농민군은 여러 지역에서 항전을 계속했지만 대세를 만회할 수는 없었다. 전

전봉준　　전봉준은 동학에 입교하여 남접의 접주가 되었으나 종교 활동보다는 어려운 처지에 놓인 농민들의
입장을 대변하려고 노력했다. 그는 군수 조병갑이 백성들을 수탈하는 것에 맞서 봉기를 일으켰다. 다시 백산에
서 집결한 농민군의 대장으로 추대되었고 본격적인 농민전쟁에 돌입했다. 그가 이끄는 농민군은 황토현에서 감
영군을 격파하고 이어서 전주성을 점령하기에 이르렀다. 이에 정부가 원병을 요청하자 전주화약을 맺고 집강소
를 설치하여 폐정개혁을 실시했다. 그러나 일본군이 경복궁을 강점하고 갑오개혁이 진행되자 북접과 힘을 합하
여 다시 농민전쟁을 일으켰으나 공주 우금치 전투에서 패배하고 체포되어 사형에 처해졌다.

봉준, 손화중, 김개남 등 대부분의 동학 농민군 지도자들은 체포되어 처형되었다. 게다가 일본군과 관군, 그리고 일부 양반 유생들이 조직한 민보군民堡軍 등은 후퇴하는 농민군을 철저히 탄압했다. 농민군에 참여했던 농민들은 신분을 감추고 숨어 지내다가 일부는 1896년 이후 의병운동에 참여하기도 했다.

1894년 농민전쟁은 근대적 국가를 지향하는 데 이르지 못했지만 조선왕조의 문제점을 극복하고 외세의 침략에 적극적으로 대응하려고 했던 사건이었다. 그리고 1894년 농민전쟁은 종래의 농민 봉기를 통해 성장했던 농민들이 동학의 조직을 이용하여 조선 사회를 변혁하고 외세의 침략에 맞서려고 했던 투쟁이었다. 반면에 조선의 양반 지배층들은 이들을 진압하기 위해 자신들이 그토록 비판했던 일본이라는 외세와 결탁했고 무수히 많은 희생자를 낳았다. 사실 일본의 군사력이 없었다면 조선의 지배층에게는 농민군을 막을 수 있는 역량이 없었다.

— 주진오

1894년의 농민전쟁을 좌절시킨 지배 세력들은 위로부터의 근대 개혁을 통해 근대 국민 국가 수립을 추진해 나갔다. 1894년부터 1895년에 이르는 기간 동안 일본의 지원을 받는 개화파의 개혁이 진행되었다. 그러나 왕실을 배제하려는 개혁은 치열한 갈등을 낳았고 을미사변을 거쳐 아관파천에 이르러 파탄을 맞이했다. 새 정부의 개혁 세력들은 독립협회를 구성하여 시민들의 지지를 받았다. 이들은 처음에 대한제국을 수립하여 황실을 중심으로 근대 국민 국가를 수립하려는 흐름과 협조했으나 곧이어 치열한 대립과 갈등을 빚게 되어 결국 독립협회는 해산되고 말았다. 그 후 황제권을 중심으로 한 근대 국민 국가 수립 운동만이 남게 되었다.

근대 국민 국가
수립 운동의 발전

1894~1898, 근대 국민 국가 수립의 주도권을 둘러싼 대립과 갈등

갑오개혁의 추진과
정치적 갈등

한반도를 둘러싼 국제 정세

1894년에 벌어진 청일전쟁은 동아시아 국제 질서를 뒤흔든 일대 사건이었다. 농민전쟁을 관군의 힘으로 제압할 수 없었던 조선 정부는 홍계훈의 주청으로 민영준을 통해 외병外兵, 즉 청군의 병력을 빌려 오는 안을 제기했다. 청군 요청안은 중신들의 반대에 부딪쳤으나 정부는 전주 함락 소식을 보고받은 후 원세개를 통해 청에 병력 지원을 요청했다. 청은 병력을 충청도 아산에 파견하는 한편, 천진조약을 근거로 일본에 이를 통보했다. 일본은 청의 파병 이전부터 이미 조선의 전황을 주시하면서 파병 계획을 진행시키고 있었다. 일본군은 신속하게 중요 거점을 확보하기 위해 '공사관 및 국민을 보호하기 위함'을 내세우며 1894년 5월 6일 인천에 상륙했다.

이에 대해 조선 정부는 즉시 철병을 요구했으나 일본은 이를 무시했다. 1894년 5월 8일 농민전쟁의 종결을 의미하는 전주화약全州和約이 체결되면서 파병의 근거가 사라졌음에도 일본은 조선에서의 군사력 증강을 계속했다. 사실 천진조약은 조선 대표의 참가 없이 청일 양국

인천에 상륙한 일본군　　일본 정부는 조선이 청국에 파병을 요청했다는
보고를 받자 '일본 공사관 및 거류민을 보호한다'라는 구실로 군대를 파
견하기로 결정했다. 일본군은 인천에 상륙하여 곧바로 서울로 향했다. 조
선 정부는, 일본이 독단으로 대규모 군인을 파병한 데 당황하고 이에 항
의, 즉시 철병할 것을 요청했으나 일본은 청과의 공동 철병을 교섭하면서
시간을 지연시키고 있었다.

간에 맺어진 조약이었으므로 이를 근거로 일본이 조선에 군대를 파견할 수는 없었다. 그럼에도 불구하고 일본 측은 청의 원세개와 공동 철병 교섭을 벌이는 한편, 철군을 거부하고 군사력을 증강시키기 위한 명분으로 조선의 내정 개혁을 청일 공동으로 권고하자는 안을 제기했다.

이에 대해서 조선 정부와 청이 거부하자 일본은 다시 조선이 청의 속방임을 인정하는 것은 강화도조약에 위배된다는 억지 주장을 폈다. 이는 어디까지나 조선으로의 병력 진출의 명분이 사라진 상황에서 전쟁의 명분을 마련하기 위한 구실에 불과했다. 전쟁 준비를 마친 일본군은 조선의 정권을 교체하기 위해 소장 관료들을 포섭하고 대원군을 앞세워 경복궁을 공격해 강점했다.

이어서 일본군은 6월 23일 선전 포고도 없이 청군을 공격했다. 그리고 6월 말에는 성환 전투에서 승리했고 8월에는 평양에서 대승을 거둬 청군을 조선에서 밀어냈다. 이 과정에서 일본은 조선의 내정에 적극적으로 간섭했고, 군수 물자 수송을 위한 노동력을 조선 정부에 강요했다. 한편 일본 해군은 8월 19일 황해 해전에서 청의 북양 함대를 물리쳤으며, 9월 26일에는 압록강을 건너 만주로 진격했다. 10월 25일에는 요동반도의 여순旅順을 점령했고 산동山東성의 위해위威海衛를 장악했다.

이때 청은 이홍장을 대표로 파견해 시모노세키下關에서 일본의 이토 히로부미伊藤博文와 협상을 벌여 1895년 3월 23일 강화조약을 체결했다(시모노세키조약). 강화조약의 핵심 조항은 청이 조선의 독립을 승인한 것으로, 이로써 조선에 대한 청의 '종주권'은 사라졌다. 그 외 강화조약의 주요 내용에는 요동반도·대만·팽호제도의 할양, 3억 엔의 배상금 지불, 소주蘇州 등 양자강揚子江 연안의 4개 도시 개항 등이 포함되어 있었다. 청일전쟁은 그동안 중화질서를 바탕으로 동아시아를 주도해 왔던 청이 몰락하고 일본이 동아시아의 맹주는 물론 제국주의의 일원으로 새롭게 대두하는 계기가 되었다.

당시 영국은 일본의 승리가 확실해지자 청이 완충국으로서의 전략적 가치를 상실했다고 판단해 일본에 접근했고, 이에 청은 러시아에 지원을 요청하는 등 국제 질서의 변동이 일어나고 있었다. 미국은 일본의 승리가 장차 자신들이 추구하는 문호개방 정책을 위협할 가능성이 있다고 판단했다. 일본이 전쟁의 승리로 조선을 보호국화하고 중국 영토를 할양받는다는 것은 열강이 중국을 분할점령하는 결과로 비화될 수 있다고 우려했기 때문이다. 한편 러시아는 개전 초기에는 청일 어느 쪽에도 우선권을 인정하지 않고 중립적 입장을 취하며 조선에 대해 현상 유지에 입각한 강화를 성립시켜야 한다는 원칙을 세웠다. 그러나 러시아는 일본이 만주 지방까지 점령하자 반일 정책으로 선회했다. 그 이유는 시베리아 철도를 보호하기 위해서였다. 이러한 정책의 변화에 따라 러시아는 독일, 프랑스와 연합해 이른바 삼국 간섭을 추진했다.

삼국 간섭에 직면한 일본 정부는 미국과 영국에 지원을 호소했으나 실패했다. 미국은 동아시아 문제에 개입할 만큼 여건이 성숙되지 못했고 문호개방을 과제로 삼고 있었기에 수락할 수 없었다. 영국도 삼국 간섭이 자신들의 이익과 배치되지 않는다고 판단해 국외 중립을 선언했다. 즉 삼국 간섭에도 가담하지 않을 뿐 아니라 삼국에 대해서도 간섭하지 않겠다는 것이었다. 결국 일본은 만주에서 철수할 수밖에 없었고 조선을 보호국화하는 데만 관심을 집중시킬 수밖에 없었다.

그러나 조선에 대한 일본의 보호국화 정책도 조선 왕실의 반발과 삼국 간섭에서 촉발된 조러 밀약설에 의해 위기를 맞았다. 조선에 주재하고 있었던 미국과 러시아의 외교관 및 선교사들도 일본의 정책에 강하게 반발했다. 이러한 상황을 타개하기 위해 일본은 을미사변을 감행했으나, 이로 인해 조선인의 반일 운동이 더욱 격심해졌으며 미국과 러시아들의 반발 또한 심화되었다.

개혁의 주도 세력

갑오개혁에 대해서는 다양한 평가가 존재한다. 일본인의 지도로 진행되었던 개혁이었으나 조선인들의 무능으로 실패했다거나, 1884년 이후 개화파의 개혁 구상을 실천한 것이다고 파악한 경우 또는 일본이 일시적으로 조선인 관료들에게 자율성을 보장해 주었다는 등의 주장들이 있다. 하지만 갑오개혁은 다양한 개화 세력의 개혁안을 추진했던 것이 사실이나 그것을 가능하게 했던 물리적 기반은 전적으로 일본에 있었다는 점을 분명히 할 필요가 있다.

갑오개혁을 주도한 세력은 크게 세 부류로 대별할 수 있다. 먼저, 과거 동도서기론자로서 1884년 정변에는 가담하지 않았으나 실무적 능력을 인정받고 있었던 김홍집, 김윤식, 어윤중 등이 있다. 이들은 점진적인 근대 국가 수립을 목표로 하며, 오랜 기간 실무적 역량을 인정받고 있었던 관료들이었다. 이들은 신진 관료들의 부족한 행정 경험과 지위를 보완해 주면서 갑오개혁을 추진했다. 이들은 개혁의 시작과 끝을 함께했으며 커다란 충돌 없이 정권을 담당하고 있었다.

1882
임오군란 발생.

1894
청일전쟁 발발.

1895
시모노세키조약 체결.

청일전쟁 청일전쟁 승전 기념식(왼쪽)과 전쟁에서 승리한 일본군 환영 행사가 열린 용산 삼각지 인근 개선문(오른쪽). 일본은 청일
전쟁을 일으켜 청을 조선에서 몰아내고 이어서 만주까지 진출했다. 그러자 청은 전쟁을 마무리하기 위한 강화회담을 서둘러 마침내
이홍장과 이토 히로부미가 시모노세키에서 조약을 체결했다. 이로써 청은 조선국이 완전무결한 독립자주국임을 확인하고 전통적으
로 조선에 대해 행사해 왔던 종주권은 부정되었다. 그리고 요동반도, 대만, 팽호제도 등을 일본에 할양했으며 막대한 배상금을 일본
에 지불했다.

이들이 1894년 이전에 가지고 있던 생각을 김윤식을 중심으로 정리하면 다음과 같다. 우선 김윤식은 조선이 청의 속방임을 인정한다 해도 자주권까지 빼앗기는 것은 아니라고 인식했으며, 독립은 사대외교 관계를 단절하는 것으로서 결코 있을 수 없는 일로 파악했다. 김윤식은 청의 압력에서 벗어나기 위해 왕실이 내무부를 통해 추진했던 조러밀약을 반대했다. 조러밀약의 파탄은 청의 내정 간섭 강화와 왕실을 견제하기 위한 대원군의 환국을 가져왔다. 그는 나아가서 대원군의 '정권 장악'을 추진했다가 오랜 기간 유배 생활을 했다. 동도서기론자였던 김윤식은 유배 기간 동안 개화에 대한 새로운 시각을 가지게 되었다. 동도를 무시한다고 비난했던 개화론에 대해 시대의 변화에 따라 발생하는 문제들을 처리하는 것이라는 의미, 즉 시무時務로 보고 동도서기론에 포함시켜 이해하고 있었던 것이다. 따라서 그에게 개화는 문명개화론자들과 달리 유교적 질서를 전제로 개화를 수용하는 것이었다.

이러한 인식은 동도에서 유교 중심의 도덕은 유지하되 그 근저에 깔려 있던 봉건적 지배 질서는 변화할 수도 있다고 생각을 전환했다는 데 의의가 있다. 즉 김윤식은 '도道' 안에서 교敎와 법法을 구분했다. 변화할 수 없는 '교'로서의 유교는 그대로 유지하되 '법'은 시대에 따라 변화할 수 있는 것으로서, 서양의 것이라도 수용하려 했다고 볼 수 있다. 이는 김윤식의 논리가 동도서기론에서 변법론變法論으로 달라진 것이라고 할 수 있다. 그렇지만 여전히 종래 개화파의 논리와는 차이를 보이고 있었다. 그는 이러한 생각을 "개화란 풍속을 점점 변혁시킴을 일컫는다고 한다. 우리나라는 원래 문명한 땅인데 또 무슨 개화가 필요하단 말인가"라고 표현했다.

두 번째로는 유길준, 김가진, 조희연, 안경수, 김학우, 권형진 등과 같은 신진 관료들을 들 수 있다. 김홍집 등과 함께 개혁의 브레인으로 활동한 이들은 1894년 이전까지 대부분 왕실이나 민씨 척족의 측근 세력들로서 이 시기에 전개되었던 부국강병 정책의 실무관료로 활동했다. 이들은 일본이 조선의 왕궁을 점령하는 데 사전 협조를 아끼지 않았고, 그 결과로 갑오개혁의 주도권을 확보한 관료들이었다. 이들의 공통점은 바로 일본과의 긴밀한 관계라고 할 수 있다.

이들 가운데 유길준을 중심으로 갑오개혁 이전에 가지고 있던 개혁 방안은 다음과 같다. 유길준은 개화를 인류 사회가 도달해야 할 최고 단계로 규정해 그 당위성을 역설하면서도 1884년 정변을 일으킨 개화파를 비판했다. 그는 기본적으로 사회 진화론의 신봉자로서 조선에는 점진적인 개량이 필요하다고 보았다. 그는 도는 쉽게 바꿀 수 없는 것이지만 제도, 법률 등은 시대의 변화에 따라 변화한다는 변법론에 근접해 있었다고 할 수 있다.

조선의 국제적 지위에 대해서는 청에 조공을 바치는 국가, 즉 중화 체제에 속해 있지만 만국공법에 기초해 속국 또는 속방이 아니라 자주권을 지닌 독립주권국이므로 다른 국가와의 외교권과 내정에 대한 자주권을 소유한 것으로 보았다. 이는 조선 왕실의 입장을 대변하는 것으로, 청의 내정 간섭과 조공 관계에 입각한 사대 외교의 폐지를 주장했던 개화파에 대한 반박이기도 했다. 청과의 조공 관계는 인정하되 자주권 침해는 인정할 수 없다는 것이다.

유길준은 세습군주제를 옹호했으며 인민에게는 군주에게 충성을

유길준(1856~1914)　　　서울의 북촌에서 태어나 1881년 일본에 조사시찰단 수행원으로 갔다가 최초의 일본 유학생이 되어 게이오의숙에서 공부했다. 1883년 귀국하여 《한성순보》 발간에 참여했다. 이어서 보빙사 민영익의 수행원으로 미국으로 건너갔다가 세일럼의 피바디박물관장인 모스E. Morse의 지도를 받으며 1884년에는 더머 고등학교에 입학하여 최초의 미국 유학생이 되기도 했다. 그러나 1884년 갑신정변이 일어나자 학업을 중단하고 귀국했다. 갑신정변의 주모자들과 친분이 있다고 하여 체포될 위기에 처한 그를 민영익은 가택연금의 형식으로 자신의 별장에 머물게 하면서 참모로 삼았다. 그는 민영익을 도와 외교문서를 작성하다가 1892년에는 《서유견문西遊見聞》을 집필했다. 유길준은 1894년 일본이 경복궁을 침탈한 가운데 수립된 김홍집 정권에 핵심 참모로 참여하여 요직을 역임했다. 일본이 영입한 박영효 등 갑신정변 주도 세력과 대립하면서 을미사변에 참여했고 내무대신이 되어 단발령을 주도했다. 아관파천으로 김홍집 내각이 무너지자 일본으로 망명하여 1907년 고종이 강제퇴위 당한 후에 귀국했다.

다하고 정부의 명령에 복종할 의무가 있다고 보았다. 따라서 공화제는 절대로 인정될 수 없었고 입헌군주제를 이상으로 생각하면서도 조선의 현실은 아직 그것을 실현할 수 있는 단계가 아니라고 여겼다. 궁극적으로 그는 군주의 통치권력을 확립해 중앙 집권제로 운영되는 군주 주권 국가를 추구하고 있었다. 반면에 인민 주권론은 부정했다. 그는 인민의 권리를 인정했지만 어디까지나 법질서에 대한 복종을 전제로 했다. 그에게 인민은 개화의 주체가 아닌 객체였다. 유길준은 개화를 시대적 당위로 인식하면서 지주와 부민을 주체로 삼은 지주제를 기반으로 개혁을 점진적으로 진행시켜 궁극적으로 자본주의 경제 체제의 수립을 지향했다. 정치적으로는 인민 주권론을 부정하고 군주제를 기반으로 중앙 집권적인 정치 구조를 지향했다. 대외적으로는 만국 공법에 입각해 조선의 주권이 보장되고 있음을 인식하고 있었으나 아직 중화 체제로부터의 탈피까지 전망하고 있지는 않았다.

세 번째, 1884년 정변 참가자들을 꼽을 수 있다. 당시 일본은 1884년 정변의 망명자들을 귀국시켜 정권에 참여시켰다. 이에 따라 박영효와 서광범 등이 귀국해 대신으로 임명되었고 추종 세력들도 군부軍部와 경무청에 배치되었다. 이때 내무대신으로 취임한 박영효는 망명 시절에 개혁에 대한 장문의 상소를 제출한 바 있다. 그는 상소에서 부국강병을 위한 교육과 양병을 주장했다. 국제 정세에 대해서는 러시아를 최대의 적으로 설정하면서 동아시아 정세를 바라보고 있었다. 그는 일본을 배경으로 조선의 관료들에게 군림하려는 자세를 보여 김홍집, 유길준 등과 대립하고 있었다.

한편 이들 외에도 정동구락부 세력이 하나의 정치 세력으로 성장해

가고 있었다. 정동구락부 세력은 갑오개혁 이전에 조선 왕실이 미국과 러시아에 접근해 청을 견제했을 때 실무적 역할을 담당했던 관료 집단이다. 여기에는 주미 외교 사절 출신이었던 박정양과 이완용 그리고 민영환, 이범진, 심상훈, 이윤용 등 왕실의 측근 세력들을 비롯해 1895년에 귀국한 윤치호 역시 관련을 맺고 있었다. 이들은 정동의 주한 외교 사절과 선교사들의 모임에 출입하면서 왕권과 미국의 연결 고리 역할을 하고 있었다.

이들은 이노우에 공사가 부임해 미·러 공사관 측과의 관계 개선을 추구하면서 내각에 진출했고, 박영효의 주도로 김홍집 내각을 붕괴시킨 후 박정양이 총리대신에 취임하면서 더욱 집단화했다. 그 후 을미사변이 일어나자 내각에서 해임되어 외국 공사관에 피신했다가 아관파천을 주도했다.

이들의 정치사상적 기반은 윤치호가 유학 시절 조선에 대해 가지고 있었던 개혁 방안들을 통해 엿볼 수 있다. 그는 조선에 대한 청의 억압에 강한 비판 의식을 가졌고 구미 국가를 모델로 한 근대화를 구상했다. 나아가 청의 외압 아래 있느니 다른 문명국의 지배하에 있는 것이 낫다는 생각을 하기도 했다. 물론 이러한 발상은 외세의 지배 그 자체를 긍정하는 것이 아니라 청의 억압에 대한 비판에서 나온 것이었다. 이를 통해 근대화 지상주의에 빠져 가는 개화 지식인으로서의 모습을 확인할 수 있다. 그리고 그가 외세 지배를 문명화라는 관점으로 바라보면서 그것이 초래할 수탈에 대해서는 인식이 부족했음을 알 수 있다.

미국 유학을 통해 사회 진화론을 수용하게 된 윤치호는 유길준과 마찬가지로 역사 발전을 야만(미개)-반문명(반개화)-문명(개화)의 단계로 생각했다. 이때 그는 개화를 물질적 번영뿐 아니라 정신적 진보를 포괄하는 인간 사회의 전반적인 향상 개념으로 파악했던 것으로 보인다. 그 밖에 미국식 민주주의에 대한 동경, 힘의 종교이자 공익적 사회 윤리로서의 기독교, 미국의 인종 차별에 대한 비판 의식 등도 갖게 되었다.

윤치호는 사회 진화론의 영향을 받아 '힘이 곧 정의'라는 생각이 초래하는 차별과 억압의 논리에 도덕적 반감을 가지고 있었지만, 어쩔 수 없는 사회 원리로서 받아들이고 있었다. 그가 생각하는, 적자適者로서 생존하기 위해서 조선이 가야 할 길은 기독교를 통한 서양 문명의 수용이었다. 따라서 압제하에 있는 조선을 구원하는 길은 정치 변혁이었다. 그리고 평화적이고 자주적인 개혁이 이루어지지 못했을 때를 대비해 '문명국' 지배하의 개혁을 상정하고 있었다. 그렇기 때문에 그는 일본의 내정 개혁 요구와 개혁정권 수립에 대해 찬성했으며, 일본이 더욱 강력하게 주도하는 개혁을 희망했다.

개혁의 추진 과정

일본은 1894년 6월 군대를 동원해 경복궁을 강점한 후, 민씨 세력을 축출하고 조선 군대를 무장해제시켰다. 그리고 흥선대원군을 입궐시켜 고종의 권력을 빼앗고 섭정에 추대했다. 그러나 실질적인 권한은 개화파가 주도하는 군국기무처에 집중되었다. 군국기무처에는 김홍집, 어윤중, 김윤식 등의 동도서기론자들과 유길준, 김학우 등의 소장 개화관료들 그리고 일부 대원군 세력으로 구성되었다.

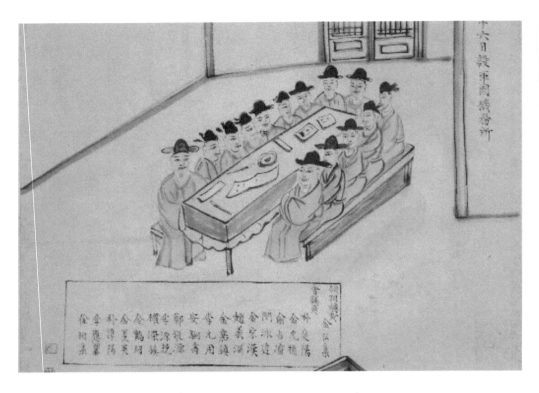

1894(6월)
일본, 내정개혁안 5개조 제시.

1894(7월)
군국기무처 설치.

1894(12월)
군국기무처 폐지.

군국기무처　갑오개혁을 추진한 군국기무처의 회의 장면. 군국기무처는 1894년 7월 일본군이 경복궁을 점령한 다음 합의체의 형식으로 구성된 입법·정책결정기구였다. 발족 당시 군국기무처는 총재와 부총재를 포함하여 20명 미만의 회의원으로 구성되었는데 신 정부 내의 최고집권자의 회의체와 같은 기능을 수행하였다. 약 3개월의 활동기간 중에 약 210건의 의안을 심의·통과시켰다. 그 중에는 청에 대한 독립의 천명, 과거제의 폐지, 공사노비의 해방, 과부의 재가 허용, 재정 제도의 일원화 등이 포함되어 있었다. 그러나 대원군 세력과 개화파 세력들 사이에 치열한 권력 투쟁이 벌어져 결국 보호국화 정책을 추진하기 위해 파견된 이노우에 가오루 공사의 건의로 폐지되었다.

군국기무처는 입법권을 가진 초정부적인 회의기구로서 청과의 사대 관계를 단절하기 위해 대외적으로는 중국 연호를 폐지하고 개국 기년을 사용했다. 정치 구조에서는 궁내부를 설치해 왕실의 정치 개입을 배제하고 권력을 의정부에 집중시켰다. 또한 과거제를 폐지했으며 6조를 8아문으로 개편하고, 대간 제도를 폐지하며 경무청을 설치해 경찰 업무를 수행했다. 사회적으로는 조혼을 금지시키고 과부의 재가를 허용했으며 연좌법을 폐지했다. 신분제와 공사노비 제도를 폐지한다고 했으나 양반층의 반발로 관리 임용에서의 신분차별 철폐와 노비매매의 금지로 후퇴하기도 했다. 경제적으로는 국가의 재정을 탁지아문으로 일원화시키고 은본위 화폐 제도를 채택했으며 조세의 금납제와 도량형의 통일을 시행했다. 한편 외국 화폐, 즉 일본 화폐의 국내 유통과 사용을 허용함으로써 일본의 경제침탈에 유리한 조건을 마련했다.

당시 조선의 개혁 세력들은 일본군이 왕궁을 점령했다는 것에 대한 부끄러움과 개혁에 성공하지 못하면 생존경쟁에서 패배해 도태되고 만다는 위기의식을 가지고 있었다. 김홍집은 개혁에 임하는 자신의 마음가짐을 와신상담으로 표현했고, 유길준도 국민, 세계만국, 후세에 부끄럽다는 삼치론三恥論을 토로했다. 이때 개혁 추진의 방법으로 제기되었던 것은 기존의 질서를 기초로 선진국의 근대적 제도를 도입한다는 것이었다. 이때, 어윤중은 외국 것을 본받으려 하면서 본질적인 것이 아닌 껍데기만 흉내내며, 시대에 뒤떨어진 법을 고친다고 기존의 법을 폐지하면서 막상 새로운 법은 만들어내지 못하게 됨을 경계했다. 이는 개혁의 당위성을 지지하면서 조선 현실에 맞는 방법의 필요성을 강조한 것이다.

그런데 개혁 초기에 중요한 역할을 담당했던 유길준은 사회 진화론을 기초로 한 점진적인 근대화의 신봉자였다. 김윤식도 마찬가지로 점진적인 개혁을 구상하고 있었다. 이러한 점진론은 보수 유림이 지배하고 있는 향촌 여론과 인민의 역량에 대한 불신에서 비롯된 것이었다. 그러나 급진과 점진으로 나뉘는 개혁의 성격은 개혁 주체의 역량과 기존질서 사이의 역학관계에 따라 규정되는 것이지 결코 개혁을 정의하는 불변의 기준이 아니었다. 즉 개혁 주체의 힘이 기존 질서를 압도하고 있다는 자신이 있을 때 개혁 방법은 급진적일 수 있는 것이다.

따라서 갑오개혁의 진행 과정에서는 점진론과 배치되는 정책이 자주 나타난다. 비록 번복했으나 노비제 폐지, 문벌반상 차별 철폐를 제기했던 것, 소매 넓은 옷의 착용 금지, 군국기무처를 의사부議事部로 만들자는 것, 왕실의 권한을 제한하고 왕실재정을 탁지부 관할하에 두려고 한 것, 나아가 단발령의 반포 등이 그것이었다. 이러한 시도는 유교적 명분론에 대한 도전이었고 급진적인 개혁조치였다고 할 수 있다.

그럼에도 불구하고 박영효는 내각에 참여하고 난 후, 왕권의 존중을 강조하면서 기존의 개혁파 관료들을 구습에 젖어 있는 세력으로 몰아붙였다. 심지어 이들을 대원군파로 매도하기도 했다. 특히 박영효는 이들이 청에 대한 사대의식에서 벗어나지 못하고 있다는 것을 강조했다. 박영효는 연호年號를 제정하고, 송파松坡의 청제공덕비淸帝功德碑, 영은문, 모화관, 홍제원을 없애 버리자는 주장을 했다. 김홍집, 유길준 등은 그 가운데 공덕비와 영은문 파괴에 대해서만 동의를 표했다. 그리고 박영효는 1895년 3월 10일에 무려 88조에 달하는 내무 아문 훈시를 내각을 통하지 않고 각 지방관에게 내려보냈다. 그 서문 에서 박영효는 자신이 내치개혁內治改革의 임무를 맡았다고 함으로써 기존의 개혁 세력을 인정하지 않는다는 태도를 보였다.

이렇게 김홍집, 유길준 일파와 박영효 일파는 개혁 내용을 놓고 대 립했지만 그 양상은 주로 사대의식의 청산에 대한 속도 정도에 머무르 고 있을 뿐이고, 그 밖에 양측 사이에서 벌어진 대립은 거의 대부분 정 치적 주도권을 둘러싼 것이었다. 이 과정에서 박영효는 일본의 더 깊 은 신임을 받았고 종실宗室이기에 왕권과의 관계에서 유리한 위치였어 도 정치력을 발휘하지 못하고 패권주의적 태도로 일관했다. 이러한 박 영효의 태도는 원활한 개혁 추진에 차질을 빚는 결과를 가져왔다.

1894년 8월 이후 일본이 청일전쟁에서 승세를 잡아 가자, 일본 정 부는 조선을 본격적으로 보호국화하기 위해 메이지유신의 주역 가운 데 하나였던 내무대신 이노우에 가오루를 주한 공사로 임명했다. 그 는 부임하자마자 조선 정부에 자신을 단순한 공사가 아니라 조선 정 부의 고문관으로 대할 것을 요구했다. 그리고 개혁에 소극적이던 대 원군을 동학 농민군 및 청과 내통했다는 이유로 물러나게 하고 동학 농민군을 철저하게 진압했다. 이어서 군국기무처를 폐지했으며 정변 망명자 박영효와 서광범을 귀국시켜 개혁정권에 참여시켰고 조선 정 부에 청과의 사대 관계 단절도 요구했다.

제2차 갑오개혁으로 불리는 기간 동안 고종은 종묘에 나가 〈독립서 고문〉을 바치고 〈홍범 14조〉를 반포했다. 이어서 내각제와 예산 제도 를 도입했고 근위대와 훈련대를 설치했으며 한성사범학교와 외국어학교 등을 설립했다. 전국 8도의 행정 구역은 통폐합해 23부 337군으로 재편했다. 그리고 재판소를 설치해 사법권을 행정권에서 분리시켰으며, 지방관의 권한을 축소시켜 군사권과 사법권을 배제하고 행정권만을 행사하도록 했다. 탁지부 아래에 관세사와 징세서를 지방에 설치해 세금징수 업무를 담당하도록 했다.

그런데 조선 정부가 이러한 개혁을 추진하자 일본은 일본인 고문관을 각 부처에 의무적으로 고용해 조선의 내정 개혁에 실질적으로 간섭했으며, 막대한 차관을 억지로 도입하게 강요함으로써 조선의 재정을 좌우하려고 했다. 나아가 주미 공사관을 폐쇄하려는 시도까지 했다. 일본은 마치 조선을 청으로부터 독립시킨 것으로 생색냈지만 사실상 보호국화 정책을 추진한 것에 다름 아니었다.

일본은 청일전쟁에서 승리했지만 삼국 간섭 과정에서 아직 일본의 힘이 서구 열강과 대결할 만한 단계에 이르지 못한 상태에 있다는 것을 드러냈다. 이는 조선에 대한 일본의 보호국화 정책을 불가능하게 했고 조선 왕실은 이 상황을 활용해 일본의 압력으로부터 벗어나려고 했다. 그래서 왕실은 우선 박영효를 역모로 몰아 제거했고 왕실의 측근 인물들을 내각에 대거 기용했다. 이로 인해 박영효는 다시 일본으로 망명했다.

조선에 대한 보호국화 정책에 실패한 일본은 이노우에 공사를 교체해 군인 출신의 미우라 고로三浦梧樓를 임명했다. 무력 행사를 암시한 미우라의 임명은 결국 1895년 8월 20일에 경복궁을 습격해 왕비를 시해하는 만행을 저지르게 했는데, 이를 을미사변이라고도 한다. 이때 왕실 측근 인물들은 내각에서 축출되어 러시아와 미국 공사관으로 피신했다. 일본은 이 사건을 조선 내의 권력투쟁으로 위장하려고 했으나 이러한 기만행위는 이내 발각되어 미우라를 비롯한 만행 가담자들이 재판을 받게 되었지만 일본 정부는 이들을 곧 풀어줬다.

을미사변 이후 내각을 주도하게 된 김홍집, 김윤식, 유길준 등은 태양력을 사용하고 건양建陽이라는 연호를 제정했으며 소학교를 설치하고 서울에 친위대와 지방에 진위대를 설치하는 제3차 개혁을 전개했다. 그러나 일본의 왕비 시해에 대해서는 항의를 하기는커녕 왕비의 폐서인 조칙을 발표했다가 취소하는 모습을 보였다.

무엇보다 가장 문제가 되었던 조치는 단발령이었다. 단발령은 왕비의 시해로 울분이 쌓여 있던 국민들의 강력한 반발을 초래했다. 각지의 유생과 농민들은 의병을 일으켜 일본과 정부를 상대로 봉기했다. 이들은 각 지역에 파견된 지방관들을 살해하기까지 하면서 저항을 벌였고, 이러한 각지의 혼란은 정부의 통제력이 미치는 지역이 좁아지는 결과를 가져왔다. 이를 통해 한성 내의 통제력이 약화된 틈을 타서 고종은 경복궁에서 정동의 러시아 공사관으로 피신했다. 이 사건을 아관파천이라 하는데, 이로 인해 김홍집 정권은 무너지고 일부 각료들은 살해되거나 일본으로 망명했다.

3차에 걸친 갑오개혁은 분명히 조선이 가야 할 내정 개혁의 방향을 제시했고, 추진했다. 그러나 그것을 가능하게 했던 것은 결국 일본의 무력이기 때문에 개혁에 대한 국민적 지지 기반은 약화되었다. 그리고 동학 농민군에 대한 가혹한 탄압과 왕비 시해 사건에 대한 모호한 태도, 국민 감정을 고려하지 않은 단발령 등은 개혁의 당위성을 사라지게 만들었다는 문제를 안고 있었다.

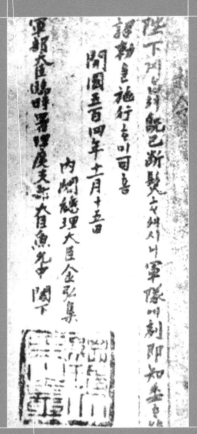

단발령 공문 　을미사변 이후 김홍집 내각은 역법을 음력에서 양력으로 변경하여 1895년(고종 32) 11월 7일을 건양 원년 1월 1일로 바꾸었다. 그리고 '위생에 이롭고 작업에 편리하다'는 명목으로 고종의 조칙 형식을 빌려 단발령을 선포했다. 그러나 이것은 도리어 역효과를 가져왔다. 단발령은 왕비 시해로 울분이 쌓여 있던 국민들의 강력한 반발을 초래했다. 그 결과 김홍집 내각은 끓어오르는 반일 기운으로 인하여 국정 개혁을 결산시킬 대중적 지지기반을 상실하고 말았다. 그리고 이러한 반일의 분위기 속에서 전국 각지에서 의병운동이 개시되었으니, 단발령은 을미사변과 더불어 이 운동의 커다란 기폭제 구실을 했다.

당시 개혁 주체들의 개혁 방법은 개혁 이전부터 점진론이었다. 그러나 막상 갑오개혁이 진행되는 과정에서는 급진적인 개혁을 진행시키려고 하는 경향이 농후했다. 물론 이러한 개혁은 언제든 했어야 했지만 당시의 현실에서 개혁을 추진한다는 것은 대단히 어려운 일이었다. 이들이 급진적인 관습의 영역에까지 개혁을 시도할 수 있었던 배경은 자신들의 역량이 확고해서라기보다는 일본의 무력 지원 때문이었다.

개혁과 일본 및 군주권과의 관계

갑오개혁과 일본은 밀접한 관계를 가지고 있다. 우선 일본은 조선 정부가 필요성을 인식하면서도 제대로 진행하지 못했던 경장을 신속히 진행하도록 강박했다. 개혁 세력도 일본의 지도를 받는다는 것에 대해서 커다란 문제의식을 느끼지 않았다. 고문의 배치, 차관의 요청도 조선이 스스로 구상하고 제기한 것이었다. 정권의 성립과 유지를 위한 무력, 재정, 행정 능력 면에서 조선의 개혁 세력들은 일본에 의존할 수밖에 없었다. 국권 유지를 위한 개혁의 절박성에 비해 개혁을 진행시킬 주체적인 역량이 결여되어 있다는 것이 그들의 고뇌였다.

그 결과 개혁 세력은 일본이 경복궁을 점령하면서 약탈한 무기와 궁중보물을 반환하라는 요구를 하지 못했다. 특히 일본은 1884년 정변 이후 왕실이 진행해 온 무기 도입 사업을 백지화시키고 조선군의 편성을 일본에 의존적인 방향으로 추진했다. 그리고 〈잠정합동조관暫定合同條款〉을 통해 철도부설권, 전선가설권, 전라도 지역의 항구 개방을, 〈조일양국맹약〉을 통해 군수물자의 지원을, 〈신식화폐발행장정〉

을 통해 일본 화폐의 자유 통용을 약속하게 했다. 이러한 조치 역시 개혁정권이 일본의 강요에 못 이겨 억지로 수행한 것이라기보다는 그 자체를 근대화의 방편으로 생각했기 때문이었다고 보아야 할 것이다.

한 걸음 더 나아가서 이노우에의 부임 이후에는 일본에 대한 의존도가 심화되었다. 이노우에는 단순한 외교 사절이 아니라 왕실과 정부 모두에 군림하는 고문관 역할을 담당했기 때문에 모든 인사와 재정 문제가 이노우에와의 협의를 거치도록 되어 있었다. 개혁 주체들이 이같이 굴욕적인 요구를 수용한 것은 왕권에 대한 견제 수단으로서 그리고 농민군 진압을 위한 실질적인 무력 제공자로서의 일본을 활용해야 했기 때문이었다.

그러나 이들을 일본의 의도대로 움직이는 꼭두각시였던 것으로 이해해서는 곤란하다. 더욱이 그들은 일본의 지원이 장기간 지속될 것이라고 전망하지도 않았다. 그들은 일본의 차관 제공을 바탕으로 왕실 재정의 정리, 징세법의 개량, 새로운 세원稅源의 개발, 민간상공업의 진흥 등을 통해 3년 안에 자립적 경제 기반을 마련하겠다는 계획을 세우기도 했다.

게다가 그들은 일본의 지나친 간섭에 대한 저항도 부분적으로 보이고 있었다. 박영효, 어윤중 등은 차관 교섭 대표로서 불리한 조건을 제시하는 일본에 대해 항의하기도 했다. 물론 이러한 저항은 일시적인 수준으로서 끝까지 일본의 의도를 거부하지는 못했지만 철도 및 전선에 대한 이권 교섭과 목포의 개항 문제에 대해서는 일본의 요구를 잘 피해 나갔다.

그렇다면 당시 국민들은 이러한 관료들의 태도를 어떻게 생각했을

까? 국민들은 개화파들의 대일의존적인 개혁에 대해 일본을 끼고 왕을 위협하면서 진행시키고 있는 '반민족적'인 것이라고 인식하고 있었다. 개혁 주체들은 이들에게 개혁의 당위성을 호소하고 동참을 유도하기보다는 '우민愚民'으로 여겨 억압했다. 더욱이 시급하지 않은 풍속과 관습의 개혁을 강행하다가 국민들의 저항을 자초했다. 그리고 이러한 저항에 직면하면 할수록 일본에 대한 의존적인 태도는 심화될 수밖에 없는 악순환을 계속했다.

더 결정적인 것은 개혁의 진전을 자본주의적 경제 체제와 근대적 제도의 정착이라고 했을 때, 개혁은 일본의 침탈을 용이하게 한다는 점이었다. 개혁과 침탈의 연결고리를 끊을 수 있는 방법은 당시로서는 열강 간의 세력 균형을 전제로 한 개혁의 추진이었다. 물론 이는 많은 위험부담과 정치경제적 종속을 내포하고 있다. 그러나 열강의 상호 견제가 있는 한 국권 침탈을 막을 수 있고 이를 바탕으로 이룩된 힘을 가지고 자주적인 근대화가 추구될 수 있었을 것이다.

청일전쟁에서 청이 패배하자 조선은 더 이상 종속 체제에 연연할 필요가 없어졌다. 그에 따라 군국기무처가 설립되자마자 청의 연호 대신 개국기년을 사용하기로 결정했으며 종속을 전제로 청과 체결했던 장정들을 개정하고 외교권을 확보하는 조치를 취했다. 그리고 국호를 대조선국大朝鮮國으로, 국왕의 호칭을 대군주폐하로 격상하고 나아가 황제 칭호와 연호 사용을 추진했다. 이러한 조치들이 단지 일본의 종용에 따른 것이라고만은 할 수 없다. 따라서 조선의 국제적 위상, 군주권은 명목상으로나마 상향되었다고 할 수 있다.

이로써 조선은 만국공법 체제라는 근대적 국제 관계에 진입했다.

그러나 만국공법 체제를 받아들인다는 것은 경쟁이 치열한 국제 질서에 직접적으로 편입되는 것을 의미했다. 사실 조선은 왕조 개창 이래 중화 체제 속에서 고통을 받아왔지만, 아직 국가경쟁력을 확보하지 못한 상태에서 중화 체제라는 울타리를 통해 얻는 이득도 분명히 있었다. 따라서 독립되었다는 것이 조선의 현실에 반드시 긍정적인 측면으로 작용했다고만은 할 수 없다.

독립이 당시의 시대적 과제였다면 이제는 독립의 실질적인 내용을 채우는 일이 중요했다. 그런데 갑오개혁 시기 조선의 국제 관계는 복잡한 양상을 띠게 된다. 그동안 청일을 매개로 이루어지던 조선에 대한 열강의 중층적 지배구조가 무너진 것이다. 따라서 청의 종속에서 벗어난 조선의 새로운 국제 관계는 그동안 청에게만 주어졌던 권리가 다른 열강에게도 공유되는 방향으로 진행되었다. 또한 조선 문제에 대한 구미열강의 발언권도 강화되었다. 특히 일본에 주어진 권한은 중화질서에서 청이 누리고 있었던 권한을 훨씬 뛰어넘는 것이었다.

개혁 주체들에게 왕실은 처음부터 개혁의 대상이었다. 군국기무처 시기에 개혁정권은 대단히 조심스러운 태도로 궁내부의 설치를 국왕에게 건의해 재가를 받았다. 이 시기만 하더라도 왕실의 정치 간여가 제도적으로나 실질적으로나 완전히 봉쇄된 것은 아니어서 인사권과 왕실재정의 관할권을 둘러싸고 빈번한 대립이 일어났으나 명확한 결론을 보지는 못했다.

이러한 왕실과 개혁정권 사이의 대립은 이노우에가 부임해 결말을 지었다. 이노우에는 대원군의 섭정을 박탈함으로써 왕실을 안심시켰다. 그러나 한편으로는 〈내정 개혁 강령 20개조〉, 〈홍범 14조〉를 통해 왕실의 국정 간여 또한 배제시켰다. 승선원承宣院이 폐지되면서 왕권의 정치간여 통로가 폐쇄되었고, 내각제도를 채택해 총리대신이 실질적인 권력의 중심역할을 하도록 했다. 이는 국왕의 측근정치를 막고 내각에 권력을 집중시키는 조치였다. 그리고 일본은 조선 왕실의 정치 참여를 제약하는 대신 왕실재산을 조사한 후 그에 대한 관리권을 궁내부에 넘겨주어 독립적인 왕실재정의 운영을 허용했다.

〈표 1〉 갑오개혁 이전과 이후의 조선 통치 기구 비교

조선 통치 기구		갑오개혁 당시 통치 기구	
의정부 6부	이조	궁내부	
	호조	의정부 8아문	내무아문
	예조		외무아문
	병조		탁지아문
	형조		군무아문
	공조		법무아문
3사	사헌부		학무아문
	사간원		공무아문
	홍문관		농상아문
승정원		중추원	
의금부		도찰원	
성균관		회계 심사원	
		경무청	

이 같은 권한의 제약은 왕실이 일본의 위력에 굴복했음을 전제로 하는 것이어서 삼국 간섭으로 일본의 한계가 노출되자 왕실은 권력 회복을 위한 반격을 시도했다. 고종은 김홍집과 박영효 사이의 알력을 잘 활용했다. 우선 박영효를 내세워 김홍집을 공격했다. 그리고 왕명을 어겼다는 이유로 군부대신 조희연을 징계하라고 지시했다. 이에

김홍집이 반대하자 고종은 이처럼 군주권을 무시하느니 국체國體를 공화제로 바꾸든가 대통령을 선출하라고 다그쳤다. 이때 고종은 특이하게도 자신을 진보주의자로 자처하면서 박영효에 대한 만족을 표시하는 한편, 김홍집 등을 사대보수주의자로 분류했다. 박영효 또한 왕궁 수비의 책임을 일본군이 지도한 훈련대에 맡기려고 추진한 일로 인해 고종의 공격을 받았다. 당시 박영효가 실제로 역모를 꾸몄는지의 여부는 확인할 수 없으나, 그는 고종의 반대를 무시하고 훈련대의 왕궁 배치를 강행하다가 역모로 몰려 결국은 다시 망명길에 오르게 되었다.

이와 함께 궁내부 안에 특진관 제도를 두어 개혁정권이 들어서면서 실각했던 인물들을 임명했다. 그리고 중추원에도 왕실 측근 인사들을 대거 배치했으며 궁내부의 기구를 확대했다. 또 내각에도 이범진, 심상훈 등의 측근과 정동구락부 세력들을 배치했고 홍계훈을 훈련대 연대장에, 현흥택을 시위대 연대장에 임명해 병권을 확보하려고 했다. 궁내부에도 이재면을 궁내부 대신에서 해임시키고 유길준을 의주부 관찰사로 좌천시키는 등 인사에서 독자성을 확보하려 했다. 그 밖에도 개혁정권 수립 후 유배조치되었던 민영준, 민응식을 비롯한 외척 세력과 조병갑, 김문현 등의 농민전쟁 책임자들에 대한 사면조치가 취해졌다.

이 같은 일련의 왕권강화 정책이 가능했던 것은 앞에서 언급했듯이 삼국 간섭으로 일본의 역량에 한계가 있다는 것이 드러났기 때문이었다. 또한 일본이 조선에 대한 보호국화 정책을 포기하기로 결정하고 이노우에가 공사직에서 물러난 것과도 관련이 있었다. 이와 같은 상황에서 일본은 조선 왕권이 부활하는 것을 저지하기 위해 왕권의 배후라고 판단한 왕비를 시해했다. 이어서 왕실의 측근 세력과 정동구락부 세력도 제거했다. 그러나 이러한 극단적인 조치도 결국 국왕을 장악하지 못하는 한 소용없는 일이었다. 고종이 왕궁을 떠나 러시아 공사관으로 피신하자 개혁 세력들은 하루아침에 권력을 상실하고 살해·망명·유배를 당함으로써 갑오개혁은 종말을 고하게 되었다.

개혁 세력들이 궁내부를 분리시킴으로써 왕실의 정치 간여를 막았던 조치는 대단히 높은 평가를 내리는 것이 학계의 일반적인 입장이다. 그러나 이러한 평가는 당대의 현실을 무시한 발상이라고 생각된다. 우선 당시 갑오개혁은 위로부터의 개혁을 추구했다는 것을 망각해서는 안 된다. 지구상 어떤 나라도 위로부터의 개혁을 진행시키면서 왕권을 무력화시킨 경우는 찾아볼 수 없다. 만일 위로부터의 개혁을 수행하며 동시에 왕권도 무너뜨렸다면 그것은 개혁이 아니라 혁명이 된다. 일반적으로 위로부터의 개혁에서 왕권은 개혁의 권위를 뒷받침해 주는 상징의 역할을 한다.

결과적으로 조선의 개혁 주체들이 궁극적으로 추구했던 왕권의 정치 간여 금지는 실패로 끝났다. 물론 역사의 발전과정에서 조선에서도 언젠가는 왕권을 대신하는 새로운 정치 체제가 들어섰을 것이다. 개혁 주체들은 왕권의 제약을 국내의 자체적인 역량으로 이루었어야 했다. 외세의 힘에 의존해 왕권을 제약한다는 것은 일반 국민들에게는 반역행위로 보였기에 오히려 왕권에 대한 지지를 유발시키기 마련이었다.

따라서 개혁 세력들로서는 일정한 기간 동안 왕권을 이용하는 방법이 바람직했다. 그것이 당시 조선의 개혁 주체들이 가지고 있는 역량에 어울리는 현실적인 방법이었다. 일본의 무력에 기대어야 가능했던 왕권에 대한 제약은, 그것이 이완되었을 때는 모래성에 불과한 것임이 입증되었다. 따라서 왕권의 제약은 곧 반역이라는 의식을 남기고 말았다.

한편으로는 조선의 개혁 주체들이 권력을 수립하고 개혁을 전개하기 위해서는 일본에 의존할 수밖에 없었다고 할 수 있다. 그러나 당시 일본의 힘은, 조선 왕실과 청을 견제하는 정도는 가능했지만 구미열강까지 능가하는 것은 아니었기 때문에 개혁 세력들은 적어도 삼국간섭 이후에는 왕실, 정동구락부 세력과 결합해 구미열강을 적극적으로 이용했어야 했다. 그렇지만 개혁 세력들은 세력 균형을 도모하기보다 일본에게만 전적으로 의존하면서 왕실과 대립적인 자세를 견지했다. 나아가 자신들에게 걸림돌이라고 생각되었던 왕비를 살해하는 일본의 만행에 침묵하거나 동조하는 모습까지도 보인 것이다.

개혁의 지지 기반과 농민군 대책

갑오개혁은 개혁 주체가 될 수 있는 사회 세력의 성장을 배경으로 일어난 것이 아니었다. 개혁 세력들은 신흥 사회 세력들을 육성하기 위해 불법 수탈의 금지, 특권상업 체제의 해체, 악화주조의 금지, 나아가 향회鄕會를 비롯한 향권의 구성 등을 추진했다. 또한 과거제의 폐지와 신분제의 이완, 비非양반 출신의 고관 임용 등을 추진해 경제적 수탈의 집중과 신분적 제약에 시달리던 세력들의 호응을 받았다. 따라서 새로 설립된 법관양성소, 무관학교, 사범학교, 외국어학교 등

졸업과 동시에 관직 임용 또는 취업이 보장된 교육기관에 학생들이 몰리는 것은 당연한 일이었다. 그런데 졸업생을 배출하는 데는 시간이 필요했기 때문에 속성과를 두거나, 그것조차 거치지 않고 권력자의 임의로 임명되는 경우도 많았다. 일본 유학생 선발에도 많은 학생들이 몰렸지만 이들 역시 아직은 하나의 정치 세력으로 성장할 수 있는 시간적 여유를 갖지 못했다.

갑오개혁 주체들이 정권을 장악할 수 있었던 배경에는 농민군의 봉기가 있었다. 그들은 농민군의 봉기 원인을 주로 '민씨 정권'의 매관매직과 불법 수탈에서 찾았다. 따라서 그 체제에 봉사하면서도 다른 한편으로는 개혁의 대상으로 여기고 있지만 자신들의 역량 부족으로 침묵할 수밖에 없었던 개혁 세력들은 '민씨 정권'을 뒤흔드는 계기로서 농민전쟁을 환영했다. 그러나 이들이 농민군과의 결합을 시도한 흔적은 보이지 않는다.

이들이 정권을 장악한 시기는 전주화약이 성립해 집강소를 통해 농민군의 폐정개혁안이 집행되고 있을 때였다. 그들은 민영준과 민응식 등에게 매관매직과 부정축재의 책임을 묻고, 조병갑과 조병식 등에게는 불법 수탈의 혐의를 두어 모두 유배조치했다. 군국기무처 의안을 통해 불법 수탈 방지와 사회적 개혁조치도 발표했다.

개혁정권과 농민군은 기존의 정권을 타도하려고 했다는 동일한 목적을 가지고 있었지만 동기와 방법에서는 현격한 차이가 있다. 개혁 주체들은 무지한 농민들이 국정을, 더구나 근대 개혁을 운영해 나갈 수 있다고 생각할 수 없었다. 이는 사실이기도 했기 때문에 자신들의 개혁을 통해 농민군의 바람이 해결되었다고 생각할 뿐, 그들이 농민군의 폐정개혁안을 심도 있게 논의했던 흔적도 찾아보기 어렵다.

군국기무처 시기(제1차 갑오개혁)의 개혁은 주로 중앙권력의 수립과 불법 수탈기구의 제거 등에 초점이 맞추어져 있었다. 따라서 이 시기 개혁을 통해 농민들에게 돌아가는 혜택은 별로 없었다. 특히 그들이 생각하는 농민경제 안정책은 농민의 토지 소유나 부세를 삭감하는 데는 반대하고 대신 조세행정의 합리화를 통해 해결한다는 내용이었다. 따라서 양자의 지향에는 차이가 있었고 설령 서로 비슷한 내용의 개혁안이 있었다 해도 그것은 상호 관련 없이 일치했던 부분으로 보아야 할 것이다.

무엇보다 양자 간의 결정적인 차이점은 일본을 비롯한 외세를 보는 관점이었다. 농민군의 척왜양창의斥倭洋倡義와 개혁정권의 대외관은 결코 합치될 수 없었다. 한쪽은 구체적인 대안을 제시하지 못한 채 외세에 대한 저항의식을 강조했고 다른 한쪽은 외세에 대한 막연한 기대에 사로잡혀 있었다. 그 가운데 서로의 의식을 이해해보려는 노력은 전혀 나타나지 않았다.

이렇듯 농민군과 갑오개혁은 상통할 수 있는 근거가 거의 없었다. 따라서 개혁 주체들은 일본이 청일전쟁에서 승리하고 농민군의 활동이 활발해지자 '몹쓸 백성[莠民]'에 대한 강경조치를 강조했다. 그리고 김홍집, 김윤식 등은 이노우에 공사를 찾아가 정식으로 무력진압을 요청했다. 그에 따라 '토벌군'의 지휘권을 넘기고 일본의 농민군 진압에 감사의 뜻을 표하는 모습을 보이게 된다. 그들은 개혁을 방해하는 민족 안의 반대 세력보다 개혁을 지지해 주는 외세에게 더욱 친화감을 느끼고 있었다.

의병의 발생과 활동

당시 조선 국민들은 명성황후의 시해에 대한 분노를 바탕으로 의병을 일으키기 시작했다. 친일내각의 타도와 일본 세력의 축출을 목표로 하는 의병 운동은 단발령이 시행되자 더욱 확산되었다. 특히 단발령에 대해서는 "목을 자를 수는 있어도 머리털은 자를 수 없다"는 것이 대다수 국민들의 생각이었다. 머리털은 부모님이 만들어 준 신체의 일부인 까닭에 함부로 자르는 것은 불효라고 여겼기 때문이다.

이러한 배경에서 국민들은 마침내 일본과 친일파 관료들을 대상으로 무력항쟁을 일으켰다. 이들은 일부 유학자들의 주도하에 거의소청擧義掃淸, 즉 의를 받들어 세상을 정화한다는 명분을 내세워 투쟁을 시작했다. 이들은 정규군이 아니라 자발적으로 의를 위해 궐기한 것이므로 의병義兵이라고 하며, 이때의 의병을 을사조약 이후에 나타난 의병과 구별하기 위해 '을미乙未의병'이라고 하기도 한다. 당시 일부 의병 운동에 대해서는 고종과 민씨 척족이 배후에서 지원하는 경우도 있었다.

당시 의병은 친일내각을 받드는 지방관리, 의병에 대항하는 관군이나 일본군, 그리고 일본인 거류지와 그들의 시설물을 공격 대상으로 삼았다. 을미의병의 지도층은 대부분 유생들이었으며, 병사로서 직접 싸움을 담당한 의병들은 포수를 비롯해 소작농민이 대부분이었다.

을미의병의 대표적인 의병장은 경기도의 박준영, 강원도의 이소응과 민용호, 충청도의 유인석과 서상열, 김복한, 경상도의 곽종석, 이강년, 전라도의 기우만 등이었다. 이들로 인해 전국적으로 정부의 장악력이 약화되었고, 이들을 막기 위해 군대가 흩어진 틈을 타서 아관

명성황후 장례식   1895년 중전이 일본인들에 의해 시해된 후, 폐인으로 강등되었으나 다시 회복되었다. 그러나 고종은 정식 장례식을 치르지 않고 있다가 1897년 대한제국을 선포한 후, 명성황후라는 시호를 내렸다. 이때 장례도 국장으로 또다시 치러져 홍릉에 안치되었다.

파천이 일어날 수 있었다. 이들 의병은 아관파천 이후에도 계속해서 활동하다가 고종의 선유를 받아들여 해산했다.

대한제국의 수립과 독립협회

국제 정세의 흐름

아관파천은 조선에서 일본 세력이 몰락하게 되는 사건이었다. 여기서 주목해야 할 것은 러시아 정부의 태도이다. 러시아 정부에게 만주는 동아시아에서 가장 주된 관심의 대상이었다. 따라서 러시아 정부는 수차에 걸친 고종의 보호 요구를 베베르 러시아 공사로부터 보고받았음에도 불구하고 거부했다. 시베리아 철도가 완공되지 않은 상황에서 일본과의 무력충돌만은 피하려고 했기 때문이다.

그러나 아관파천이란 곧 조선의 국왕이 스스로 의사에 따라 러시아의 보호를 요청한 것임을 대외적으로 보여 줄 수 있는 사건이었기 때문에, 러시아는 조선 문제에 개입하면서도 주체적인 입장에서 간섭하는 것이 아니라는 점을 과시할 수 있었다. 그에 따라 러시아의 병력 증강도 일본이 고종을 탈환하려는 공격에 대비하는 정도로만 이루어지고 있었다. 이 과정에서 미국 외교관들도 신 정부에 대해 전폭적인 지지와 협조를 보내고 있었다.

이제 러시아는 객관적으로 조선에서 가장 강력한 외세로 부상했다. 그러나 조선 문제는 여전히 러시아 정부의 동아시아 정책에 있어서 부차적인 수준에 불과했다. 따라서 조선 정부에 이권을 요구하는 미국과 프랑스에 대해 러시아는 협조를 아끼지 않았으며, 영국인 브라운을 재정고문으로 위촉했다. 한편 러시아는 일본과의 관계에 있어서도 조선 정부에 이권 요구를 거절할 것을 권유하기는 했지만 조선에서 일본 세력이 완전히 철수할 것을 강요하지 않았다. 조선 문제에 관해 1896년 5월 14일 러시아와 일본이 조인한 베베르-고무라 각서의 내용에서 이를 확인할 수 있다. 러시아 정부는 조선 정부가 제시한 차관의 제공과 러시아 군대의 왕궁 경비 등을 골자로 하는 보호 요구에 대해서도 거절, 또는 내용의 극소화를 지향했다. 반면에 일본에 대해서는 베베르-고무라 각서를 인정한 가운데 조선에 대한 공동 행동을 약속함으로써 일본의 개입을 용인했다. 이것이 바로 러시아와 일본이 1896년 6월 9일 체결한 로바노프-야마가타 의정서이다.

이때, 러시아의 만주 정책은 이홍장의 비협조로 말미암아 교착상태에 빠지고 말았다. 이에 러시아는 차선책으로 조선 진출 방침을 세웠지만, 이때는 이미 러시아의 차관 거부에 실망한 고종이 환궁하고 조선 정부 내에 반러 세력이 형성되고 난 이후였다. 더욱이 영국인 재정고문인 브라운은 러시아의 차관 근거를 없애기 위해 일본의 차관을 재빨리 상환하고 있었다. 이러한 상황에 직면해 러시아 정부가 취한 대책은 조선 정부에 약속한 바 있는 재정고문과 군사교관의 파견을 통해 조선에 대한 정치·군사적 억압을 강화하는 것이었다. 이와 같은 러시아의 적극적인 한반도 진출 정책은 영국과 일본의 위기의식을 심

러시아 니콜라이 2세 대관식 사절단   아관파천 이후 고종은 러시아의 니콜라이 2세 대관식에 민영환과 윤치호를 파견했다. 그들은 일본에서 태평양을 건너 미국으로 가서 대륙횡단열차로 동부로 이동한 후, 대서양을 건너 유럽에 도착했다. 네덜란드에 상륙한 일행은 기차를 통해 대관식이 열리는 모스크바로 갔으며 이어서 황궁이 있는 상트페테르부르크로 가서 러시아의 지원을 요청했다. 그러나 러시아의 미온적 태도로 교섭은 실패로 돌아갔다.

화시켰고 특히 1897년 11월 브라운의 해고는 이 문제를 영국과 러시아 간의 대립으로까지 발전시켰다.

그런데 러시아 정부 내에서는 무라비요프 외상을 중심으로 만주집중론이 대두되고 있었다. 무라비요프 외상은 독일이 교주만을 조차한 것을 기회로 삼아 여순·대련을 점령할 것을 주장했다. 러시아 정부는 그의 주장을 채택해 추진했는데, 이는 러시아 당국의 의도와는 달리 열강에게 한국·만주 동시 진출 정책으로 받아들여졌다. 따라서 영국은 극동함대를 제물포에 정박시켜 러시아에 압력을 가했다. 영국은 무력 시위 명분으로 브라운의 유임 문제를 내세웠지만 이는 부차적인 것에 불과했다. 영국 극동함대의 주된 목표는 러시아의 만주 활동을 견제·감시하는 것이었다. 일본도 이에 호응해 대한해협을 봉쇄하고 러시아 함대의 동향을 감시했다.

열강의 견제와 압력에 봉착한 러시아는 일본에 조선의 재정고문을 넘겨주겠다는 타협안을 제의했다. 그러나 일본은 이를 거부하는 한편 러시아가 만주를, 일본이 조선을 차지하는 한만교환론을 제시했다. 이때 조선 내에서는 러시아의 주권 침해에 위기의식을 느낀 독립협회를 중심으로 반러운동이 전개되고 있었다. 스페예르 러시아 공사는 이러한 움직임에 유감을 표시하며 러시아의 지원에 대한 수용 여부를 24시간 이내에 회답하라는 요구를 조선 정부에 제시했다. 이는 조선 정부에 러시아의 지원이 필요하다는 답변을 유도함으로써 러시아의 조선 진출 및 장악 활동이 조선 정부의 자발적인 요청으로 시작된 것임을 열강에게 보여 주기 위한 방책이었다.

그런데 뜻밖에도 조선 정부는 지원이 필요없다는 회답을 보냈고,

이에 따라 러시아는 즉각 군사고문과 재정고문 및 한아은행의 철수를 단행하는 한편 절영도 조차租借 요구를 철회했다. 당시로서는 의외의 사태로 인식되었으나, 러시아의 목적은 일본이 제시한 한만교환론에 의해 압록강을 경계로 일본과 대치해야 하는 위험 부담을 줄이면서, 완전한 세력 철수만은 거부하겠다는 속셈이었다. 따라서 러시아는 1898년 4월 25일 로젠-니시 협정을 통해, 조선에 있어 경제적 우위를 바탕으로 한 일본의 외교적 우위는 인정하더라도 정치적 우위만은 허락할 수 없다는 입장을 밝혔다. 이러한 러시아의 계획은 러시아가 만주를 장악하고 있는 이상 필요하다면 언제든지 다시 조선에 침입해 올 수 있다는 판단에 기초한 것이었다.

1898년 4월 이후 일본은 조선에 가장 위협적인 외세로 다시 등장했다. 그 후 러시아가 목포와 진남포에 영사관 기지를 확보하려 했고 1900년에는 마산포를 조차하려 하는 등 조선 진출을 재개하는 듯한 움직임을 보였으나 이는 러시아 정부의 전체적 전략의 표현이었다기보다는 해군 전략적 차원에서의 일시적 움직임으로 볼 수 있다.

일본은 조선에 대한 경제적, 외교적 우위를 확보하게 됨에 따라, 무리한 보호국화 정책을 추진하다가 열강 및 조선의 반발을 초래하지 않기 위해 조심스럽게 침략 정책을 집행했다. 바로 시장 확보, 이권 침탈, 문화적 침투 등의 방법이었다. 이제는 영국과 미국이 강력한 동맹자가 되었기 때문에 외교적 고립도 탈피해 갈 수 있었다.

당시 영국은 러시아의 중국 시장 진출을 막기 위해 일본과의 연합을 추진하고 있었다. 일본은 이에 호응해 영국이 위해위를 장악하는 대신, 조선에 대한 침략을 영국이 지원한다는 방안을 추진했다. 이러한 일본의 움직임은 뒤에 영일동맹으로 발전하는 초석이 되었다.

한편 미국은 러시아와 전통적인 우호 관계를 청산하고 영국의 동아시아 정책을 지지하는 방향으로 선회하고 있었다. 미국은 1890년대에 들어와 만성적인 불황에 시달리고 있었다. 산업혁명을 완수하면서 급속히 성장한 생산력은 서부 개척에 투입되었는데, 이 또한 완료되자 새로운 수요 창출에 고심하지 않을 수가 없었다. 따라서 해외시장은 미국 경제의 사활이 걸린 돌파구로 부각되었으며 그 가운데 동아시아에 대한 관심이 급속히 증가했다. 그러나 아직은 동아시아에서까지 영향력을 행사할 정도로 미국의 군사력이 충분치 못했으므로 당분간 중립을 유지하는 가운데 다른 열강이 무력으로 쟁취한 동아시아에서의 여러 권리를, 최혜국最惠國 조항을 매개로 함께 누리고 있었다. 최혜국 조항이란 한 국가가 확보한 이익을 이미 조약을 체결한 국가들이 조약 개정 없이 자동적으로 함께 누릴 수 있는 권리를 의미한다. 미국 정부가 조선 정치 문제에 자국의 외교관과 선교사들이 깊숙이 개입하는 것을 막았던 까닭은 바로 이러한 이유에서였다.

이때 미국의 대對 동아시아 무역액은 급속히 팽창하고 있었다. 특히 만주에 대한 미국 기업인들의 관심은 지대했다. 이러한 상황에서 러시아가 조선과 만주에 대한 문호폐쇄 정책을 전개하는 것은 시장 확대를 모색하는 미국에 커다란 위협이 되었다. 그러므로 미국은 영국과 일본의 동아시아 정책을 지지하고 그들의 군사력에 의지하려는 정책을 입안했다. 1899년 헤이의 문호개방 정책 선언은 이러한 배경에서 나온 것으로 결국 러시아의 만주 정책에 대한 도전이었다. 그러나 이 정책의 단초는 이미 1898년부터 시작되었다.

대한제국의 수립

지방에서 전개된 의병 운동에 고무된 고종은 이를 기회로 삼아 왕비를 시해한 일본의 손아귀에서 벗어나기 위해 관군이 의병을 진압하러 출동한 틈을 이용해 1896년 2월 11일 경복궁에서 정동에 있는 러시아 공사관으로 피신하는 '아관파천'을 단행한다. 아관파천은 잠시 러시아의 힘을 빌리기 위한 행동으로, 고종은 러시아 공사관에 피신한 다음 친일관료의 체포령을 내렸다. 이에 김홍집과 정병하 등은 성난 군중들에게 타살되었고, 어윤중도 용인으로 피난 중에 지방민들에게 살해되었다. 유길준, 조희연, 장박 등은 일본으로 망명했으며, 김윤식은 제주도로 유배되었다. 이들을 대신해 정동구락부 세력인 박정양, 이완용 등이 보수파들과 함께 새 내각을 구성했다.

국왕이 러시아 공사관으로 1년간 피신해 머문 사건은 국격에 손상을 주었으나, 아관파천을 통해 러시아가 일본을 견제함으로써 국왕의 운신 폭은 그만큼 넓어질 수 있었다. 러시아와 일본의 세력 균형이 이루어진 이 시기부터 1904년 러일전쟁이 일어날 때까지 약 8년간은 조선이 상대적으로 자주성을 높일 수 있었던 시기였으며, 이러한 분위기 속에서 대한제국大韓帝國이 탄생한다.

1년 동안이나 러시아 공사관에 머물러 있던 고종은 환궁을 요구하는 여론이 높아지자 1897년 2월 경운궁으로 돌아왔다. 이어서 고종은 칭제稱帝를 요청하는 상소를 유도했고 국호를 조선에서 대한大韓으로 바꾸었다. 이는 조선이라는 국호는 중국으로부터 승인을 받은 것이기 때문에 제국을 선포하면서 새로운 국호가 필요하다는 의지에서 나온 결정이었다. 고종은 8월 17일에 연호를 건양에서 광무光武로 바꾸고, 10월 12일에는 하늘에 제사를 지내는 환구단을 조성해 황제즉위식을 거행하면서 대한제국을 선포했다. 이어 정부는 구본신참舊本新參을 내세워 군주권을 강화하면서 근대화를 추구하는 방향으로 각종 행정·법률 체계를 재편해 나갔다. 구본신참은 명목상으로는 옛것을 기본으로 한다는 것이지만 실제로는 황제권이 위협받지 않는 범위 내에서 새로운 제도를 대폭 수용한다는 것을 의미했다.

한편 보수 유생들을 중심으로 대한제국 수립을 비판하는 세력도 있었다. 그러나 청과의 관계를 대등한 내용으로 바꾸어 나가자는 요구가 독립협회를 중심으로 나타나고 있었기 때문에 큰 흐름을 형성하지는 못했다. 대한제국 또한 청과 대등한 조약을 체결하기 위한 노력을 전개했지만 제국의 선포를 뒷받침할 수 있는 군사적, 외교적 기반이 매우 부족했기 때문에 국력 상승이 추후의 과제로 등장했다.

독립협회의 창립과 활동

아관파천을 주도한 세력은 김홍집 정권과 마찬가지로 개화파 관료들의 일부로서 미국과 러시아를 중심으로 한 구미 세력과 왕실을 연계했던 정동구락부 세력이었다. 그들은 갑오개혁을 총체적으로 부정하기보다는 개혁의 성과 중 상당 부분을 계승하는 입장으로서, 이범진에 의해서 진행되었던 갑오개혁 관련자에 대한 대대적인 처벌에 반대했다. 이에 따라 아관파천 이후 실제로 처벌받은 인물들은 을미사변과 이어진 폐비 논의 과정의 관련자들뿐이었다. 따라서 이후 이범진이 주미 공사로 전출된 것은 당시의 권력투쟁에서 패배한 것을 의미했다.

아관파천을 주도했던 정동구락부 세력 역시 개화파의 한 부분을 이루고 있었으며, 그들 역시 갑오개혁기에 급성장한 인물들로서 차별성을 주장할 근거를 갖고 있지 못했다. 더욱이 갑오개혁의 주도세력들이 정계에서 제거된 이후 이들의 정치적 입지는 사실상 좁아진 상태였다. 그들이 권력의 핵으로 형성될 수 있었던 까닭은 전적으로 러시아 공사관의 지원 때문이었지만 내정불간섭을 표방한 러시아의 대조선 정책으로 왕실 중심의 권력구조가 다시 개편될 가능성을 갖고 있었다. 실제로 갑오개혁으로 제거되었던 인물들이 다시 등장했다.

이러한 분위기에서 개화파 세력이 결집해 독립협회를 창립하면서 독립문의 건립과 독립공원의 조성 사업을 표방했다. 독립문과 독립공원 건립 논의는 왕실과 협의하에 1896년 6월 20일 이전부터 시작되었고 독립문이라는 이름도 이미 결정되어 있었다. 독립문 건립을 추진하기 위한 기구로서, 즉 독립문 건립추진위원회의 성격을 표방하는 독립협회의 창립총회도 외부外部(외무아문의 후신)에서 열렸다. 총회가 정부 건물에서 열렸다는 것은 독립협회가 민간기구라기보다는 왕실과의 긴밀한 교감하에서 만들어진 관변단체였음을 드러내는 증거이다.

이때의 회칙인 〈독립협회규칙〉에 의하면 회장은 결재권을 가지고 협회를 주관하며, 위원장은 집행위원회를 주재하고 결정된 사항을 회장에게 보고하게 되어 있으면서 부회장의 기능을 겸하고 있었다. 출납 사항도 위원장이 회장에게 보고해 결재한 후 회계장이 이를 지출하게 되어 있다. 그 밑으로는 집행위원회의 위원들, 운영위원회의 간사들로 구성되었다. 위원은 전체적인 계획을 의결하며, 간사는 위원의 지휘를 받아 실무 집행을 담당했다. 실무자로서 서기, 회계[掌簿], 공사감독[看役]은 위원과 간사 중에서 선임했다. 위원들은 매주 모임을 가지며, 다수결로 의결하게 되어 있었다. 회원 자격은 독립협회에 보조금을 납부한 경우 자동적으로 부여되었다.

한편 독립협회는 독립관 보수가 끝나자, 1897년 5월 23일 현판식을 갖고 이후 매주 일요일 3시에 정기집회를 갖기로 결정했다. 5월 30일부터 시작된 집회는 임원들만의 행사로서 사교모임의 형태를 가지고 있었다. 이러한 독립협회의 성격을 변화시켜 간 것은 윤치호였다. 그는 1895년 귀국 직전 상해에서, 스승 알렌(중국명 임락지林樂知)으로부터 조선, 청, 일본이 힘을 합해 러시아를 배척해야 한다는 것과 계몽활동의 전개를 권유받은 바 있었다. 그러한 권유는 그의 사회 진화론에 입각한 점진적 개혁론과 일치하는 것이었다.

윤치호는 8월 5일 서재필을 방문해 독립협회를 강의실, 독서실, 박물관을 갖춘 계몽단체로 변모시킬 것을 제안했다. 그리고 8월 8일 서재필의 동의하에 권재형, 박세환과 함께 조직 변화를 위한 3인 소위원회를 구성한다. 그 결과 그동안 고급관료들의 사교장 성격을 지녔던 독립관은 독립협회의 토론장으로 탈바꿈해 매주 한 번씩 토론회를 개최했다. 윤치호가 토론회를 개최한 이유는 계몽적인 주제를 주로 관료들로 구성된 회원들과 공유하고, 연설을 통해 이들을 훈련하는 기회를 마련하기 위함이었다.

독립협회운동은 1898년을 전후로 급격하게 성격이 변화했는데 이

1896	1897	1898
서재필, 독립협회 결성.	고종, 환구단에서 황제 즉위식. 국호를 대한제국으로 정함.	독립협회, 종로에서 만민공동회 개최.

독립문과 독립관 　조선이 청으로부터 독립했다는 것을 기념하기 위해 독립문이 건립되었고 이 사업을 주관하기 위한 단체로서 독립협회가 조직되었다. 이들은 중국의 사신을 맞이하던 영은문이 헐린 부근에 독립문을 건립했다. 1896년 11월에 기공식을 가졌고 1897년 말 쯤에는 완공한 것으로 보이나 정식으로 준공식을 갖지 못했다. 독립협회는 또 중국 사신이 머물던 모화관을 수리하여 독립관으로 꾸민 후, 여기서 각종 모임과 토론회를 개최했다.

는 크게 두 시기로 구분된다. 전기에 해당하는 계몽운동기에는 독립문 건립을 추진하고 당시 대한제국에서 활동하던 개화파 관료들의 결집을 추구했으며 토론회를 축으로 한 계몽운동 중심의 단체로 활동했다. 그러나 독립협회는 러시아의 침투에 반대하는 운동을 전개하는 1898년을 전후해 이전의 계몽운동에서 개혁운동 차원으로 노선을 전환한다. 이러한 운동노선의 변경을 기준으로 독립협회를 계몽운동기와 개혁운동기로 구분해 볼 수 있다.

독립협회운동의 두 시기를 살펴보면 주도 세력의 신분 구성이 크게 변화하고 있다는 것을 확인할 수 있다. 계몽운동기에는 비록 명문 출신은 아니지만 양반 신분의 인물들이 수적으로 다수를 차지하고 있었으며, 여기에 중인층이 적지 않은 비중으로 동참하고 있었다. 그런데 개혁운동기에 들어가서는 양반의 비중이 낮아지고 반대로 중인들의 비중이 높아지는 추세를 보인다. 특히 중인 가운데서도 경아전층인 상촌*인들이 다수를 이루게 되며 역관 등 기술직 중인들의 비중은 낮아진다. 무과 출신들도 말기로 가면서 활발하게 참여하고 있었다.

교육 배경을 보면 개혁운동기가 되면서 신식 학교 및 외국 유학생의 비중이 급격히 늘어나는 현상이 나타난다. 갑오개혁기에 설립되었던 실무자 양성교육기관 출신과 관비 유학생들의 귀국을 통해 나타난 결과였다. 전체적으로는 전통적인 유학교육만을 받은 사람들이 여전히 다수를 점하고 있었지만, 그들의 유학적 소양이 전적으로 주자학적인 것이었다고는 할 수 없었다. 자신들의 사상적 입지를 실학에서 찾는 경우가 있었기 때문이다.

상촌上村
경아전들이 주로 거주하던 지역. 우대라고도 했다. 오늘날의 옥인동과 통인동에서 삼청동 일대를 이른다.

연령면에서는 전 기간에 걸쳐 30대 후반에서 40대에 이르는 연령층이 주축을 이루고 있었다. 그런데 개혁운동기가 되면서 상대적으로 20대와 30대 초반 사람들의 비율이 급증하면서 활발한 활동을 보였다. 이는 개혁운동의 세대교체가 나타나고 있음을 반영하는 것이라고 할 수 있다. 관직 배경의 경우 독립협회 주도 세력은 전현직 관료들이 대부분으로서, 대한제국과 적대적인 관계에 있다기보다는 대한제국의 개혁에 동참하고 있던 인물들이었다. 특히 계몽운동기에는 신분적 배경과 비교해서 관직 배경이 상당히 높았다. 그러나 개혁운동으로 전환되면서 관직의 직급이 대부분 격하되었으며, 신식 학교 교사와 언론인 등이 대거 진출하는 양상을 보여준다.

이처럼 독립협회는 1898년 운동노선을 개혁운동으로 전환했다. 기존의 권력 체계를 그대로 인정하는 가운데 관료들의 불법행위를 공개적으로 비판하는 방식을 취했으며, 점차 황제권의 강화를 중심으로 정치구조의 개편운동을 전개했다. 다른 한편으로는 독립협회 안에 대한제국 정부를 구성하고 있는 대신들을 축출하고, 망명자들과 결합해 권력을 장악하려는 움직임이 나타나고 있었다. 그리고 그에 따라 두 세력 사이에 운동노선을 둘러싼 논쟁이 전개되었다.

이때 전자는 사회 진화론에 바탕을 두고 점진적 개혁을 지향하면서 황제권과 협력해 내정 개혁을 달성한다는 목표를 가지고 있었으며 윤치호를 비롯해 《황성신문》을 중심으로 활동하던 세력이 주도했다. 이들은 유교사상을 토대로 서구 근대 사상을 부분적으로 참작·수용하는 가운데, 대한제국에서 표방한 개혁이념을 현실에서 구현하기 위한 방안들을 제시하고자 했다. 정부와 백성들이 서로 타협하라는 관민상화론官民相和論을 표명했던 것도 그러한 맥락에서였다.

한편 후자는 이전의 개화파와 같이 쿠데타식의 권력 탈취 방식을 답습하려는 세력으로 박영효–안경수 계열이 주도했다. 이들은 갑오개혁과 같은 관료 중심의 권력구조 확보를 목표로 삼았다. 하지만 이들은 국내 무관들의 힘을 빌리거나 만민공동회를 이용하려 한 점에서, 쿠데타를 통해 권력을 장악하려 했던 개화파의 방식과는 구분된다.

그런데 독립협회 안에는 전자인 정치구조 개편 운동을 지향하는 세력이 다수를 점하고 있어서 권력 장악 운동노선인 이들의 의도가 제대로 관철되지 않았다. 그에 따라 이들은 황국중앙총상회 등과 결합해 만민공동회를 이용하는 방식으로 활동을 전환했다. 이들은 독립협회운동의 폭력화를 주도했고, 황제와 독립협회의 타협을 방해했다. 특히 독립협회운동이 만민공동회를 통한 대중시위로 발전하는 정세를 이용해 새롭게 구성된 중추원에서 의정부 대신을 추천하게 하는 방법으로 권력을 장악하려 했다. 그러나 이러한 계획은 고종의 무력동원, 시민들의 외면, 일본의 현상유지책으로 인해 실패했고, 독립협회를 해산으로 몰고 갔다.

독립협회가 구상했던 근대 국가 건설론은 기본적으로 갑오개혁의 비자주적, 급진적 개혁에 대한 비판 위에서 성립된 것이었다. 이들의 이념적 기반은 자주적인 입장에서 현실을 점진적으로 변화시켜 나가는 것으로 특히 당시 시대적 과제로 이해되었던 개화의 개념을 전통적인 유교적 논리를 통해 계몽하려는 노력이 전개되었다. 이를 통해 독립협회는 종래의 개화파 개혁론이 전통과 개화를 접목시켜 사고하지 못했던 한계를 극복할 수 있었다. 윤치호는 사회 진화론에 입각한 점진적 개화론에 의해, 《황성신문》 계열은 신구절충론에 의해 이러한 입장을 가지고 있었다.

독립협회의 근대 국가 건설론의 구조는 다음과 같은 내용을 가지고 있었다. 먼저 독립협회는 조선이 독립국이 되었음을 강조하면서 자강을 통한 독립의 유지를 주장했다. 그 방안으로 열강의 세력 균형을 통한 독립론을 제시했다. 자강책을 이룩하기 위한 시간 확보를 위해서 중립외교를 펼쳐야 하기 때문이었다.

한편 독립협회는 황제권 중심의 정치 체제를 구상했다. 〈헌의육조〉 가운데 전제황권 강화에 관한 조항이 이를 단적으로 말해 주고 있다. 그런데 이것은 무제한적인 군권의 행사가 아니라 민의의 수렴과 동의를 통해 권력을 행사했을 때 황제권은 궁극적으로 강화된다는 의미였다. 이는 황제권에 대한 상징 조작을 통해 황제를 국권의 상징, 근대화의 상징으로, 나아가 국민적 통합의 구심점으로 삼아 나가려는 독립협회 임원진의 입장을 반영하는 것이었다. 이들이 주장했던 중추원 개편안도 그러한 맥락에서 이해된다. 독립협회가 하의원의 설치를 부정했던 것도 바로 군주권을 중심으로 근대화가 진행되어야 한다는 생각에서였다. 중추원을 개편해 의회적 기능을 갖게 한다고 했을 때 그 내용은 인민 주권에 입각한 대의기구가 아니라 의정부의 권한을 견제해 궁극적으로는 황제권의 강화를 도모하려는 것이었다. 이와 달리 독립협회 안에 병존했던 권력 장악 운동노선은 단지 의회 차원의 권력 분점이 아니라 중추원과 더불어 내각까지도 개명 관료층이 장악해 전적으로 독점하려는 권력 개편을 구상했다.

또한 독립협회는 지주층을 중심으로 한 자본주의 경제 체제의 수립을 지향했다. 이를 위해 독립협회 주도 세력들은 국내적으로는 상업적 농업을 통해 농업생산력을 발전시킨다는 목표를 바탕으로 하는 산업진흥론을 강조했다. 또한 대외적으로는 개방경제론을 내세웠다. 이들 모두는 전체적으로 지주들의 입장을 대변했다. 회사 설립에 대해서도 독립협회의 주도 세력은 적극적 태도를 보였지만, 공업을 육성하는 것은 조선의 자본과 기술의 부족을 이유로 시기상조라고 인식하기도 했다.

독립협회 주도 세력이 생각하는 자본주의로의 발전은 기본적으로 상업과 무역을 통해 이루어지는 것으로, 그들은 자유무역주의를 옹호했다. 그렇지만 개방경제론으로 인해 나타날 수밖에 없는 상권침탈의 문제에 대해서는 대안을 제시하지 못했다. 오히려 그들은 열강의 이권침탈을 자원 개발을 위해 필요한 문명화의 과정으로 해석하면서 시장개방을 통한 통상 확대를 주장했는데, 이는 만국공법의 세계 체제, 즉 세계자본주의의 질서에 적극적으로 편입하는 것이야말로 경제개발과 국권수호의 첩경이라고 인식했기 때문이다.

독립협회의 지향점 가운데 핵심은 만국공법 체제하에서 근대 민족 국가로 존립해 나가기 위해 '민족'을 형성해야 한다는 것이었다. 민족이 형성되기 위해서 독립협회는 신분제 및 봉건적 악습의 철폐를 제시했고 자국어 및 역사 민족주의에 대한 관심을 고양시켰다. 그런데 아직 대한제국에는 근대 국가의 주체가 될 시민 세력이 확고하게 성장해 있지 않았다. 따라서 비슷한 경로를 통해 근대 국가로 성장했던 독일이나 일본 및 동유럽 국가들과 마찬가지로 독립협회가 인식하는 민족주의는 국권을 중심으로 하는 관념적, 문화적 민족주의의 성격을 띠고 있었다. '민족'이란 대외적 위기의식에서 탈피하기 위한 국민적 통합의 수단으로서 강조되었던 것이다.

— 주진오

六 皇帝끠서는世界各六國

光武

保

독립협회운동 진압 이후 한국은 전제군주정의 모습을 갖추어 갔다. 황실 기구인 궁내부와 그 재정기관인 내장원이 실권을 장악한 가운데 기존의 정부 기구는 무력화되었다. 황제는 원수부를 설치하고 군사력을 증강시키고 토지 측량 사업을 통해 조세 수취를 늘리고 토지 소유권을 법인하고자 했다. 궁내부 산하기관을 통해 광산 개발, 전력과 철도 시설, 금본위 화폐 제도를 수립하고자 했으나 제대로 결실을 보지 못했다. 러일전쟁 이후 입헌군주정 수립 운동이 전개되었지만, 열강의 인정을 받은 일본에 의해 한국의 외교권이 강탈당하고 이어서 내정권까지 장악되었다. 의병 투쟁이 진압된 이후 한국은 일본에 병탄되어 1910년 8월 말부터 조선총독의 통치를 받는 식민지 '조선'이 되었다.

근대 국민 국가 수립 운동의
좌절과 일본의 한국 병탄

1899~1910, 황실 중심 근대화 정책의 결말

전제군주정의 확립과
국가 체제 정비

〈대한국국제〉 제정과 정통성 수립

한국의 국가 체제의 방향을 둘러싼 고종 황제와 독립협회의 갈등은 독립협회가 해산되면서 전제군주제로 귀결되었다. 따라서 1899년 이후에는 국외의 망명자 세력을 제외하고 국내에서 황제 권력에 도전할 만한 정치 세력이 존재할 수 없었다. 고종은 이후 대외적으로 각 열강에 대해 '세력 균형 정책'을 취함으로써 국가의 독립을 유지하는 한편, 국내적으로는 각 열강과 관련해 형성된 정치 세력들을 조종하고 상호 견제하면서 전제적 권력을 구축했다.

이렇게 성립한 전제군주제는 이전과 성격을 달리 했다. 갑오개혁기에 공포된 과거제·신분제 폐지로 인해 출신 신분 여하를 불구하고 누구나 황제의 의향 또는 고급 관료인 칙임관·주임관 등의 추천에 의하여 관료로 입신출세할 수 있었다. 이용익(보부상), 길영수(백정) 등 미천한 신분 출신들도 고급 관료의 지위를 획득했으며, 돈만 있으면 황제 또는 인사권자에 뇌물 상납을 통해 군수와 같은 지방관으로 부임할 수 있었다. 범죄인에 대한 체포·재판 과정도 정치범이나 칙임관·

주임관 등 고급 관료를 제외하면 출신 신분에 따른 차별을 하지 않았으므로 법제상으로 국민 내부의 차별은 존재하지 않았다. 그리하여, "문벌은 이미 엎어져 주요한 관직도 서얼 출신들이 과반수를 차지했으므로 그들의 권력 앞에 본래 교만하던 사대부들도 친구, 아우 등의 호칭을 사용하지 않는 사람이 없을 만큼" 문벌이나 신분적 차별이 사라져 가고 있었다.

조선왕조 내내 규정된 적이 없었던 국왕(황제)의 권한도 이 시기에 와서 법령으로 규정되었다. 1899년 8월 17일 반포된 〈대한국국제〉가 바로 그것이다. 〈대한국국제〉는 총 9개조로 구성된 간단한 법령이지만, 왕조 시대와 같은 전통법 체제가 아니라 근대법 체제를 도입하여 제정되었다. 조선왕조 창건 이래 국가 최고 권력자인 국왕의 권한은 신하들과의 관련 법조항들 속에서 암시되고 있었을 뿐, 독립된 법조항을 통해 규정된 적이 한 번도 없었다. 그러나 〈대한국국제〉는 대한제국의 정체政體와 황제의 권한을 명시하고 있는데, 이는 우선 황제 정치를 법적으로 공인하여 향후 존재할지 모를 정변에 대한 방어용 성격을 띠고 있었다. 즉 정변을 일으킨다고 하더라도 정변 주체가 〈대한국국제〉에 대한 개정 작업을 추진하지 않는 한 새로운 정체로 변화시키기 어렵게 만들어 놓았다. 그리고 이는 황제권에 대해 법령으로 규정하지 않으면 안 될 만큼 황제의 권력이 불안해졌음을 반영하는 것이기도 했다.

〈대한국국제〉는 그 전문前文에 나온 "이것이야말로 법규의 대두뇌大頭腦이며 대관건大關鍵이니"라는 표현에서 보듯이, 모든 법규의 근원임을 자임하고 있어 한국 역사상 최초의 헌법이라고 할 수 있다. 여기서는 대한제국의 정치 체제가 "만세불변할 전제 정치"이고 황제권이 신성불가침한 권력이라고 규정했다. 황제는 군대 통수, 계엄과 해엄, 법률 반포와 집행, 사면과 복권, 행정기관 관제와 문무관 봉급의 제정 및 개정, 작위·훈장 및 기타 영전榮典의 수여·박탈, 사신 파견과 선전·강화 및 조약 체결 등 모든 국가 권력을 황제가 갖는다고 했다. 더 나아가 "황제의 권한을 손상시키는 자는 신민의 도리를 잃은 자로 규정한다"고 하여 국민의 권리에 대한 규정은 없고 복종 의무만 규정했다.

고종은 전제군주제를 성문화하는 한편, 황제권을 상징화하고 황제를 중심으로 민인民人을 신민臣民으로 통합하기 위한 이데올로기적 작업들을 추진했다. 고종은 태조를 추존하는 것을 비롯해, 장헌세자(정조의 아버지, '사도세자')로부터 내려오는 자신의 직계 혈통 국왕과 왕후들을 추존했다. 또 중국의 천자와 같은 지위임을 보이기 위해 평양에 행궁을 건립하고 정기적으로 명산대천과 환구단에 제례를 올렸다.

1899년 7월 표훈원 설치를 통한 훈장 제도의 창설, 1899년 10월 국왕을 위해 싸우다 죽은 장졸을 기리기 위한 장충단奬忠檀 설치와 연례적인 제례, 1902년 1월 국가國歌 선정 지시, 1895년에 정한 국기 외에 어기御旗·예기睿旗·친왕기親王旗·군기軍旗를 정하는 등의 상징화 작업을 추진했다. 이러한 작업들을 통해 황제를 중심으로 민인을 신민으로 통합하려고 했다.

아울러 갑오개혁기부터 추구되었던 '충군애국'하는 신민을 만들기 위해 유교 이념을 강화하고자 했다. 고종은 1899년 4월 27일 조서를 내려 "변괴는 날마다 일어나고 역적은 뒤따라 일어났으며 을미년에 와서는 변란이 극도에 달했다. 아, 이것이 어찌 종교가 밝지 못한 데

1894(12월 17일)
고종을 대군주 폐하로, 왕세자 저하를 왕
태자 전하로 칭함.

1897(10월 12일)
고종, 황제의 자리에 오르고 왕태자를 황
태자로 책봉.

1907(7월 19일)
고종, 강제퇴위당하고 순종, 황제 즉위.

고종(1851~1919)과 순종(1874~1926)　　왼쪽은 1880년대 전통 복식을 입은 모습이고 오른쪽은 1900년 전후 대원수복과 원수복을 입은 모습
이다. 고종은 청이나 일본과 마찬가지로 조선도 그와 대등한 황제국으로 만들고 싶어 했다. 국호를 과거 명으로부터 받은 '조선'을 버리고
'한'으로 개칭하고 세조대 이래 폐지된 제천 의식을 하기 위해 환구단을 설치하고 황제 즉위식을 올린 것이 황제국을 상징하는 지표로 구상
된 것이었다. 원수복을 입은 순종의 표정이 1880년대에 비해 멍청해 보이는 것은 1898년 고종을 암살하려 한 자가 독약을 탄 커피를 함께
마시고 졸도한 후유증 때문이라고 한다.

환구단   환구단은 천자가 하늘에 제사를 드리는 제단이다. 환구단 제례는 세조대 이후 폐지되었으나 고종이 다시 부활시켰다. 이를 위해 청 사신을 맞이하던 남별궁 터에 단을 만들고 황제 즉위식을 올렸으며 2년 뒤인 1899년 환구단 옆에 황궁우를 세우고 1902년 고종 즉위 40주년 기념으로 석고단을 세웠다. 지금은 황궁우와 석고, 그리고 석조 대문만 보존되어 웨스틴 조선호텔 경내에 남아 있다.

로부터 온 환란이 아니겠는가.…… 황태자와 함께 한 나라 유교의 주인이 되어 기자箕子와 공자의 도리를 밝히고 거룩한 선대 임금의 뜻을 이을 것"이라고 했다. 그러나 고종의 유교 이념 숭상론은 과거 제도를 복구하거나 이전과 같은 신분제적 사회 질서로의 복귀를 지향한 것은 아니었다.

고종은 성균관 관제를 개편하고 고명한 선비들을 맞이하기 위해 초현당招賢堂을 신설해 성균관에 박사 10명을 두었으나 그것이 곧 유교 이념의 부활은 아니었다. 1900년 10월경 영남 유생들이 과거제를 부활시켜 유생을 등용하라고 간청해도 이를 재가하지 않은 데서 볼 수 있듯이 고종의 유교 숭상은 충군애국하는 신민을 만들려는 의도뿐이었다.

경찰·재판 기구의 강화

〈대한국국제〉가 황제의 전제 정치를 성문법으로 규정했다면, 이를 가능하게 하는 물리적 수단으로 구상된 것은 경찰기관인 경위원의 창설, 재판 제도의 개편이었다. 경무청이 설치되어 있음에도 별도의 경찰기관을 설치한 것은 박영효, 유길준 등 일본에 망명한 정치범과 연결된 국내 세력의 정변 음모가 계속되고 있었기 때문이다.

1899년 6월에는 만민공동회 회장이었던 고영근과 임병길, 최정덕 등이 폭약을 제조하여 조병식, 신기선, 이종건 등 독립협회를 탄압한 관리의 집에 폭탄을 투척하거나 구선혜청 창고에 방화하는 등의 테러를 행하다가 체포되었다. 1900년 1월에는 하원홍이 일본에서 박영효의 지시를 받고 귀국해 엄주봉, 최채봉 등 활빈당 27명과 함께 영남

1897~1904년 정부 구조

국왕

원수부	법규교정소	의정부	양지아문 (→ 지계아문)	전환국 (1902년 이후)

중추원

내부	외부	탁지부	법부	학부	군부	농상공부
대신관방	대신관방	대신관방	대신관방	대신관방	대신관방	대신관방
판적국	교섭국	사세국	민사국	학무국	군무국	농무국
지방국	통상국	사계국	형사국	편집국	포공국	통신국
위생국	공사관	출납국	검사국	성균관	경리국	상공국
회계국	총영사관	회계국	회계국	한성사범학교	군법국	광산국
토목국	감리서	서무국	특별법원	외국어학교	의무국	회계국
경무청		전환국	고등재판소	관상소	무관학교	철도국
(→경부→경무청)		(1901년까지)	(→평리원)	중학교	군기창	전보사
내부병원		양지국	지방재판소	의학교		우체사
13도 8부 332군			한성재판소	상공학교		
(→13도 4부			개항장재판소			
1목 341군)			법관양성소			

일대의 부호 집을 털어 정변 자금을 마련하다가 체포되기도 했다. 같은 해 9월경에도 박영효의 지시를 받은 이조현(전직 거제군수), 이겸제(전 친위대 참령) 등이 국내로 들어와 박영효의 귀국과 쿠데타 준비를 위해서 한규설 등에게 박영효의 편지를 전하다 체포되었다.

유길준과 연관된 세력도 있었다. 1900년 6월경 일본 육군사관학교를 졸업한 유학생들 중 장호익, 조택현, 김형섭 등 15명이 혁명일심회라는 조직을 만들었다. 이들은 황제와 황태자를 폐위하고 의친왕으로 그 자리를 대신하게 하고 망명 정치범들로 정부를 조직한다는 혁명혈약서를 만들었다. 유길준은 자신이 계획하던 정변 준비에 이들을 가담시켜 국내의 천장욱, 오세창, 최린 등과 연결시키고 1901년 12월 인천의 거부 서상집에게 거액의 자금을 마련해 달라는 부탁을 했다. 그러나 서상집이 이 사실을 밀고하여 이들 대부분이 체포당하고 이 사건이 한·일 양국의 외교 문제로 번지자 일본 정부는 1902년 5월 유길준을 태평양의 오가사와라 섬으로 유배했다.

이처럼 일본 망명객 및 이들과의 연관하에 정변 음모를 꾸미는 국내 세력이 가장 위협적인 존재였기에 고종은 경찰 기구를 자신이 가장 신뢰하는 인물에게 맡겼다. 고종은 1900년 6월 경무청을 경부로 승격하고 한성뿐만 아니라 전국의 경찰 업무를 총괄하게 했다. 아울러 국가 기밀에 속하는 각종 사항과 관리들의 진퇴, 신분에 관한 정보 수집 업무를 별도로 관장케 하는 한편, 황제의 지시에 따라 황실범과 정치범 및 기타 범인에 대한 비밀 신문을 실시해 혐의가 있으면 주임관은 물론 최고위급 관료인 칙임관까지 체포할 수 있도록 했다.

그러나 황제는 1901년 3월 자신이 신임했던 경부대신 김영준의 모

1897~1905년간 궁내부 구조

특진관		시종원	
		비서원	
		홍문관	
		장례원	
		예식원*≒외부	
		종정원	
		귀족원 → 돈녕원	
		회계원	
		전의사 → 태의원	
		봉상사	
국왕	대신관방	전선사	
	내사과 → 문서과	상의사	
	번역과		장원과
	조사과		수륜과* → 수륜원
			종목과*
		내장사 → 내장원	삼정과*
		≒탁지부	공세과* → 공업과
			기록과*
			전생과*
			공상과*
			봉세관*

서북철도국*≒농상공부
광학국*
박문원*
수민원*≒외부
평식원*≒농상공부
주전사
영선사
태복사
물품사
통신사*≒농상공부
철도원*≒농상공부
경위원*≒경무청
관리서*≒탁지부

1) → : 기구 명칭 변화
2) * : 1897년 이후 신설 기구
3) ≒ : 기능 중복되는 정부 부서

반 사건을 겪고 나서 경부를 폐지하고 다시 경무청을 설치하는 한편 황실 기구인 궁내부 산하에 경위원을 설치했다. 이로써 경찰 기구는 내부 산하의 경무청과 황제 직속의 경위원으로 이원화되었다. 경무청이 민생 안정과 치안 활동에 주력할 때 경위원은 정치적 동향에 민감하게 대응하면서 체제에 반하는 일체의 정치 행위를 규제·금지하고 정부 정책이나 정부 관료에 대한 비판 등 상소를 포함한 각종 언론 행위를 탄압하는 역할을 맡았다.

재판 제도도 갑오개혁기에 비해 보수화되었다. 1899년 6월 정부는 〈법부관제〉와 〈재판소구성법〉을 개정하여 각급 재판소의 판결에 대해 민인들의 호소가 있으면 법부에서 직접 관원을 파견하거나 해당 소송 서류를 가져와 재판할 수 있게 했다. 황제가 지목한 죄인, 정치범, 칙임관, 주임관 등을 재판할 때는 3심제를 취하지 않고 최상급 재판소인 평리원에서 단심 재판으로 처리하게 했다. 1900년 9월에는 갑오개혁기 때 폐지되었던 참형을 부활시켜 정치범·황실범에게 적용했고, 1900년 1월과 1901년 12월에는 두 차례에 걸쳐 절도·강도 범죄를 가중 처벌하도록 관련 법규를 개정했다.

황실 기구의 비대화와 재원 집중

1898년 이후에는 국왕권 제한을 위해 설치되었던 궁내부가 의정부를 압도할 만큼 방대한 기구로 확대되면서 의정부를 대신하여 국정 운영의 중심 기구로 등장했다. 갑오개혁기에 대신관방과 16개 원·사에 163명의 관원으로 조직되었던 궁내부는 1898년 이후 12개의 기구가 신설되어 1903년 말에는 470여 명의 관원을 거느린 거대한 관부로 성장했다. 이는 1880년대 고종이 친정 체제를 강화하면서 개화 정책 추진 기구로 통리기무아문, 기무처, 통리교섭통상사무아문과 통리군국사무아문, 내무부 등을 설치 운영하던 것과 같은 양상이었다.

이들 신설 기구는 기존의 탁지부, 농상공부, 외부 등이 관장했던 재원이나 업무를 가져갔다. 탁지부가 관장하던 화폐 주조권, 홍삼 전매권, 역둔토 소작료 징수권, 상업세·어세·염세·선세 등 허다한 재원들이 궁내부 내장원으로 이관되었으며 이로 인해 정부 재정은 극도로 궁핍해졌다. 농상공부 산하기관이었던 전보사, 우체사, 철도사 및 광산 관리 기능이 궁내부에 신설된 통신원, 철도원, 서북철도국, 광학국으로 이관되는 등 수많은 정부 기능이 황실 기구에 귀속되었다. 또한 예식원을 신설해 외교 업무 기능의 일부를 떠맡게 함으로써 외교 업무도 외부와 예식원의 이원 구조로 분리되었다.

재정이 황실 기구로 집중됨에 따라 심각한 문제들이 발생했다. 전환국은 1900년 이후 탁지부 소속이 아니라 황제에 직속된 황실 재정기관으로 운영되었다. 이에 따라 전환국은 황제의 의향에 맞춰 백동화白銅貨를 대량 주조하여 황실에 납입하는 기구로 변질되어 '전환국은 황제의 전환국', '화폐도 황제의 화폐'라는 말이 공공연하게 떠돌 정도였다. 전환국의 백동화 대량 발행은 민간에서의 위조 백동화 주조와 더불어 물가를 폭등시켜 1904년의 물가는 1894년에 비하여 3~5배로 치솟았다. 이는 다시 정부 재정의 위기로 되돌아왔기 때문에 정부는 결세結稅 인상 조치를 취할 수밖에 없었다. 결세는 1894년 1결당 30냥에서 1900년 50냥, 1902년 80냥으로 치솟았다.

정부 재정의 만성적인 궁핍으로 인해 탁지부는 결세를 담보로 황실 재정기관인 내장원으로부터 대규모의 재정 자금을 차입했다. 이후 내장원은 탁지부 대출금 환수를 위해 각 지방에 봉세관을 파견해 결세를 직접 징수했는데, 이들은 가는 곳마다 지방관과 갈등을 불러일으키고 민인에 대한 수탈을 예사로 하여 원성의 표적이 되었다. 봉세관 외에도 각 관청과 궁가宮家에서 어사·시찰관·염찰사·해세위원·금광파원 등 각종 명목의 관리들이 공무를 빙자하여 무명잡세를 제멋대로 거둬들이고 있었다. 중앙의 국가 기구뿐만 아니라 지방에서도 중앙에서 파견한 각종 관리와 지방관 사이에 결세 및 각종 잡세를 둘러싼 이원적 구조가 만들어지고 있었으며, 조세 횡령 사건이 발생하면 이들 양자 간에 책임 소재를 둘러싼 공방이 전개되어 정부 재정을 충원하는 문제를 더욱 요원하게 했다.

정치 세력의 부침

전제군주정 선포 이후 정치 세력 구성에도 변화가 나타났다. 갑오개혁기를 거치면서 19세기까지의 정치 운영 방식이 폐기되어 전형적인 유생 관료들이 퇴진하고 세도 가문 출신 관료들도 상당수 실세했다. 명성황후의 사망으로 민씨 척족도 구심점을 상실했다. 그 자리를 차지한 것은 명문 가문 출신보다는 1880년대 이래 개화 정책 추진에 참여해 근대적 실무에 밝은 관료들과 신분적으로 출세하는 데 한계가 있었던 서얼이나 무관 출신들이었다.

특히 궁내부, 원수부, 경위원 등 황제권을 뒷받침하는 기구들이 확대·신설되는 가운데 서자나 무관·중인 출신 관료들이 황제와의 사적 인연을 통해 급속히 성장했다. 황제가 주로 기용한 인물은 이용익을 필두로 이근택, 이기동, 길영수, 김영준, 주석면, 이유인 등이었는데, 이들은 비교적 낮은 신분 배경에도 불구하고 갑오개혁 이후 파격적으로 고속 승진을 거듭해 단시일 내에 정부 대신급에 이르렀다. 따라서 이들과 기존의 세도 가문 출신 관료들은 황제의 신임 및 자파 세력 우위를 확보하기 위해 상소나 정변 모의를 통한 상대 세력 음해나 무고를 거듭했다. 여기에 한국에 이해관계를 지닌 열강까지 작용하면서 치열한 정쟁이 전개되었다.

정치 세력은 열강과의 친소 관계에 따라 친러파(조병식, 민종묵, 주석면, 정낙용), 친미파(민상호, 이채연, 민영환), 친일파(민영기, 유기환, 이재완, 이지용), 황제 측근파(이용익, 이근택, 강석호, 김영준) 등으로 분류되었다. 이와 다른 측면에서 1900년 이후에는 황태자를 옹위하는 세력과 엄귀비가 낳은 영친왕을 옹위하는 엄귀비파로 대립 구도가 형성되기도 했다.

정치 세력 사이의 대립과 알력은 열강에 대한 항구 추가 개방과 개항장 부근 토지 할양, 화폐 제도 개혁을 위한 외국 차관 교섭, 경의철도 부설권, 한국 중립화안 등 각종 정치·경제·외교적 현안을 둘러싸고 나타났다. 황제는 대내외적으로 '세력 균형 정책'을 취하면서 이러한 현안의 중심에서 최종 결정권을 행사했다. 따라서 정치 세력 사이의 대립 투쟁은 정책의 대립보다는 고종의 신임을 둘러싼 이해관계의 대립에 의해 이루어졌고, 정황에 따라 각 파는 다른 파와 제휴하기도 했다.

1899~1900년에는 친러파와 친미파의 압력에 의하여 친일파로 분류되는 신석린申錫麟, 민영기閔泳綺 등이 세력을 잃었다. 군부 협판 겸

1896
아관파천.

1898
만민공동회 운동 개시.

1905
을사조약 체결.

민영환(1861~1905)과 이용익(1854~1907)　　민영환은 여흥 민씨 민겸호의 친아들이자 고종의 외사촌 형제였다. 일찍부터 출세 가도를 달려, 20대 후반 이후 예조판서, 병조판서, 형조판서를 역임했다. 독립협회운동을 지원했음에도 불구하고 탁지부대신, 헌병사령관, 내부대신 등에 임용되었으나 1904년 일본의 내정 간섭에 항의한 탓에 한직인 시종무관으로 좌천당했다가 을사오적을 규탄하다가 자결했다. 이용익은 가난한 서민의 아들로 보부상으로 전국을 다니다가 임오군란 시 명성황후와 궁중과의 연락 공로를 인정받아 출셋길에 나섰다. 왕실재정 확충에 큰 공을 세워 고종의 신임을 가장 두텁게 받았다. 이후 내장원경, 전환국장, 탁지부대신 등 주로 재정기관을 책임졌다. 〈한일의정서〉, 을사조약 체결에 반대하여 좌천되고, 일제의 축출을 위한 외교 공작을 하다가 모든 관직을 박탈당하고 블라디보스토크에서 사망했다.

경무사 김영준은 황제의 총애를 받고 있던 시종원 시종 신석린에게 정부 대신들을 죽이고 정권을 전단하여 부귀를 함께하자고 유혹했으나 거절당했다. 그러자 그는 신석린이 일본으로 망명한 안경수, 윤효정과 몰래 서신을 왕래했다는 죄목으로 1899년 10월 중순경 체포하여 3년 유형에 처하게 만들었다. 민영기는 1898년 3월부터 의령원懿寧園 참봉 김필제와 모의하여 황제가 홍릉에 행차하고 돌아올 때 창덕궁으로 모시고 망명 정객들을 불러들여 정부를 재편하려고 했다. 민영기는 이후 김필제와의 관계를 끊었으나 1899년 말 죄상이 탄로나 종신유형에 처해졌다.

1900년 후반기에는 친미파와 반친미파 연합의 대립구도가 이루어졌다. 친미파는 미국인 궁내부 고문관 샌즈와 함께 미국으로부터 차관 교섭을 진행하고 있었는데, 이로 인해 세력을 잃을 것을 두려워한 친러파, 친일파는 물론 이용익 등 황제 측근파까지 모두 반대하고 나서 이를 좌절시켰다. 또 김영준(당시 평리원 재판장)은 내부 협판 민경식閔景植으로 하여금 러시아 공사관에 테러를 가하게 하고 이를 심상훈, 민영환, 민병석, 강석호 등 4인이 사주한 것으로 무고하여 친미파의 입지를 좁히려고 했다. 그러나 이러한 음모를 민경식이 먼저 황제에게 밀고하여 김영준과 주석면(원수부 검사국총장), 이재순(전 궁내부대신), 이지용(궁내부협판), 김규필(한성재판소 판사), 민영준, 윤덕영(경기관찰사), 민영선(철도원감독) 등 고위 관료들이 체포되었다. 그러나 이들은 수사 과정에서 모두 가벼운 처벌을 받거나 무죄 방면되고 오히려 김영준만 사형당하고 말았다.

1902년 1월 영일동맹이 체결된 후 정치 세력의 편제는 다시 변화했다. 먼저 이지용, 박제순 등 친일파 및 황제 측근 이근택의 세력이 신장되고 민종묵, 주석면, 조병식 등 친러파와 황제 측근 이용익의 세력이 위축되었다. 특히 이 시기에는 경의철도 부설과 화폐 제도 개혁의 주도권을 둘러싸고 이용익과 반이용익파로 정치 세력이 양분되었다. 1902년 11월 말 이용익에 대한 정부 대신들의 집단적인 비판과 성토는 이러한 배경에서 나온 것이었다. 이용익이 황제가 총애하는 엄귀비에 대해 불경한 말을 했다는 이유로 윤용선, 김성근, 민영소, 조병식, 민종묵, 윤정구, 권중현, 이재극, 김도현, 이근택, 이용태 등 의정부 구성원 모두가 이용익을 대역 죄인으로 처벌할 것을 상주했다. 이어서 원로대신 심순택, 조병세 등 많은 전현직 고위 관료들의 상소가 빗발쳤다. 그러나 황제의 이용익에 대한 신뢰는 거의 절대적이었다. 빗발치는 상소 속에서도 이용익의 탁지부대신 임시 서리직을 면관했을 뿐, 그를 청으로 보내 미곡 무역을 하게끔 비호했다.

이 과정에서 이용익과 그의 측근 이기동, 길영수 등은 권력으로부터 소외되기 시작했다. 이기동, 길영수 등은 이를 만회하기 위해 1903년 2월 이용익과 자신들의 집에 폭발약이 터지게 한 후 그 범죄를 이근택 등이 사주한 것인 양 조작함으로써 세력을 회복하려고 했다. 그러나 3월 초에 모의가 탄로나 체포되고 이기동은 교수형 선고를 받았다가 다음 해에 사면받았다.

황실 중심의 근대화 정책

군사력 증강 정책

군사력 증강은 국내의 정변과 열강의 침략으로부터 정부를 수호하고 강력한 황제권을 행사하기 위해 필수적인 요건이었다. 특히 독립협회·만민공동회 운동과 영학당·활빈당 등 지방의 민중 운동 확산으로 인해 치안 확보의 필요성이 더욱 높아졌다.

황제는 아관파천 이후 고빙했던 러시아 군사 교관이 철수한 1898년 초 이후 군사력 강화에 힘을 기울였다. 6월에는 자신이 대원수가 되어 친히 육군과 해군을 총관하고 황태자를 원수로 삼아 일체를 통솔하게 했다. 이듬해 6월에는 원수부를 설치하고 군부의 권한을 대폭 축소시켰다. 원수부는 국방과 용병·군사에 관한 명령을 관장하고 군부와 중앙군·지방군을 지휘 감독할 수 있다고 하여 황제의 통수권을 명시했다. 원수부 산하 군무국·검사국 등 각국의 총장은 황제의 지시를 받아 직접 정부 대신에게 훈령할 수 있는 지위를 갖게 했으며 경무사·관찰사·판사보다 상급 지위에 두었다. 이로 인해 군부대신의 권한은 대폭 축소되어 군 행정 사무만 관장하게 되었다. 또한 1898년 4월부터 무관학교를 설치하고 우수한 사관을 일본 육군사관학교로 유학시켜 중앙과 지방 군대의 중견 장교로 임명했다. 1899년부터는 프랑스·러시아·독일·일본으로부터 각종 총포·탄약을 구입하여 화력을 강화했다.

중앙군으로는 도성 경비, 궁궐 호위, 황제 행차 호위를 위하여 각각

1902년경 대한제국 병력 규모

	친위대	시위대	호위대	진위대
편제	2개 연대(4개 보병대대) 및 공병중대, 치중중대	2개 연대(4개 보병대대와 2개 포병대대) 및 시위기병대대	1개	6개 연대(17개 대대) 및 제주 진위대대
인원	4,000명	5,150명	730여 명	18,000명

출처: 서인한, 《대한제국기의 군사제도》, 혜안

강화진위대 장교들　　앞줄 가운데 인물이 강화진위대장 이동휘 참령(오늘날의 소령에 해당)이다. 강화도에는 제1연대의 연대본부가 있었고 그 예하에 제1대대(강화), 제2대대(인천), 제3대대(황해도 황주)를 거느렸는데, 이동휘는 이 중 제1대대장이었다.

친위대, 시위대, 호위대를 두었다. 지방군으로는 2개 진위대대와 14개 지방대대를 두었다가 1900년 7월 이후 지방군 명칭을 모두 진위대로 통일했다. 진위대는 강화·수원·대구·평양·북청·의주 등 주요 도시에 연대본부를 두고 각각 2~3개 대대를 편성했다. 이들은 활빈당·동학·화적 등 지방의 소요나 민란의 진압, 범죄자 포착, 지역 순찰 등의 역할을 맡았다.

이처럼 진위대 임무는 국방보다는 국내 치안 확보에 치중되어 있었다. 별도 임무로 국경 수비 역할이 있었지만 이들은 국경 일대 청국의 비적도 방어하기 힘들 정도였다. 기껏해야 간도 유민과 청국 주민 사이의 분쟁을 조정하는 등 지엽적 문제를 해결하는 정도였다.

그렇지만 군사력과 화력을 대폭 증강시킨 결과 정부 재정 중 군부 예산이 차지하는 비중은 지나치게 비대해졌다. 1901년 정부 세출 예산 총액이 802만여 원인데 군부 예산만 44.8퍼센트를 차지했다. 이후에도 군부 예산은 1904년에 이르기까지 계속 세출예산 총액의 40퍼센트에 달하는 비중이었다.

양전·지계 사업

대한제국 정부는 1898년부터 양전 사업에 착수했다. 갑오개혁으로 각종 부세 항목이 가호 단위로 부과되는 호세와 경지 면적에 따라 부과되는 결세로 통합되었고, 쌀·콩 등 현물이 아닌 화폐로 납부하게 되었다. 결세를 공평하게 부과하기 위해서는 모든 토지의 면적과 등급을 정확하게 파악하되 부과 대상에서 빠지거나 은폐된 토지를 조사하는 것이 급선무였다. 이에 따라 전국적인 토지 조사, 즉 양전이 필요하다는 논의가 있었으나 아관파천으로 무산되었다. 1898년부터 재정난이 닥쳐오자 정부는 한편으로 백동화를 남발하면서 다른 한편으로 결세 수취를 확대하기 위해 양전 사업을 시작했다.

1898년 7월 양전을 전담할 독립기관으로 양지아문量地衙門이 출범하고 총재관에 내부·탁지부·농상공부 3부 대신이 임명되었다. 이후 객관적 측량 방식을 둘러싸고 논란이 일고 심지어는 양전을 폐지하자는 여론까지 일어나 지지부진하다가 1899년 6월에야 충청남도 아산군에서부터 양전이 시작되었다.

이때 작성된 양안量案(경작지를 측량한 토지 대장)은 몇 가지 특징이 있었다. 첫째, 실제 토지 소유 관계를 명백히 밝히기 위해 토지 소유자와 작인을 각각 '시주時主'와 '시작時作'이라는 개념으로 통일하여 표기했다. 둘째, 토지의 절대 면적을 표기하기 위해 두락斗落(마지기)이라는 단위를 사용했다. 셋째, 종전 양안에는 없던 전답 도형을 그리고 논과 논 사이의 구획선까지 그렸다.

양전 사업은 실제 토지 소유 관계를 밝히고 절대 면적을 표기했다는 점에서 진일보한 농지 파악 방식이었지만 국가가 토지 소유권을 보장하는 단계까지 나아간 것은 아니었다. 조선 초기 이래 토지 소유권 보장 방식은, 토지를 매입한 자가 매매 문기를 첨부한 청원서를 관청에 제출하고 관에서 토지 소유권을 인정해 주는 입안이라는 방식이었다. 그러나 입안 제도는 실제로 시행되지 않아 토지 매매 문기만 취득하면 토지 소유권을 확보할 수 있었고, 관에서도 이 문기의 유무로써 토지 소유권을 확인하고 있었다.

이처럼 국가의 토지 소유권 보장 기능이 취약했기 때문에 조선 후기부터 왕실·권세가·토호층 등이 양안의 토지 소유자 항목을 위조해서 일반 민인의 토지를 침탈하기도 하고 수령들이 임지에서 토지를 강제 매점하기도 했다. 개항 이후에는 일반 민인들이 세력 있는 외국인에 의지하여 남의 토지를 침탈하거나 토지 매매 문기를 훔쳐서 내외국인에게 불법 판매하는 사례가 발생하기 시작했다. 그러나 한국 정부 입장에서 가장 크게 문제된 것은 외국인, 특히 일본인이 개항장 거류지 이외의 내륙 지방에서 불법으로 토지를 매입해 농업을 경영하는 일이었다. 일본 의회는 1901년부터 자국 상인이 자유롭게 한국으로 이주해 부동산을 점유해도 좋다는 결의를 내렸고, 이로 인해 일본인들은 1904년 러일전쟁 발발 이전까지 절영도와 전주 부근 곡창 지대에서 막대한 면적의 토지를 매입할 수 있었다.

따라서 한국 정부로서는 조속한 시일 내에 전국 토지를 측량해야 했으며, 토지 소유권을 국가가 확인하고 보증하는 증서인 지계地契를 발행하는 일이 시급했다. 정부는 1901년 11월 양전을 중단하고 지계아문을 설립했다. 지계아문地契衙門은 종전 양지아문을 흡수 통합하고 기존의 양전과 양안 작성 업무를 인수한 후 1902년 3월부터 전국의 토지를 측량하고 새로운 지계를 발급하기 시작했다.

지계아문은 양안 작성 시에 예전부터 내려온 양안을 바탕으로 할 수 있다고 했지만, 토지 면적은 기존의 면적 단위인 결부結負뿐만 아니라 민간에서 사용하는 면적 단위인 마지기, ○○갈이[日耕] 등도 기재해 토지를 절대 면적으로 파악하도록 했다. 또 지계 발급 대상을 농지에 한정하지 않고 전국의 모든 산림과 토지, 전답, 가사까지 포괄한다는 원칙을 세우고 이들 대상지의 소유자가 가지고 있던 종래의 매

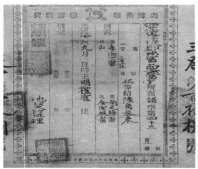

대한제국기 토지 측량　　　토지 측량(위)은 양무위원과 학원이 담당했는데 학원은 수석 기사인 미국인 크럼R. E. Krumm의 교습을 받거나 측량 학교에서 일정한 교습을 받아 측량 전문가로 파견된 사람들이었다. 토지 측량이 확대됨에 따라 학원의 수요가 늘어났으므로 양무학원이 되려는 자들이 점차 많아졌다. 그러나 사진과 같은 서구식 측량법은 초기에만 행해졌을 뿐, 이에 대한 반대가 심해져 전통적인 측량 방식을 활용하는 방안으로 바뀌었다.

지계(아래)는 상단 가운데 태극마크를 중심으로 '大韓帝國田畓官契'라고 인쇄되어 있는 아래 6줄을 두고 ① 전답의 소재지, 지번과 지목 ② 두락, 일경, 등급, 결부 면적 ③ 동서남북 사표四標 ④ 발행연월일, 시주의 주소와 성명 ⑤ 매매가격, 매도자와 보증인의 주소·성명 ⑥ 지계 아문 총재와 지계감독의 확인란을 두었다.

매 문기 등을 모두 환수하는 대신 국가가 새로 지급하는 지계를 통해 소유권을 보장한다고 했다. 또한, 외국인은 산림·전토·전답·가사의 소유주가 될 수 없다고 규정했다.

그러나 러일전쟁 발발의 조짐으로 사업은 중단되었다. 정부는 1904년 1월 전격적으로 지계아문을 폐지하고 토지 측량 업무만 4월에 신설된 탁지부 양지국에 인계시켜 양전·지계 사업을 마감했다. 그동안 양전을 마친 군은 경기 21군, 충북 17군, 충남 38군, 전북 26군, 전남 16군, 경북 41군, 경남 31군, 황해 3군, 강원 25군 도합 218개 군에 달했다. 이는 전국 341개 군의 3분의 2에 해당하는 비중이었으며, 이로 인해 수세 대상지는 13만여 결, 즉 이전 양안에 비하여 23퍼센트가 증가했다. 결국 결세 수취를 확대하고 토지 소유권을 국가적으로 공인하고자 했던 양전·지계 사업은 소기의 목적을 달성하지 못하고 말았다. 다만 그 성과는 한국 내정을 장악한 통감부가 1908년 이후 지세 대장을 작성할 때 활용되었다.

상공업 정책

고종은 황실 기구인 궁내부를 중심으로 근대화 정책을 추진하고자 했다. 이는 의정부 대신들이 외세와 연결되어 있거나 외세의 압력을 막아낼 힘을 갖지 못했기 때문에 황제의 의향대로 국정을 운영하기 힘들었기 때문이다. 고종은 직속 기구를 신설하거나 기존의 직속 기구인 궁내부를 확대하고 여기서 주요 정무와 사업을 담당하게 했다.

궁내부에 설치된 근대화 정책기관으로는 통신사·철도원·서북철도국·광학국·박문원·평식원 등이 있었다. 이들 기관은 농상공부 소속

1898(1월)
한성전기회사 설립.

1899(2월)
동대문발전소 건설.

1901(8월)
민간용 전등 영업 시작.

1903
용산에 제2발전소 설치.

한성전기회사와 전차   지금의 종로 2가 사거리 SC제일은행 본점 자리에 있던 한성전기회사 본사 사옥 건물이다. 1902년 1월 2일 대지 533평에 건평 208평 지상 3층으로 준공된 이 건물은 옥상에 전기로 움직이는 시계탑까지 설치한 최신식 건축물로서 당시에는 근대화의 상징이자 서울의 명물로 기능했다. 전차는 아시아에서 일본의 교토와 도쿄 다음으로 도입되어 중국보다도 앞선다. 개통된 지 1주일 만에 탑골공원 부근에서 어린아이 하나를 치어 죽인 전차가 성난 민중에 의해 뒤집혀지는 사고가 일어났다. 1903년에도 14세 소년을 치어 죽여 흥분한 군중들이 일본인 전차 매표소를 파괴하고 장부를 소각하는 사태까지 벌어지기도 했다. 그러나 전차는 누구나 격을 두지 않고 뒤섞여 앉는 공간을 통해 남녀칠세부동석이라는 유교적 도덕률을 산산이 깨뜨려 새로운 인간관계를 만들게 했다. 전차 안팎에 붙은 광고판(주로 담배)은 자본주의 상업 문명을 확산시키는 매개체 구실도 했다.

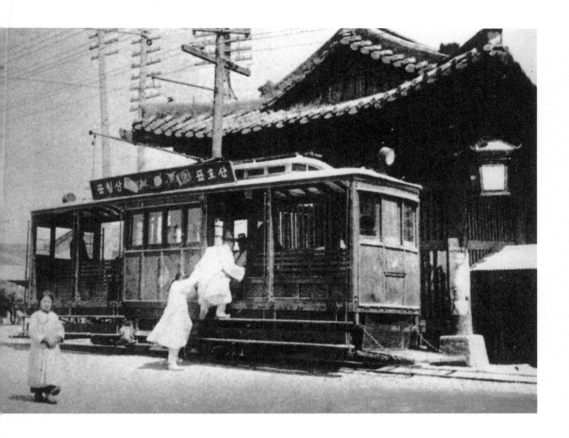

이었으나 1898년 이후 궁내부 소속으로 이관되었다. 이를 운영하기 위하여 정부 재정과는 별도로 황실 재정을 확충해야 했는데 그 역할을 맡은 이가 이용익이었다. 그는 1897년 이래 전환국장, 광산감독, 철도사감독 등의 직책을 맡고 1899년 이후에는 내장원경을 맡아 황실 재정 수입을 지속적으로 늘려 나갔다.

고종은 궁내부를 중심으로 재정 수입원을 늘려 나가면서 각종 근대적 시설과 제도를 도입하려 했으나 대부분 외관만 갖추고 실질적인 운영은 하지 못했다. 고종은 1898년 미국인 콜브란, 보스트윅과 함께 한성전기회사를 설립하고 이들에게 전차·전등·전화 사업의 독점권을 주었다. 이에 따라 1899년 5월부터 서대문–청량리 간 전차 노선이 개통되었다. 이 회사는 1899년 2월 동대문에 발전소를 건설해 전차 운행에 필요한 전력을 공급하는 한편 서울에 전등도 보급했다. 그러나 사업 추진 주체인 황실 측의 주체적 자세 결여, 자본·기술 부족, 미국인들의 교묘한 수법으로 인하여 운영권이 미국인에게 넘어가 1904년 7월 한미전기회사로 개칭되었다. 1909년에는 미국인들이 이 회사를 일본인이 설립한 일한와사회사에 매각하고 떠나 황실은 투자한 자본도 되찾지 못했다.

1900년 4월에는 철도원을 설립하고 그 산하에 서북철도국을 설치해 경의철도 공사에 착수했으나 자금 사정으로 중단하고 민간인이 만든 대한철도회사에 넘기고 말았다. 같은 해 설립된 통신원은 외국 선박의 미개항지 침투와 밀무역을 방지한다는 명목으로 종래 각 개항장 감리가 관장했던 외국인 선박의 임차 허가 업무를 인수했다. 아울러 다수의 고위 관료들이 주주로 있는 대한협동우선회사에 정부 소속 기선을 임대하여 해운업 육성을 꾀했으나 운영 부진으로 이들 기선을 일본인에게 넘기고 말았다.

고종은 1898년부터 백동화를 남발하게 하는 한편 1901년 〈화폐 조례〉를 공포해 서양 열강이나 일본과 같은 금본위 화폐 제도를 수립하고자 했다. 이에 필요한 막대한 자본금을 일본·미국·러시아·프랑스 등의 차관으로 도입하고자 했으나 차관 교섭은 계속 좌절되었다. 1902년에는 일본의 사립은행인 제일은행이 한국 정부의 허가도 받지 않고 제일은행권을 발행하는 사태까지 맞이했다. 사태가 급박해지자 고종은 1903년 〈중앙은행 조례〉와 〈태환금권 조례〉를 제정하고 자력으로 금지금金地金을 모아 금화 및 지폐를 발행하고 중앙은행까지 설립할 준비를 마쳤으나 러일전쟁의 발발로 중단되고 말았다.

경제 구조의 변화와 민중 운동

경제 구조의 변화

1894년 이전에 개항장은 부산·원산·인천뿐이었으나, 1897년 이후 목포·진남포·군산·마산·성진 등이 추가로 개항되었다. 개항장이 늘어나고 일본 자본에 의한 정기 직통 항로와 금융기관이 정비되면서 1894년에 비해 수출액은 3배, 수입액은 5배 정도 늘어났으나, 무역 수지는 항상 수입 초과 상태였다. 청일전쟁에서 승리한 일본은 청으

<表 1> 1892~1904년간 한국의 대외 무역

(단위: 천 엔)

연도	수출액			수입액			무역 수지
	쌀	콩	총 수출	면사	면포류	총 수입	
1892	999	798	2,444	79	1,493	4,598	−2,154
1893	367	628	1,698	50	1,240	3,880	−2,182
1894	979	507	2,311	106	1,899	5,832	−3,521
1895	739	924	2,482	393	3,550	8,088	−5,606
1896	2,509	1,277	4,729	439	2,529	6,531	−1,802
1897	5,557	1,710	8,974	766	3,749	10,068	−1,094
1898	2,759	1,124	5,709	1,116	3,412	11,818	−6,109
1899	1,418	1,975	4,998	1,523	3,336	10,227	−5,229
1900	3,626	2,369	9,440	1,638	3,184	10,940	−1,500
1901	4,187	1,891	8,462	1,215	4,047	14,696	−6,234
1902	3,525	1,818	8,317	1,008	3,678	13,541	−5,224
1903	4,225	1,696	9,478	950	4,157	18,219	−8,741
1904	1,301	2,515	6,934	1,557	5,572	26,805	−19,871

출처: 주식회사제일은행株式會社第一銀行, 《주식회사제일은행 한국 각 지점 출장소 개업 이래 영업상황株式會社第一銀行 韓國各支店出張所開業以來營業狀況》, 237~241쪽

로부터 받은 막대한 배상금을 바탕으로 공업화에 박차를 가해 산업혁명을 추진했다. 이에 따라 그간의 중계 무역을 탈피해 자국산 공업제품의 수출 비중을 늘리고, 일본인 공장 노동자가 저임금으로 생활할 수 있게 값싼 한국산 쌀을 대량 수입했다. 일본에서 수입된 상품을 품목별로 보면 면포와 면사가 높은 비중을 차지하고 금속제품·술·성냥 등 공산품이 증대했다.

쌀과 콩은 1890년 이후 대일 수출 주종품의 지위를 굳혔다. 한국산 쌀은 일본 쌀과 모양·품질이 유사하면서도 값이 저렴하여 일본 오사카·고베 지방의 하층 노동자나 빈민층의 주식으로 소비되었다. 이에 따라 쌀과 콩의 상품화가 더욱 진전되고, 지주제가 성장하기 시작했다. 1894년 농민전쟁이 진압되고 양전·지계 사업이 실시되면서 지주의 토지 소유가 보호받고 법인되면서 대량의 곡물 수출도 가능해졌다. 이처럼 부를 축적할 기회가 많아지자 지주들은 경쟁적으로 토지 소유를 확대해 나갔다. 지주들은 몰락하는 농민들이 내놓은 토지를 구입하기도 했으나 주로 고리채를 통하여 토지 소유를 늘려 갔다.

1930년대 조사에 의하면 조선인 대지주 89명 가운데 68명의 지주 창업 연도가 확인되었는데, 이 중 30명이 1894년부터 1910년 사이에 집중적으로 토지를 확대해 대지주로 성장했다. 대표적인 사례를 들자면, 동아일보사·중앙고보·보성전문 등의 언론·교육 사업과 삼양농장·경성방직 등의 기업을 거느린 고부김씨 집안도 이 시기에 약간의 전답을 가지고 출발해 1200석을 추수하는 대지주가 되었다.

지주들은 조선 후기 이래 발달해 온 소작농의 권리를 제약함은 물론 소작료도 인상해 갔다. 내장원은 궁방전·역토·둔토에서 중답주를 제거하고 그 몫을 차지하려 했으며, 어떤 대지주는 저항하는 소작농의 소작권을 빼앗기도 했다. 또 저수지 등 수리 시설을 독점하고 수세水稅를 징수하는 경우까지 있었다.

이에 대해 영세 빈농층은 집단적인 항조운동抗租運動으로 저항했다. 이는 특히 내장원에서 타작제를 도입하면서 지대를 인상하려 한 1904년에 집중적으로 발생했다. 작인들은 타작제 도입을 지대 인상과 마찬가지라고 거부하면서 봉세관이 파견한 인물이 추수를 하지 못하게 방해했다. 1899년 경기도 지평군에서는 둔토에 대한 소작료 강제 징수에 각 동의 작인들이 통문을 돌려 납부를 거부하고 관찰부에서 파견한 순검과 대치하기도 했다.

섬유제품 중 일본산 상품 비중은 1885년 31퍼센트에서 1896년 97퍼센트로 급증했다. 이는 일본 면제품이 저렴한 가격과 강한 내구성으로 농민층 수요를 확대해 갔기 때문이다. 이에 따라 한국의 가내 수공업이 본격적으로 해체되기 시작했다. 토착 면업의 중심지였던 영남과 호남, 관서 지방의 가내 수공업은 저렴한 일본산 면사를 들여와 면포를 생산함으로써 대응할 수 있었지만, 다른 지역에서는 일찌감치 면포 생산이 몰락하여 수입 면포를 구입하게 되었다.

이러한 무역 구조하에서 일본 상인들은 더욱 활발히 침투했다. 이들은 개항장을 거점으로 상업망을 확장하고 제일은행, 제18은행, 제58은행 등 일본 은행의 금융 지원을 받아 대외 무역을 독점하고 내륙 상권까지 확보하기 시작했다. 객주·여각 등 한국 상인의 중개에 의존하던 이들은 이제 중간 상인을 배제하고 직접 도·소매까지 담당했다.

한국인들도 상업이나 금융 등 각종 회사를 활발하게 설립했다. 이 시기에 회사 설립을 주도한 것은 상인층보다는 전현직 관료 또는 황제 측근 인물들이었다. 이들은 대지주로서 대규모 자본을 동원할 수 있고 관료라는 지위를 통하여 조세금 등 자금을 전용할 수 있었으며 신기술 도입이나 정보에 빨랐다. 특히 은행·해운·철도 등 비교적 대규모 자본이 필요한 분야는 거의 관료 출신 자본가들이 주도했다.

조세 금납화와 상업 발달로 인하여 화폐 유통이 확대되고, 조세금 등 정부 재정 자금을 관리할 기구로 은행이 필요했기 때문에 많은 전현직 관료나 대상인이 은행 설립에 나섰다. 대조선은행, 한성은행, 대한천일은행 등이 설립되어 조세금 수납이나 상인에 대한 대출 등의 업무를 담당했다.

은행 다음으로 설립 자본 규모가 큰 분야가 해운업이었다. 광통사, 영창회사 등 소규모 회사부터 우체기선회사, 대한협동기선회사, 대한협동우선회사 등 정부와 밀접한 관련을 맺고 국내외를 왕래하는 대규모 회사들이 속속 설립되었다. 또한 경부철도 공사의 하청을 맡기 위해 대한국내철도회사, 대한경부철도역부회사 등 토건 회사도 속출했다.

제조업 분야에서는 회사 설립이 상대적으로 부진했다. 대한제국인공양잠합자회사, 대조선저마제사회사, 한성방적고본회사, 직조단포주식회사 등이 출현했으나 정부의 금융 지원이나 관세 장벽 설치 등 보호 장치가 없어서 일본에서 들어오는 기계제 상품과 경쟁하지 못하고 영업 부진에 빠졌다.

회사 설립이 가장 활발하게 이루어진 분야는 상업·무역업이었다. 다만, 갑오개혁기의 자유무역 정책에 반해 대한제국 정부는 외세를 가능한 한 배제하면서 지주 및 특권 상인층의 권익을 옹호하는 방향

대한천일은행 인가서와 대한천일은행 본점　　1896년과 1897년에 각각 조선은행과 한성은행이 정부 고위 관리 또는 황실의 주도에 의해 설립되었으나 모두 영업이 부진했다. 이에 반해 1899년 1월 30일자로 인가를 받은 대한천일은행은 김두승, 김기영, 백완혁, 조진태 등 서울의 대상인과 고급 관료들에 의해 창립되었다. 대한천일은행은 초기부터 전국의 조세금 취급 특권을 획득하고 막대한 이익을 올렸으며, 1902년 이후에는 영친왕, 이용익 등 황제 측근 인물들이 은행장·부은행장으로 취임하여 발전을 거듭했다. 사진은 1909년에 준공된 대한천일은행 본점 건물로 현재 우리은행 종로지점으로 사용되고 있다.

을 취했다. 1899년 이후 내장원에 세금을 상납하는 대가로 물종별, 지역별 영업 독점권을 획득해 일반 상인들에게 잡세를 징수하는 수세 도고 회사들이 급속히 늘어났다. 마포미상회사, 군부용달회사, 미두회사, 석유용달회사, 탄상회사, 가사리회사, 국자회사, 어상회사, 남초회사, 어염회사, 어물회사 등은 모두 특정 물종의 독점 영업권을 가지고 소상인, 소생산자를 수탈한 도고 회사들이었다.

민중 운동

정부의 근대화 정책과 외세의 이권 침탈, 지방에서의 관리·부민들의 침탈로 농민과 노동자들의 저항 운동 및 영학당·활빈당 등의 민중 운동이 빈번하게 발생했다. 경기도 용인에서는 농민들이 농지 2400결에 대한 결세 외에 추가로 112결에 대한 결세를 부담하게 되어 여러 차례 시정을 요구했으나 정부로부터 거부당했다. 농민들은 1899년 7월 말 관청으로 몰려가 군수를 끌어내고 서리를 구타, 관아를 파괴하는 등 실력 행사를 통해 추가 부담액 탕감을 요구했으나, 양전 사업의 결과가 나온 다음에 가서야 개선되었다.

1899년부터 1902년에 걸쳐 전라도 영암에서는 서리·향임 등 조세 수취 담당자들이 횡령한 조세액을 농민들에게 부과함으로써 저항 운동이 일어났다. 그러나 서리들은 횡령액을 정부가 탕감해 주리라 기대하면서 횡령을 계속해 1902년에 재차 조세 저항 운동이 일어났다. 정부에서 진위대를 파견해 농민들을 해산시키고 신임 군수가 조세 횡령 서리 30~40명을 체포하자 서리들이 옥문을 부수고 나와 농민 수천 명을 강제 동원하여 오히려 군수를 축출하는 사태까지 일어났다.

조세 저항만큼 빈발하지는 않았지만 궁방전·역토·둔토 등 국유지에서는 소작료 납부에 대한 저항 운동이 나타났다. 이들 토지를 관리하는 내장원이 곡물 무역 확대에 편승해 화폐로 받던 소작료를 현물로 바꾸고 소작료 비율도 50퍼센트로 인상했다. 이에 대한 반발로 이들 토지를 경작하던 농민들은 집단적인 저항 운동에 나섰다.

미국·영국 등 자본주의 열강에 광산 개발권을 양도함에 따라 기존의 한국인 광업자, 지역민, 광산 노동자들이 피해를 입게 되었다. 그동안 많은 자본을 투입했던 한국인 광업자들은 제국주의 열강의 광산 이권 획득으로 인하여 사업장을 잃었다. 1899년 운산 금광에서는 외국인 광산의 이권을 인정하지 않고 채굴을 계속하다가 미국인 광산 개발자의 발포로 죽거나 부상당한 사람이 발생했다. 1900년에는 운산 금광의 영국인 직원이 인근 금광의 덕대[●]에 의해 피살되는 사태도 발생했다.

지역민도 외국인의 운산 금광 개발로 인해 많은 피해를 입었다. 한국인 사망자에 대한 개·돼지 취급, 목석 운반 과정에서의 전답 훼손, 돌과 모래 붕괴로 인한 전답의 황폐화, 분묘 지대 송림 벌목, 부랑 무뢰배의 부녀자 성폭행 및 재물 늑탈, 미국인의 한국인에 대한 불법적 형벌과 징역, 통역의 경제적 농간, 저수지 수축 시 전답과 주택 가격 헐값 보상 등이 피해 사례들이다.

광산 노동자들은 저임금과 민족적 차별에 저항했다. 운산 금광에서는 한국인 노동자에 대해 저임금 정책을 실시하여 반발을 샀다. 독일이 개발한 당현 금광에서는 독일인의 금광 채굴을 반대하는 한국인 노동자들의 집단 폭동이 있었다. 영국이 개발한 은산 금광에서는 한

덕대
광산 일부를 떼맡아 광물을 채취하고 광산 주인에게 수익 일부를 상납하는 광산업자.

국인 노동자들을 몰아내고 일본인 노동자를 고용했기에 한국인 노동자를 중심으로 광업자, 지역민들이 합세하여 무력 충돌에 이르렀다.

광산과 유사하게 개항장 부두에서도 임금 문제와 민족 차별 문제가 발생했다. 부두 노동자는 저렴한 도급제 임금과 장시간 노동, 민족 차별로 고통을 받았는데 대표적인 사례가 1898년부터 1903년에 걸친 목포 부두 노동자의 파업 투쟁이다. 이들의 투쟁은 일본인 자본가가 임금을 인하한 데 대한 반발, 십장들이 봉건적 노동 조직을 유지하면서 중간 수탈을 자행하고 있는 데 대한 반발, 십장들이 일본인 자본가와 결탁하여 부두 노동자들을 일본인 자본가에게 예속시키기 위해 일본인 자본가가 지급한 패를 착용하도록 강요한 데 대한 반발 등으로 발생했다.

경부선 등 철도 건설 현장에서도 노동 운동이 발생했다. 일본인 노동자가 하루에 60전을 받는 데 비해 한국인 노동자는 20전밖에 받지 못했으며, 가혹한 노동을 강요당했다. 충북 옥천군의 증약增若 터널 공사에서는 한국인 노동자들이 봉기하여 일본인들을 터널 속으로 몰아넣고 공사장을 점령했다가 진압된 사건이 일어났다. 청도, 전의, 개령, 정주 등의 공사장에서도 일본인 감독을 살해하는 봉기가 일어났다. 철도 노동자로 강제 동원된 지역 농민들도 저항했다. 1904년 경기도 시흥 민요는 군수와 서리들이 임금을 착복하여 일어났고, 같은 해의 황해도 곡산 민요는 노동자를 강제 징발하는 일본인에 대한 저항으로 발생했지만 모두 진압되고 말았다.

한편, 1894년 농민전쟁에 참여했다가 살아남은 농민군 중에는 종교적 신비주의로 흐르거나 개인적 치부를 위해 종교 조직을 만든 자도 있었고, 사회를 변혁하기 위해 동학당, 영학당, 활빈당 등의 조직을 만든 자도 있었다. 1900년경 해주, 재령, 신천 등지와 소백산맥 좌우 지역에서는 동학 두목들이 봉기하려는 움직임을 보였고, 서정만 등은 속리산에서 반제국주의 봉기를 일으키려고 하는 등 북접 교단과 방향을 달리하는 동학당의 활동이 계속되었다.

영학당은 '영학(영국 종교)'이라는 이름에서 드러나듯이 표면적으로는 서양 종교에 투탁한 것처럼 보이지만 실제로는 전라도에서 가장 세력이 컸던 손화중 세력과 김개남 세력이 전라도의 진보적 북접 세력을 끌어들여 만든 조직이었다. 이들은 1899년 농민전쟁과 같은 방식으로 고창 등지를 공격해 무기를 확보한 뒤 영암군의 민란 세력과 합세하여 광주를 점령하고 전주 관찰부를 함락한 뒤 서울을 공격하려 했으나 고창 공격 과정에서 패퇴했다.

활빈당은 1900~1906년에 활동했는데, 충청·경기, 경상도, 소백산맥 동서 지역 등지에서 나타났다. 이들은 행상, 떠돌이, 노동자, 거지 등으로 구성된 무리로서, 양반·부호가, 관가, 장시 등을 습격하고 약탈한 재물을 빈민에게 분배함으로써 자신들의 정당성을 홍보했으며, 〈대한사민논설 13조목〉을 통해 반봉건·반제국주의적 입장을 표명했다.

급변하는
동아시아 질서

러일의 대립과 영일동맹

1898년 로젠–니시 협정은 러시아가 한국 내정 불간섭을 약속하고 한국에서 일본의 상공업상 기득권을 인정함으로써 러일 간의 세력 균형보다는 오히려 러시아의 퇴각과 일본의 적극적인 대한對韓 진출을 가져왔다. 러일 간의 역학 관계는 1900년 초 중국의 의화단 사건을 계기로 급변하기 시작했다. 분쟁의 발단은 한국이 아니고 만주에서 시작되었다. 당시 만주에 존재하는 러시아의 이권은 동청철도(블라디보스토크–북만주), 남만주철도(합이빈–여순), 주요 도시의 러청은행, 석탄 광산 등이었다. 러시아는 의화단 진압 이후 청 대표와 밀약, 의화단과 연계할 우려가 있다 하여 만주 지역 청군의 무장을 해제하는 등 사실상 만주를 일시 점령했다. 이에 대해 일본을 비롯한 열강이 강력히 반발했지만, 러시아는 더 나아갔다. 1901년 2월 외상 람스도르프와 주 러시아 청국 공사 양유楊儒 사이에 협약을 체결하여 동청철도 개통 시까지 청군의 만주 주둔을 금하며 만주, 몽고, 신장, 이리 등 광산 개발과 철도 건설 및 기타 이권을 러시아의 승낙 없이 다른 나라에 양도하지 못하게 했다.

러시아는 일본에 대해서는 1901년 1월 주일 공사 이즈볼스키를 통해 열강 공동보증하의 한국 중립화안을 제시했다. 러시아의 의도는 일본이 한국을 지배하고 이를 만주 침략을 위한 발판으로 이용할 수 없게 함은 물론 만주 점령까지 확고히 하겠다는 뜻이었다. 이때 이토 히로부미, 이노우에 가오루 등 일본 정부의 원로들은 러시아와 타협하여 만주에서 러시아의 특수 이익을 인정하는 대신 한반도에서 일본의 독점적 지위를 인정받아 전쟁을 피하자고 주장했다. 그러나 외교 당사자인 일본 외무성의 입장은 일관되게 러시아에 대한 강경론이었다.

또 1901년 3월 말부터 일본 육군성에서는 장기간의 비밀회의가 계속되고 4월에는 원수회의와 내각회의가 개최되어 러시아에 대해 강경한 항의를 제기하면서 러시아와의 전쟁을 준비하는 분위기가 감돌았다. 러시아는 일본의 항의를 접하고 4월에 청과 체결한 만주 협약을 포기한다고 선언했지만 달라진 점은 없었다. 러시아는 여전히 만주를 점령한 상태였고 동청철도 완공에 박차를 가하고 있었다. 1901년 중반 새로 성립한 일본의 가쓰라 내각은 외무성 입장을 받아들여 한국을 중립화하려면 동시에 만주도 중립화시켜야 한다고 회답하고 러시아에 강력한 항의를 제기함으로써, 만주에서 러시아군의 철수 없이는 러시아와 어떠한 협상도 불가하며 러시아와의 일전도 불사하겠다는 방침을 분명히 했다.

일본으로서는 러시아의 남하를 저지하기 위해 전 세계에 걸쳐 러시아와 대립하고 있던 영국과의 동맹이 절실히 필요하게 되었다. 영국 역시 러시아의 만주 진출과 시베리아 횡단 철도 부설로 인해 동아시아에서의 이해관계가 위협받고 있다고 느꼈다. 마침 의화단 사건에서 보여준 일본 군사력은 영국에게 신뢰를 주었고, 양쪽의 해군력을 합하면 러시아와 프랑스 해군력에 대항할 수 있다는 것이 일본과의 동맹을 추진하는 데 유리한 근거로 작용했다.

양국 사이의 교섭은 1901년 4월부터 시작되어 이듬해 2월 12일 영일동맹 공표로 마무리되었다. 주요 내용은 첫째, 영국은 주로 청에서 권익을 가지고, 일본은 청에서 가지는 권익에 더하여 한국에서 정치·상업·공업상의 특수한 이익을 가짐을 상호 인정한다. 두 나라의 권익이 타국의 침략이나 청·한국 국내에서 발생한 소요에 의해 위협받을 경우, 영일 양국은 이를 위한 필요한 조치를 취하기로 했다. 둘째, 영국·일본 중 한 나라가 다른 나라와 전쟁을 벌일 경우, 다른 한 나라는 중립을 지키며 동맹국에 적대하여 다른 나라가 교전에 참가하지 못하도록 방지하는 데 노력한다. 셋째, 만약 2개국 이상이 동맹국에 적대하여 참전할 때는 다른 동맹국도 참전하며, 강화도 동맹국과의 상호 합의하에 행한다. 이 동맹은 독일과 프랑스의 대일 참전을 불가능하게 만듦으로써 사실상 러시아를 국제적으로 고립시켰다. 또 영국으로서도 만주를 점령한 러시아를 일본 단독으로 견제하게 했을 뿐만 아니라 일본 해군력을 이용해 아시아의 제해권을 확보할 수 있게 되었다.

러시아의 신노선과 러일 충돌

영일동맹 성립의 효과는 즉각적으로 나타났다. 러시아는 불리해진 국제 정세를 의식하여 1902년 4월 8일 청국과 '만주 철병 협정'을 조인하고 동년 10월부터 6개월 간격으로 세 차례에 걸쳐 만주에서 군대를 철수시킨다고 했다. 그러나 하반기부터 러시아의 외교 정책은 강경론으로 돌아섰다. 이를 주도한 인물은 기병 출신의 베조브라조프라는 관료였다. 그는 만주의 병력을 오히려 증강시켜야 하며, 만주와 한국에 대한 완전한 지배를 통해 동아시아 제국을 실현해야 한다고 주장했다. 정부 내의 다른 각료들 사이에서도 만주 철병을 재고하자는 움직임이 나타났다.

1902년 10월 8일 러시아 군대가 1차 철병하기는 했지만, 곧이어 재무상·육군상·외상·내무상이 참가한 11월의 얄타 회의에서는 만주를 병합 또는 종속시켜야 한다는 주장이 만장일치로 결정되었다. 이듬해 4월 8일이 2차 철병 예정일이었지만 러시아는 철병하지 않고 도리어 만주에서 러시아의 특권을 강화하는 〈7개조 요구〉를 청국에 제기했다. 러시아가 철병하는 지역을 다른 열강에게 양도하지 말 것, 러시아의 사전 동의 없이 새로운 개항장을 설치하지 말 것, 만주 지역의 행정 업무는 청국이 아닌 러시아인이 관장할 것, 만주 점령 기간 동안 러시아가 획득한 이권을 철병 후에도 인정할 것 등이었다.

게다가 러시아는 1차 철병했던 지역을 재점령하고 여타 지역까지 병력을 증강 투입했다. 4월 초순부터 압록강 건너 한국 측 토지까지 매입하고 4월 중순에는 용암포를 비롯하여 한국 영토를 무력 점령했으며 7월에 한국 정부에 강요하여 용암포 조차 협정을 체결했다. 아울러 청 정부가 열강의 지원을 예상하고 〈7개조 요구〉를 전면 거부하자 러시아 황제는 5월 15일 '신노선New Course'을 실시하라는 훈령을 내렸다. 이는 만주는 물론 한국에서도 러시아의 완전한 우위를 확립하는 데 목적이 있는 것이었다.

일본 정부는 여러 차례의 회의를 거쳐 만주는 양보할 여지가 있지만 한국만은 결코 양보할 수 없다는 입장을 확정하고 8월에 6개조의 협상안을 러시아에 제시했다. 핵심 내용은, 일본이 한국을 완전히 자

러일전쟁   러일전쟁을 풍자한 삽화. 러일전쟁 개전과 함께 일본이 한국을 강요하여 한일의정
서를 체결한 것을 풍자하는 삽화(왼쪽)에는, 한국인이 "나는 지금부터 당신에게 한국 영토를 가로
질러 가는 것을 허용한다"라는 게시문을 들고 있고 '만주 방향'이라는 이정표가 한국인 발끝에
보인다. 그리고 중국이라는 큰 나무에 올라앉은 러시아가 만주와 한국이라는 과일을 따려고 하는
데 그 아래에서 일본군이 총칼로 내려오기만 기다리고 있는 모습이다(오른쪽).

기 세력하에 두겠다는 것, 만주에 파견된 러시아 군대는 필요한 규모를 초과할 수 없으며 임무 종료와 동시에 즉시 철병해야 한다는 것, 한국 철도를 만주 남부로까지 연장시키겠다는 것이었다. 이에 대해 러시아는 만주에 관한 한 일본과 협상할 수 없고 한국 영토를 군사적 목적으로 사용해서는 안 되며, 북위 39도 이북의 한국 영토를 중립 지대로 만들자는 취지로 회답했다. 일본이 다시 이를 거부하면서 양국 정부는 1904년 1월 하순까지 전쟁에 돌입하는 데 필요한 명분을 찾기 위해 지리한 외교적 공방을 계속했다.

러일전쟁과 동아시아 질서의 재편

일본은 대러시아 개전에 앞서 영국·미국의 지원을 받고자 했다. 영국이 의외로 '엄정 중립' 정책을 표명한 반면 미국은 다행히 '우호적 중립'을 통보했다. 이에 힘입어 일본은 1904년 2월 8일 여순항을 기습 공격하여 러시아 전함 2척과 순양함 1척을 파괴했으며, 같은 날 인천항에 정박 중인 러시아 군함 2척을 격침시켜 서해 제해권을 장악했다. 1904년 2월 4일 어전회의에서 전쟁이 결정된 직후의 일이었다.

일본 육군은 군대를 셋으로 나누었다. 1군은 서울을 장악하고 육로와 해로를 통해 평양-의주를 거쳐 만주로 진입하여 8월 중순 요양遼陽에 도착했다. 2군은 요동遼東반도 상륙 20여 일 만에 대규모 전투에 돌입했고, 비슷한 시기 여순 공략을 담당한 3군도 공격을 시작했다. 8월 말 벌어진 요양 전투는 '20세기의 대전투 중 최초의 전투'로 기록되는 처참한 싸움이었다. 일본군을 지휘한 인물은 육군사령관 노기 마레스케乃木希典 장군으로, 사상자 2만 이상의 손실을 낸 격전 끝에

패전보다 별로 나을 것 없는 승리를 거두었다.

힘겨운 대치 상태를 깨뜨린 것이 유명한 여순항 서부 지역의 '203 고지 쟁탈전'이다. 여순항 전체가 손바닥처럼 내려다보이는 이 중요한 전략 지점에서 9월 중순부터 12월 5일 일본군이 고지를 점령하기까지 러·일 간에 막대한 사상자가 나왔다. 1905년 1월 2일 여순항의 러시아군은 일본군 사령관 노기 장군에게 항복했다.

여순 함락 소식이 전해지자 일본 열도는 환희에 불타올랐다. 국제적 파장도 엄청났다. 일본의 승전 가능성이 높아지자 전쟁 경비 조달을 위한 일본 정부의 전시 채권 대부분이 영국과 미국에서 팔려 나갔다. 러시아는 국제적 위신이 추락했음은 물론 1월 22일 수도 상트페테르부르크에서 수만 명의 노동자가 노동 조건 개선을 요구하며 평화적 행진을 시작하면서 제1차 러시아 혁명이 시작되었다(피의 일요일). 러시아가 마지막으로 기대를 걸었던 발틱 함대도 5월 27일부터 시작된 이틀간의 대한해협 해전에서 49척에 달했던 대함대가 3척만 남을 정도로 대패하고 말았다. 러시아군 27만 명 중 사망자 5만 명, 일본군 27만 명 중 사망자 8만 6천 명이라는 참혹한 피해를 낳은 전쟁은 미국의 중재로 1905년 8월 9일부터 미국의 포츠머스라는 작은 도시에서 열린 강화조약에서 마무리되었다.

9월 5일 조인된 강화조약의 주요 내용은 첫째, 러시아는 일본이 한국에서 정치·군사·경제상 탁월한 이익을 가지며 한국에 대해 지도·보호·감리에 필요한 조치를 취할 수 있음을 인정한다, 둘째, 러시아가 조차했던 요동반도와 장춘-여순 사이의 남만주철도를 일본에게 넘겨준다. 셋째, 러시아 영토인 사할린의 남반부를 일본에 양도한다

등이었다.

　강화조약 체결 전인 1905년 7월 일본 수상 가쓰라 타로桂太郎가 미국 육군장관 윌리엄 태프트와 동아시아 정국 전반에 관한 의견을 교환하고 각서*를 작성했다. 그 내용은 일본이 미국의 필리핀 지배를 확인하고, 극동의 평화 유지를 위해 미·영·일 3국이 동맹 관계를 확보하며, 미국은 일본의 한국에 대한 종주권을 인정한다는 것이었다. 8월에는 일본과 영국이 제2차 영일동맹을 체결했는데, 영국의 인도 지배와 일본의 한국 지배를 상호 승인하고 이러한 권익이 침해될 때 상호 지원한다는 내용이었다.

가쓰라-태프트 각서
이 각서는 비밀문서로 남아 있다가 1924년 미국의 역사학자 타일러 데닛Tyler Dennett에 의해 발견되었다.

　일본은 열강으로부터 한국에 대해 지도·보호·감리할 권리를 인정받았지만, 영국과 러시아가 일본의 한국 병탄을 전적으로 인정한 것은 아니었다. 러시아의 요구로 일본은 한국 주권을 침해할 만한 조치는 한국 정부와 합의한 후 집행할 것이라고 약속함으로써 즉각적인 한국 병탄은 불가능하게 되었다.

　러일전쟁 이후 미국과 일본의 관계가 악화되기 시작했다. 미국은 만주 시장으로의 진출을 노리고 있었는데 일본이 러시아로부터 빼앗은 남만주철도를 기초로 1906년 남만주철도주식회사를 설립하고 만주 일대의 탄광, 제철소, 산림, 토지 등을 독점하면서 그러한 기대가 좌절되었기 때문이다. 미국과의 관계가 악화되자 일본은 1908년 11월 미국과 협정(루트-다카히라 협약)을 체결하여 미국의 하와이 병탄과 필리핀 지배를 승인하는 대신, 한국 병탄과 만주에서의 기득권을 인정받았다.

　이에 반해 일본과 러시아의 대립 관계는 완화되어 갔다. 일본은 미국의 압력에 대항하기 위해서, 러시아는 동북아시아 정책을 수정하여 발칸 지역으로 방향을 돌리면서 일본의 침략 위협을 막기 위해서였다. 일본은 1907년 7월 러시아와 제1차 협약을 체결해 외몽골과 북만주를 러시아의 세력권으로 인정하는 대신, 남만주와 한국에 대한 특수 이익을 인정받았다. 그 후에도 미국의 만주 침투 공세가 계속되어 1910년 7월 제2차 러일 협약을 체결, 제1차 협약을 재확인하고 상호 이익을 지키기 위해 모든 공동 수단을 동원하기로 했다. 이로써 어떠한 열강도 일본의 한국 병탄을 저지하지 않는 정세가 형성되었다.

황제권 위축과
입헌군주제론의 등장

일본의 한국 보호국화와 이중 권력 구조

러일전쟁 이전 1903년 시점에서 한국 정부의 외교 노선은 두 갈래로 나뉘어 있었다. 하나는 일본과의 국방 동맹을 통해 러시아와 대치해야 한다는 노선으로 이지용, 민영철, 이근택 등이 이를 주장했다. 다른 하나는 열강의 지원을 받아 국외局外 중립을 선언하여야 한다는 노선으로 고종과 이용익의 입장이었다.

그러나 러일 간의 교섭이 결렬되고 전쟁이 임박하자 한국 정부는 1903년 8월부터 국외 중립 선언을 통해 위기를 모면하고자 했다. 고종은 러시아와 일본에 각각 현상건과 현영운을 보내 러일전쟁이 일어날 경우 국외 중립을 취하겠다는 의사를 표명했으나 러시아와 일본 양국 모두에 의해 무시되었다. 고종은 일본 측의 감시를 피해 중국의 지부芝罘로 특사를 보내 1904년 1월 21일자로 전시 국외 중립 선언을 발표하고 이를 각국에 타전하게 했다. 그러나 일본과 러시아, 미국은 이 선언에 대해 아무런 회답을 보내지 않았다. 영국·프랑스·독일·이탈리아 공사는 각각 접수했다는 회신을 보내왔을 뿐, 이를 지지하지는 않았다.

일본은 2월 8일 인천 앞바다에서 러시아 함정을 기습함으로써 전쟁을 도발하고 병력 2천 명을 서울로 진주시켜 고종의 중립 선언을 무력화시킨 후 미리 준비해 두었던 〈한일의정서〉 체결을 강요했다. 일본은 이에 반대하는 이용익 등 황제 측근 세력을 추방하고 2월 23일 한국 정부와 〈한일의정서〉를 체결했다. 여기서 일본은 한국 황실의 안전 및 한국의 독립과 영토 보전을 보증한다고 했지만 한국 정부에 '시정 개선'을 요구하고 전쟁 수행에 필요한 편의를 제공받으며 군사 전략상 필요한 지점을 임의로 수용할 수 있도록 해 한국을 보호국화하는 데 한 걸음 다가섰다.

전쟁에서 승기를 잡은 일본은 오랫동안 한국에 대한 공작을 수행해 온 주한 일본 공사 하야시 곤스케林權助의 제안을 받아들여 5월 말에 〈대한 방침 및 대한 시설 강령〉을 결정했다. 총 6개 항으로 구성된 이 강령은 ① 평화 회복 이후에도 한국에 일본군을 계속 주둔시켜 한국의 국방을 장악할 것, ② 일본이 한국의 외교를 감독할 수 있도록 하되, 그 이전이라도 한국 정부의 외부에 외국인 고문관을 두게 할 것, ③ 한국의 재정권을 장악함과 동시에 재정 문란의 원인인 한국군을

1904(2월 23일)
〈한일의정서〉 체결.

1904(8월 22일)
〈재무 및 외교 양고문에 관한 각서〉 체결.

1905(11월 17일)
을사조약 강제 체결.

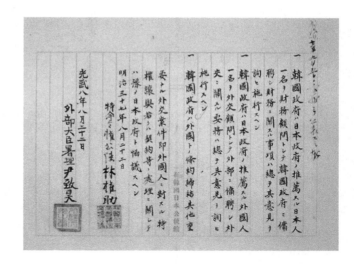

재무 및 외교 양고문에 관한 각서   이 각서에 의해 한국의 외교권과 재정권은 사실상 일본에게 탈취당했다고 볼 수 있다. 물론 외교권과 재정권은 최종적으로 황제에게 속해 있었지만, 황제에게 보고하거나 질의할 안건은 반드시 이들 두 외국인 고문의 동의를 거쳐야 했다. 외교 고문을 맡았던 미국인 변호사 스티븐스는 1908년 미국에 갔을 때 일본의 한국 보호가 한국에 유익한 일이 많았다고 기자회견을 함으로써 한국인들의 분노를 샀고 급기야 전명운·장인환의 저격을 받고 사망했다.

감축할 것, ④ 경부선·경의선 등 철도를 장악할 것, ⑤ 우편·전신·전화 등 통신기관을 일본 측이 관리하게 할 것, ⑥ 일본인을 한국의 농업·임업·광업·어업 등에 진출하게 할 것 등의 내용을 담고 있다.

일본은 이 같은 방침에 의거하여 〈한일의정서〉 제1조에 규정된 '시정 개선'을 구실로 1904년 8월 22일 〈재무 및 외교 양고문에 관한 각서〉를 체결하고 일본의 대장성 주세국장 메가타 다네타로目賀田種太郎와 미국인 스티븐스를 각각 한국 정부의 재정 고문과 외교 고문으로 용빙하게 했다. 재정 고문은 한국 정부 재정의 정리·감사 및 재정상의 제반 사항에 관한 심의·기안 책임을 가지며, 재정에 관한 상주 안건은 반드시 그의 동의 서명을 받아야 처리할 수 있게 했다. 외교 고문은 한국 정부와 타국 정부·인민과의 외교상 및 기타 안건에 대한 심의·입안 책임을 가지며 한국 외교에 관한 모든 안건은 사전에 반드시 그의 동의를 구하게 했다.

그러나 일본은 이후에도 '시정 개선' 이란 명목하에 궁내부 고문 가토 마스오加藤增雄, 경무 고문 마루야마 시게토시丸山重俊, 학부 참여관 시데하라 타이라幣原坦, 법부 고문 노자와 다케노스케野澤武之助, 군부 고문 노츠 시즈다케野津鎭武 등 많은 일본인을 고문, 보좌관, 교관 등으로 한국 정부가 용빙하도록 강요했다. 이들은 행정 각 분야에 직접 종사하면서 실무 집행까지 관여했다는 점에서 갑오개혁기의 고문관과는 질적으로 달랐다. 특히 재정 고문과 경무 고문은 부속 관리까지 집단으로 용빙하여 재정 고문부, 경무 고문부라는 독립적 집행 체계를 구성했으며 일본은 이들을 이용하여 한국 정부 내에 고문 정치 체제를 구축했다.

한국의 내정을 상당 부분 장악한 일본 정부는 위의 대한 정책을 더욱 구체화해 1905년 4월 8일 한국을 보호국화하겠다는 방침을 수립했다. 이 방침은 동년 5월 말 대한해협 전투에서 대승을 거두고 7월 29일 미국과의 가쓰라-태프트 각서, 8월 12일 영국과의 제2차 영일동맹, 9월 5일 포츠머스 러일 강화조약 등에서 한국에 대한 '지도·보호·감리' 의 권리를 승인받고 10월 이후부터 추진되었다.

일본은 군사적 위협과 협박을 통해 1905년 11월 17일 '을사조약' 을 강압적으로 체결한 후 이에 의거해 12월 20일 〈통감부 및 이사청 관제〉를 공포했다. 이에 의해 1906년 2월 1일자로 서울에는 통감부를 설치하고 일본 영사관 및 분관이 있던 개항장 및 개항시에는 이사청과 이사청지청을 설치했다. 통감은 한국에서 일본 정부를 대표하며, 외교 문제와 관련하여 또는 조약에 기초한 '시정 개선' 사업 이행을 위해 필요한 부분에 대해서만 한국 정부를 감독하고 한국 정부에 고용된 일본인 등 각급 고문관, 교관 등을 감독하는 권한을 가지고 있었다. 이사청의 이사관은 통감의 지휘 감독을 받아 종래 한국 주재 영사가 행하던 사무 등을 관장했다.

그러나 통감과 이사관은 외교에 관련되거나 조약에 기초한 사업이 아니더라도 다양한 방식으로 개입, 감독함으로써 한국 정부의 통치 행위나 지방 관헌의 행정을 감독할 수 있었다. 다만, 1907년 7월까지 중앙에서는 한국의 황제권 및 중앙 정부의 권한, 지방에서는 구래의 지방관의 권한을 완전히 철폐할 수 없었다. 이 때문에 통감의 감독행위는 항상 필요한 사항을 한국 정부에 조회하여 그 집행을 요구하는 방식이기 때문에 직접적인 한국 통치를 할 수 없다는 본질적 한계를 지니고 있었다. 이 점에서 통감부의 통치권은 황제를 정점으로 한 한국 정부의 통치권과 병렬적으로 존립하는 이중 권력 구조 속에 놓여 있었다.

초대 통감 이토 히로부미는 1906년 3월부터 직무를 시작했지만, 즉각적으로 한국을 병탄한다는 입장은 아니었다. 이토가 통감으로서 취한 대한 정책의 기조는 그가 1907년 5월 28일 이완용李完用 내각을 발족시킨 후 통감부의 일본인 관리에게 행한 연설 중에 잘 드러나 있다. 이토는 한국의 역사와 문명이 대단히 오래되어 폭력으로 쉽게 지배할 수 없으므로 최소한 한국에 약속한 바를 성실히 실행하는 것이 기본 통치 정책이 되어야 한다고 보았다. 설사 한국에 대한 방침을 강제적 병탄 정책으로 바꾸려고 하더라도 일본 정부의 논의와 천황의 재가를 거쳐야 가능하다고 했다.

이토의 이러한 정책은 한국의 통치 행태를 개선함으로써 통감부에 대한 한국인의 거부감과 저항을 무마하여 환심을 사는 한편 한국에서 일본의 세력을 공고히 구축하기 위한 것이었고, 궁극적으로는 한국을 병탄하려는 의도를 지니고 있었다. 이토는 이러한 의도에서 점진적 정책을 실시했다. 일본으로부터 기업 자금 1천만 엔을 차관으로 들여와 학교 신축·개조·정비에 의한 보통교육 진흥, 도로 개수와 수도 신설에 의한 산업 기반 정비, 농공은행 등의 보조에 의한 금융 핍박 구제와 식산흥업 등의 정책이 그것이다.

일본의 한국 화폐·재정 정리

한국 정부의 재정 고문으로 부임한 메가타 다네타로는 한국 재정의 문제점을 화폐 제도의 문란, 황실과 정부 재정의 혼동, 세출의 남발과 징세기관의 문란 등 세 가지로 파악하고 이를 해결하기 위해 먼저 국고·회계 제도를 정비하고 화폐 제도를 정리하고자 했다. 그는 1904년 11월 28일 전환국을 폐쇄하고 12월 말 고종 황제의 재가를 받아 일본 제일은행을 한국의 중앙은행으로 승격시키는 등 각종 제도적 장치를 마련했다. 그 결과 일본 제일은행은 1905년 1월 31일 한국 정부와 일련의 계약을 체결하여 한국 정부의 세입·세출 업무를 총괄하고 화폐 정리에 관한 모든 업무를 위임받았다.

화폐 정리는 1905년 1월 18일 반포된 일련의 칙령들에 의하여 시작되었는데, 요점은 다음 몇 가지로 정리된다.

① 1905년 6월 1일부터 금본위 〈화폐 조례〉를 실시하고 신화폐를 발행하는데, 일본의 화폐 제도와 거의 동일하게 한다.
② 제일은행권도 신화폐와 마찬가지로 한국의 법정 화폐로 통용시킨다.
③ 구화폐인 엽전과 백동화는 조세금으로 징수하거나 서울과 지방에 설치된 교환소에서 7월 1일부터 '구화폐 2원元(10냥)=신 화폐 1원圜', 즉 2 : 1의 비율로 교환하는 방식으로 정리한다.

그런데 구화폐 중 백동화(액면가는 5전)는 갑·을·병 3종으로 나누어 교환 방식을 달리했다. 품위·중량·형체가 완전한 갑종은 1매당 액면가의 반값인 2전 5리로 교환해 주고, 이에 합당하지 않은 을종은 1매당 1전의 비례로 매수하며, 형체나 품질이 조악한 병종은 교환·매수하지 않는다고 했다. 당시 을종·병종으로 구분될 수 있는 위조 백동화가 전체 화폐 유통량에서 차지하는 비율은 평안도 90~95퍼센트, 충북·황해도 80~90퍼센트, 충남 70~80퍼센트, 경기도 40~50퍼센트, 한성·인천 20~30퍼센트나 될 정도였다.

한국인은 자신이 소지한 백동화가 반값으로 평가절하됨은 물론 자칫하면 위조 백동화로 간주되어 교환이 불가능할지 모른다는 불안감에 휩싸였다. 이들은 지니고 있던 백동화로 토지·가옥 등 부동산이나 면포 등을 매입하거나 중국인·일본인에게 헐값에 판매하여 손해를 면하려고 했다. 그 결과 화폐 정리 기간 동안 백동화 교환을 청구한 숫자를 민족별로 보면 일본인 60퍼센트, 중국인 30퍼센트, 한국인은 겨우 10퍼센트에 불과했다.

게다가 신화폐와의 교환을 위해 대부분의 백동화가 제일은행 창구로 들어갔기 때문에, 한국 상인은 자신이 발행했던 어음의 만기가 돌아오거나 외상 거래한 상품의 대금을 지불해야 할 기일이 오더라도 이를 결제할 현금을 마련할 수 없었다. 현금 압박을 견디지 못한 사람들은 자신의 토지와 가옥을 처분해 줄 수밖에 없었다. 서울에서만 대상인 수십 명, 중소상인 수백 명이 파산하는 금융 공황이 시작되었다.

금융 공황은 같은 시기에 메가타가 주도한 조세금 징수 제도 개혁으로 더욱 가속화했다. 메가타는 1905년 7월 1일부터 모든 조세금은 제일은행의 각 지점 및 출장소 11개 소(한성·인천·부산·군산·목포·평양·대구·진남포·원산·성진·개성)에 납입하게 함으로써 종래와 같이 지방관이나 상인이 조세금을 상업 자본으로 사용하는 길을 원천적으로 끊어 버렸다. 상인들은 현금 부족으로 미곡 등 곡물 매입을 할 수 없게 되었고 이는 다시 농민들의 현금 수입을 감소시켜 면포 등 상품 판매를 부진하게 만들고 수입상 역시 도산하게 하는 악순환을 가져왔다.

금융 공황으로 한국 상인의 불만이 폭발 직전까지 도달하자 메가타는 150만 엔의 차관을 도입하여 각 지방에 공동 창고 회사와 어음 조합을 설립하고, 1906년 3월 이후에는 농공은행, 1907년에는 지방 금융 조합을 설립하여 화폐 정리 업무를 담당하는 한편 지방 금융 부족을 해소하게끔 했다.

백동화 정리가 1년도 안 되는 짧은 기간에 주로 교환 과정을 거쳐 마무리된 데 반하여 엽전은 조세금으로 징수하거나 매수하는 과정을 통해 정리되었다. 엽전은 액면가와 실질 가치가 거의 차이가 나지 않아 엽전 2원(10냥)이 신화폐 1원 50전~2원 가치로 유통되고 있었다. 따라서 엽전을 백동화처럼 '2원(10냥)=신화 1원'의 비율로 낮게 교환할 경우 이에 응할 사람은 아무도 없었다. 그렇다고 해서 당시 전체 유통량이 650만 엔이나 되는 엽전을 실제 시세대로 정부가 교환해 주려면 막대한 추가 재원이 필요했다. 따라서 추가 재원을 안 들이고 엽전을 정리하는 가장 적절한 방법은 조세금으로 징수하는 방식밖에 없었다.

그러나 엽전 정리는 대체로 매수 방식에 의해 이루어졌다. 러일전쟁 이후 구리 수요가 급등하여 1907년경에는 엽전 2원(10냥)이 신화폐 2원 50전 이상과 교환할 정도까지 상승했다. 이제 엽전을 녹여 구리 지금으로 만들어 국제 시장에 판매하면 큰 이득을 볼 수 있었다. 이때부터 한국인이든 일본인이든 엽전을 대량 매수하여 구리 지금으로 녹여 수출하는 자들이 많아졌다. 1909년 말까지 엽전 정리액 총 238만여 원 중 조세금 징수를 통해 환수된 엽전은 겨우 2만 5,222원 (1.1퍼센트)에 불과하고, 나머지 235만 8,487원(98.9퍼센트)이 매수를 통해 환수되었다.

〈표 2〉 1905년 6월 말~1909년 11월 말 화폐 유통량 추이

(단위: 원圓)

	제일은행권	신보조화	구백동화	엽전	일본 화폐	합계
1905년 6월	6,068,832	0	11,500,000	6,500,000	1,300,000	25,368,832
1905년 말	8,125,267	367,680	6,530,000	6,393,000	1,300,000	22,715,947
1906년 말	8,245,377	2,137,543	5,000,000	5,823,000	1,300,000	22,505,920
1907년 말	11,807,174	4,100,175	3,285,000	4,704,000	959,000	24,855,349
1908년 말	9,648,764	3,214,525	1,800,000	4,406,000	537,400	19,606,689
1909년 11월	12,340,378	5,696,265	1,970,132	2,463,933	848,000	23,318,708

출처: 주식회사제일은행, 《한국화폐정리보고서》, 319~322쪽

메가타는 이와 더불어 조세금 징수 기구도 개편했다. 1906년 9월과 10월 〈관세관 관제〉, 〈조세 징수 규정〉을 반포하여 종래 징세 사무를 담당하고 있던 군수 등 지방관과 이서·향임층을 배제하고 세무감−세무관−세무주사−면장으로 이어지는 새로운 조세금 징수 기구를 설치했다. 세무감은 당분간 관찰사가 겸임하게 하고 전국 주요 지역 36개소에 세무관을 파견하여 군 단위에 파견된 총 168명의 세무주사를 감독하게 했다.

입헌군주제론의 등장

러일전쟁과 일본군의 주둔으로 고종의 전제 권력이 위축되기 시작하자 수많은 단체와 학회가 등장해 한국도 일본과 같이 국정을 개혁하여 근대 국민 국가로 발전시켜야 한다는 움직임이 확산되었다. 이 단계의 국민 국가론에서는 독립협회운동 고조기인 1898년 전후의 자연법 사상에 입각한 천부인권설天賦人權說과 달리 민권보다 국권을 더욱 강조하는 경향이 나타났다. 이는 독립협회운동이 좌절된 이후 1904년경까지 국내 정국이 경색되어 정치적 억압이 몇 년 간 지속된데다 국가 주권의 위기를 목도하면서 민권보다 국권이 더욱 중요시되었기 때문이라고 할 수 있다.

러일전쟁 직후인 1904년 3월 장도張燾, 장지연張志淵, 김상연金祥演 등은 중추원에 올린 시정 개선안에서 황제권으로부터 행정·사법권의 제한적 분리, 신민의 공무 취임권, 언론·저작·집회·결사·신앙의 자유, 신체의 자유와 재산권, 중추원의 준의회로의 관제 개정 등을 주장했다. 한편, 유성준俞星濬은 《법학통론》(1905)에서 국가 권력과 신민의 권리를 '법률로 경계를 획정하여' 행사할 수 있다고 주장했다. 이는 신민의 권리는 군주의 흠정欽定, 즉 위에서 내려주는 하사품이라고 이해하는 군주주의적 법이론을 따르고 있는 것이지만, 법치주의를 주장했다는 점에서 진일보한 것이었다.

이보다 조금 더 급진적으로 입헌군주제의 도입을 주장한 것이 헌정연구회가 1905년 중반경 《황성신문》에 연재한 〈헌정요의憲政要義〉였다. 이는 1906년 《국민수지國民須知》라는 책자로도 출간되어 지식계에 상당한 충격을 주었다. 국가는 군주 개인의 사유물이 아니고 국민 모두의 공동체라는 점, 전제군주제로 인하여 국가와 군주가 동일시되는 폐해가 있었음을 주장하고 국민의 의무와 권리를 상세히 설명함으로써 입헌군주제의 필연성을 주장하고 있다.

러일전쟁 직후부터 1910년까지 등장했던 '애국계몽운동 단체'(또는 '자강운동 단체')들은 미국의 공립협회 집단 등이 주도하여 결성한 신민회를 제외하고는 대체로 새로 수립할 근대 국가의 정체로 입헌군주제를 구상했다. 1905년 5월에 결성된 헌정연구회는 그 취지서에서 헌법이 전 세계의 대세인데 이를 온화하게 받아들인 경우는 영국·일본과 같은 군주 헌법이고 폭렬暴烈하게 수용한 경우는 미국과 프랑스라고 전제한 후, 한국은 전자인 군주 헌법을 채택하는 것이 마땅하다고 주장했다.

을사조약 강제 체결 직후 1906년 3월 헌정연구회 멤버를 주축으로 조직된 대한자강회도 공화정체를 가장 진보적이고 우월한 정체로 인식하고 있었으나 한국 사회에 실현 가능한 정치 체제는 입헌정체라 하여 그 채용을 주장했다. 대한자강회 강제 해산 이후 1907년 11월 천도교 세력과 대한자강회 구성원 중심으로 조직된 대한협회 또한 국민 주권론을 펴면서 입헌군주제를 주장했다.

친일 단체로 알려진 일진회 역시 입헌군주제 수립을 주장했다. 동학 계열의 진보회와 송병준 등 독립협회 잔여 세력의 일진회가 1904년 12월경 합동하여 만든 (통합)일진회는 주로 독립협회 세력, 동학 교도, 보부상, 일반 농민 등으로 구성되어 있었고 앞의 '애국계몽운동 단체'들보다 더욱 큰 세력과 회원 규모를 과시하고 있었다. 일진회의 국정 개혁론은 4대 강령으로 요약되는데, 대략적인 내용은 다음과 같다.

① 황실을 존중케 하고 국가 기초를 공고하게 할 것.
② 인민의 생명·재산을 보호케 할 것.
③ 정부는 개선 정치를 실시케 할 것.
④ 군정·재정을 정리할 것.

이러한 강령은 6년 전 독립협회운동기에 제기되었던 〈헌의육조〉와 유사한 것이었다. 이들은 창립 초기부터 인민의 언론·저작·집회·결사의 자유를 제기했으며 황제권은 존중하되 헌법 제정과 국회 개설을 요구하는 등 입헌군주제의 수립을 주장했다.

일진회의 개혁 강령과 활동으로 인해 이미 1904년 10월경에 "갑오 전후 이래로 각 군수와 관찰사한테 탐학하여 돈을 빼앗긴 자들이 근일에 상경하여 일진회에 들었다 칭하고 세력에 의지하여 도로 찾으려 한다는데 전직 관찰사와 군수들이 많이 욕을 본다"는 상황이 나타나고 있었다. 통감부 설치 이후 일진회는 일본군의 암묵적 보호 속에서 사법·치안을 담당한 법부대신·내부대신에게 계속 항의 문서를 전달하여 불공정한 재판을 한 사법관과 탐학한 관찰사·군수에 대한 면관 및 처벌을 요구하기 시작했다.

이처럼 1904년 러일전쟁 이후는 사회 개혁과 새로운 국가 건설론이 백화제방百花齊放하는 시기였다. 제국주의 침략이 가져온 국가 주권의 위기는 역설적으로 그동안 전제 권력을 휘둘러 왔던 황제권을 취약하게 만들었고, 이로 인하여 전제 정치에 억눌렸던 민권 운동 세력이 부활하기 시작했다.

고종의 강제 퇴위와 일본의 한국 국가 기구 장악

고종의 강제 퇴위

1907년 초까지 통감부는 한국의 통치권을 완전히 장악하지 못한 상태에서 감독하는 수준에 머물고 있었다. 일본은 장래의 요망 사항으로 한국 병탄을 생각하고 있었지만, 그 시점은 보호 통치의 성과가 상당히 달성된 후로 미루고 있었다. 이 같은 상황에서 1907년 6월 헤이그 특사 사건이 발생했다. 일본은 이를 계기로 강경 정책으로 선회했다. 통감 이토는 본국 정부에 보낸 전보에서, 특사 파견 행위가 일본에 공공연히 적의를 표한 협약 위반 사항이므로 일본은 한국에 대해 선전 포고할 권리가 있다고 주장하면서 일본 정부는 이 기회를 이

헤이그특사   왼쪽부터 이준(1859~1907), 이상설(1870~1917), 이위종(1887~?). 1906년 6월 러시아
황제 니콜라스 2세가 고종에게 제2회 만국평화회의 초청장을 보내왔다. 고종은 열강에게 일본의
폭력적 침략을 호소하고 을사조약의 무효를 주장하고자 전 의정부 참찬 이상설, 전 평리원 검사
이준, 러시아 주재 한국 공사관 참서관 이위종 등을 특사로 삼아 네덜란드 헤이그로 파견하였다.
이들은 헤이그 숙소에 태극기를 게양하고 을사조약의 불법성을 폭로하고자 했으나 이미 일본과
러시아가 우호적 관계로 바뀐 탓에 만국평화회의의 참석과 발언권을 얻지 못했다. 이들은 비공식 경
로로 일제의 침략상과 한국의 입장을 담은 공고사控告詞를 의장과 각국 대표에게 보냈다. 이위종
은 각국 신문기자단의 국제협회에 참석, 한국의 비참한 실정을 알리고 주권 회복을 도와 달라는
연설을 하여 청중의 공감을 얻었다.

이완용(1858~1926)과 송병준(1858~1925)　1907년 5월 발족한 친일 내각에서 각각 내각총리대신과 농상공부대신을 맡았고 헤이그특사 사건 직후 고종의 책임을 추궁하고 양위를 강요한 인물들이다. 이완용은 집안이 빈한하여 친척 이호준의 양자로 들어가 미국 공사관, 내무대신, 학부대신, 외부대신 등을 역임했다. 1897년 이후 실세했다가 1905년 학부대신이 되고 나서 을사조약 체결을 지지하여 매국노의 대명사가 되었다. 송병준은 함남 장진 출생으로 민영환의 식객으로 있다가 무과에 급제, 수문장, 훈련원판관, 감찰 등을 역임했다. 1884년 김옥균을 살해하려고 일본에 갔다가 도리어 그의 동지가 되어 귀국했다. 정부의 체포령을 피해 재차 일본으로 가서 잠업에 종사하다가 러일전쟁 직후 일본군의 통역으로 귀국했다. 진보회를 조직한 이용구와 함께 일진회를 만들어 을사조약 체결 이전에 외교권 위임을 주장하였으며 그 공으로 농상공부 대신에 임명되었다. 헤이그 특사 사건 직후 황제 양위를 강요하고 내부대신이 된 후 한일합방 상주문과 청원서를 제출하였다. 송병준도 이완용과 같이 매국노의 대명사였지만, 이완용과는 정치 권력 장악을 둘러싸고 대립 갈등했다.

용해 한국 내정상의 특정 권리를 양여받도록 하는 정책을 추진하라고 요청했다.

이에 대해 일본 정부는 일본 외무대신을 직접 파견하여 ① 한국 황제로 하여금 황태자에게 양위하게 할 것, ② 한국 황제 및 정부는 통감의 동의 없이 정무를 실행할 수 없게 할 것, ③ 정부 주요 부서에는 일본 정부가 파견한 관료가 대신 또는 차관의 직무를 실행하게 할 것 등을 실행하게 했다. 이완용과 그가 이끄는 한국 내각의 대신들은 7월 16일 비밀 협의를 거친 후 황제를 알현하여 ① 을사조약에 옥새를 찍을 것, ② 황제 폐하의 섭정을 추천할 것, ③ 황제 폐하가 직접 일본에 가서 일본 황제에게 사과할 것 등 세 가지 수습 방안을 상주했지만 고종은 이를 모두 거부했다.

그러나 하야시 다다스林董 일본 외무대신이 서울에 도착한 7월 18일에 사태는 일단락되었다. 이완용 등 대신들은 오후 4시부터 입궐했다가 하야시 다다스가 7시에 알현하고 물러난 후 밤새도록 황제에게 제위를 물려줄 것을 강요했다. 결국 황제는 7월 19일 새벽 3시에 양위가 아니라 황태자로 하여금 자신을 대리하게 한다는 조칙을 내렸다. 그러나 7월 21일 밤 이완용과 송병준 등 일곱 대신들이 불손한 언사로 고종을 협박하여 황태자에게 제위를 물려주게끔 함으로써 고종의 의도는 무산되고 말았다.

양위 과정을 전후하여 일본의 정책은 한층 더 강경해졌다. 당초 정책에 없었던 한국 군부 해산 방침이 세워졌다. 이는 7월 18일 밤에 고종이 병력으로 내각 대신들을 억압하고 여차하면 살육하게 하려고 시위대 근위병을 궁중으로 불렀던 점, 7월 19일 밤 시위대 중 일부 병력이 병영을 이탈하여 무력 시위를 벌이다가 일본 경찰과 충격전을 벌인 점, 7월 21일 군부대신 이병무가 황제의 양위에 분노한 인민들의 시위를 진압하고 군부를 보호하기 위해 일본군 파견을 요청하라고 지시한 데 대한 군부 참모국장 조성근趙性根의 저항 등을 빌미로 한 것이었다.

7월 24일 이완용과 이토 사이에 체결된 〈한일 신협약〉(일명 '정미칠조약')은 사실상 한국 정부를 유명무실화하는 내용으로 이루어졌다. 첫째, 한국 정부는 시정 개선에 관하여 통감의 지도를 받을 것, 둘째, 한국 정부의 법령 제정 및 중요한 행정상의 처분은 미리 통감의 승인을 거칠 것, 셋째, 한국의 사법 사무를 보통 행정 사무와 구분하여 처리하도록 할 것, 넷째, 한국 고등 관리의 임면은 통감의 동의하에 행할 것, 다섯째, 한국 정부는 통감이 추천하는 일본인을 한국 관리로 임명할 것, 여섯째, 한국 정부는 통감의 동의 없이 외국인을 한국 관리로 임명하지 말 것, 일곱째, 일본인 재정 고문을 용빙한다는 1904년 8월의 〈재무 및 외교 양고문에 관한 각서〉 제1항은 폐지하도록 했다.

일본의 한국 국가 기구 장악

〈한일 신협약〉을 구체화하는 각서가 별도로 조인되었다. 이에 의하면, 한일 양국인으로 구성하는 각급 재판소 신설, 간수장 이하 반수를 일본인으로 하는 감옥 신설, 황궁 수비대를 제외한 한국 군대의 해산 등이 규정되었다. 각부 차관, 내부 경무국장, 경무사와 부경무사, 내각과 각부의 서기관과 서기랑書記郎, 각도의 사무관·경무관·주사 등을 일본인으로 임명하는 외에 별도로 재무·경무 및 기술에 관한 관리로 일본인을 임용하기로 했다. 그리고 종래 통감부, 재정고문부, 경무

고문부, 법무고문부에 소속되어 있던 일본인 관리는 모두 한국 정부 관리로 소속을 옮기게 되었다.

통감부 관제도 개정하여 통감은 외교 업무 대행 외에 한국 내정을 총괄하는 한국의 최고 통치자가 되었다. 조직상으로는 총무부·경무부·농상공부를 폐지한 대신 통감관방과 외무부·감사부·지방부를 설치했다. 외무부는 종래 한국 외부의 업무를, 감사부는 통감부 법령과 한국 정부가 제정한 법령 및 처분 심사 업무를, 지방부는 지방행정·식산·금융·종교·교육·사법·경찰에 관한 사항을 관장했다. 통감부는 조직상으로는 소규모였지만, 한국 정부의 각부 실무를 관장하는 일본인 차관이 자동적으로 통감부 참여관을 겸했기 때문에 한국 최고의 통치기구가 되었다.

이로써 종래 통감부와 한국 정부가 병렬적으로 존재하면서 상호 간의 갈등을 공문 이첩에 의해 조정하던 이중 권력 구조는 종식되었다. 모든 중요 사항은 통감의 관저에서 한국 정부 대신들과 일본인 차관, 그리고 통감부 관리로 구성된 시정개선협의회에서 논의·결정되었다. 일본은 통감부를 통해서 군대, 경찰, 재판소 등 한국의 국가 기구와 황실의 물적 토대인 황실 재산을 장악해 나갔다.

1902년 약 28000명에 달했던 한국 군대는 1905년 4월과 1907년 4월 두 단계에 걸쳐 대대적으로 감축되어 1907년 7월 시위 보병 2개 연대 3600명, 기병·포병·공병·치중병 약 400명, 지방의 진위대 8개 대대 4800여 명 등 총 8800여 명으로 줄어들었다. 일본군은 8월 1일부터 8월 10일까지 서울의 시위대와 지방의 진위대를 거의 다 해산시키고 1907년 12월에는 황궁을 지키는 명목으로 근위 보병대대 4개 중대 644명, 근위 기병대 92명만을 남겨 두었다. 그나마 남아 있던 군부도 1909년 7월 31일 폐지하고 황실 수호를 명목으로 친위부만 남겨 두었다.

경찰 기구는 문민 경찰이 아니라 군사 경찰인 헌병 중심으로 재편되었다. 통감 이토는 한국 치안의 주체를 문민 경찰 중심으로 편성하려는 방침을 세웠으나 1907년 중반 이후 의병 투쟁 등 한국민의 격렬한 저항으로 방침을 수정할 수밖에 없었다. 1907년 말부터 의병 투쟁이 유격 투쟁화하여 쉽게 근절되지 않을 것이라는 판단을 내린 통감부에서는 소규모 집단으로 신속하게 움직일 수 있는 헌병대를 의병 진압의 중핵으로 투입하는 계획을 수립했다.

이 같은 헌병 중시 방침은 1907년 10월 헌병대장에 취임한 아카시 모토지로明石元二郎에 의해 추진되었다. 아카시는 취임 당초부터 헌병이 문민 경찰을 지휘하는 체제, 즉 훗날 한국 병탄 이후 헌병경찰 제도의 원형을 구상하고 있었다. 일본 정부에서도 의병 진압을 위해 경찰 기능을 헌병대가 관장하게 하여 1908년 5월에는 한국 경찰기관을 한국 주차 일본군 사령관 지휘하에 두게 되었다.

헌병대 중심의 치안 방침으로 인하여 의병 투쟁 진압에 필요한 병력을 늘릴 때에도 통감부는 경찰력을 증원하지 않고 헌병 보조원을 4천 명 모집했다. 1908년 7월 1일부터 해산된 한국 군인이나 면직된 한국 순사 중심으로 헌병 보조원을 모집하기 시작하여 9월에 제1회 요원 4065명의 선발 채용을 마치고 일본 헌병 1명당 2~3명을 배속시켰다. 1909년 말 헌병대는 전국에 457개의 분견소, 일본 헌병 2369명, 한국인 헌병 보조원 4392명으로 배치되어 면 단위까지 장악했다.

대한제국 시위대 해산되기 직전의 시위대 모습. 국왕의 호위를 위해 황궁에 남아 있던 약 2천 명의 시위대는 1907년 일본의 강요로 해산되고 말았다.

1910년 6월 24일 한국 정부와 통감부 사이에 한국 경찰 제도가 완비되었다고 인정될 때까지 한국 경찰 사무를 일본 정부에 위탁하는 각서가 체결되었다. 이에 따라 6월 29일 〈통감부 경찰관서관제〉가 공포되는데, 이것이 바로 1910년대 시행된 일제 헌병경찰제, 즉 '무단통치' 체제의 출발점이었다. 즉, 경찰 기구를 중앙의 경무총감부, 지방의 경무부(각도) 및 경찰서(각군)로 구성하고 경무총감부의 장인 경무총장은 한국 주차헌병대장인 육군장관으로 임명하며, 경무부장은 각도 헌병대장인 헌병 좌관佐官(오늘날의 영관급 장교)으로 임명했다. 그 산하의 경시 또는 경부에는 헌병장교 또는 헌병준사관·하사관을 특별 임용할 수 있다고 하여 헌병대장이 모든 경찰 업무를 지휘 총괄하는 체제로 구성했다. 이들 헌병경찰에게는 일부 사법권까지 부여함으로써 '무단통치' 체제의 원형이 완성되었다.

재판기관도 일본인 관리에 의해 장악되었다. 일본은 통감부 초기에는 한국 법부와 재판소에 일본인 참여관과 법부 고문관을 파견하여 재판을 감독하는 데 그쳤으나 정미칠조약 체결 이후부터 일본인 관리와 판검사를 법부와 각급 재판소 및 감옥에 임용하여 직접 사법권을 장악하는 정책으로 전환했다. 우선 동경공소원 검사장 구라토미 유사부로倉富勇三郎가 법부차관으로 임명됨을 계기로 다수의 일본인 판검사가 법부 서기관·사무관·번역관 등으로 임명되어, 법부의 실권은 일본인 손에 넘어갔다.

1907년 12월 23일 〈재판소구성법〉을 새로 제정하여 종전에 지방재판소, 한성부재판소 및 개항장재판소, 순회재판소, 평리원, 특별법원 등 5종으로 구성되어 있던 것을 구재판소(113개소), 지방재판소(8개소),

공소원(3개소), 대심원(1개소) 등 4종으로 바꾸었는데 이는 당시 일본의 재판소 구성을 그대로 모방한 형식이었다. 이로써 종래 관찰사·군수·한성판윤·감리 등 행정관이 재판장을 겸임하던 제도는 완전히 폐지되고 독립된 재판소가 설치되었다. 검사와 판사의 업무가 분리되고 형사 재판의 경우 최고 재판소인 평리원에서 재판 안건에 관한 질품서를 황제에게 아뢰고 그 지시를 받아 판결하던 제도가 폐지되었다.

재판 제도의 개정은 대한제국기 이래 지속되어 오던 병폐를 개혁하는 성격이 강했으나 군대, 경찰과 마찬가지로 일본인이 지배하는 구조로 바뀌었다. 최고 법원인 대심원 판검사의 경우 2명만 한국인이고, 기타 공소원 이하 각급 재판소 판검사는 한국인 법관이 2~30명에 불과했다. 나머지는 모두 1906년 이후 일본에서 초빙해 온 법관들을 채용했다.

1909년 하반기에는 형식적으로나마 남아 있던 한국의 사법권 또한 일본에 빼앗기고 말았다. 1909년 7월 초 한국을 방문한 이토는 한국 정부 대신들에게 사법·감옥 제도를 일본에 위탁하고 군부는 폐지하라고 강요했다. 법부대신과 군부대신이 반대했음에도 불구하고 이토의 계속된 위협으로 7월 12일 밤중에 〈한국 사법 및 감옥 사무 위탁에 관한 한일 각서〉가 조인되었다. 10월 17일 〈통감부 재판소령〉, 〈통감부 사법청관제〉가 공포됨으로써 1909년 11월 1일부터 한국 법부의 사법 업무가 통감부 사법청에 이관되고 한국의 각급 재판소 사무 역시 통감부 재판소에 인계되었다.

이에 의해 한국의 재판 제도는 일본에 예속된 식민지적 구조를 갖추게 되었다. 첫째, 최고 법원의 명칭을 대심원에서 고등법원으로 개칭하여 지위를 격하시켰다. 둘째, 한국인 판사는 민사 사건에서 원고·피고가 모두 한국인인 경우, 형사 사건에서 피고인이 한국인인 경우만 재판할 수 있었다. 일본인에 대해서는 일본인 판사만 재판할 수 있었다. 셋째, 경찰관의 사법권을 광범위하게 인정하여 경찰서장 또는 분서장이 구류 또는 과료형, 태형, 벌금형에 처할 범죄에 대해 즉결 재판을 했다. 넷째, 민사·형사 모두 한국인 사이의 소송에 대해서는 한국 법령을, 민사 사건 중 한국인과 한국인이 아닌 자 사이의 소송에 대해서는 일본 법령을 적용했다.

일본은 국가 재정의 핵심인 징세 기구와 황실 재산도 장악해 들어갔다. 통감부는 1908년 〈관세관관제〉를 폐지하고 새로 〈재무감독국관제〉와 〈재무서관제〉를 실시했다. 탁지부대신, 사실상은 일본인 차관의 지휘 아래 서울·평양·대구·전주·원산 5개소에 재무감독국을 설치하고 그 밑에 231개소의 재무서를 두어 각 재무서가 1~3개 군의 세무와 재무를 담당하게 했다. 재무감독국장, 재무서장은 대부분 일본인으로 임명했다.

세원 조사는 1906~1907년간 호구 조사부터 시작해 1907년에는 호세 부과 호수를 1906년의 2배 이상으로 증가시켰다. 지세 부과 대상인 토지에 대해서는 토지 소유권을 확인하는 토지 조사 사업이 1910년에야 시작되지만, 그 이전 단계로 1907년부터 지세 징수의 기초가 되는 징세 대장을 새로운 방식에 따라 작성했다. 또한 1907년부터 술·담배·소금 등 새로운 재원이 될 수 있는 종목들에 대해 조사를 벌여 1909년부터는 가옥세·주세·연초세 등 소위 '신삼세新三稅'를 부과하여 조세 수입을 늘려 나갔다.

일본은 메가타가 재정 고문을 맡던 시기인 1905년 3월 내장원을 내장사와 경리원으로 분리시키고 1907년 11월 황실 재정을 관리해 온 경리원을 폐지했다. 경리원 폐지를 전후하여 황실 소속 광산을 정부 재정으로 통폐합하고 역둔토·궁장토의 소작료 수입, 삼세參稅와 홍삼 전매 사업, 어세·염세·선세·광세 등 각종 잡세 수입을 모두 정부 재정으로 이관시켰다. 최종적으로는 1908년 7월 황실 소유 부동산 등 재산 전체를 국유화하는 조치를 취함으로써 황실 재정을 해체시켰다.

이완용 내각을 둘러싼 권력 투쟁

'을사조약' 강제 체결 이후 박제순朴齊純이 주도했던 의정부는 일진회의 대정부 비판과 개혁운동이나 국내 인민의 '을사오적 처단' 의거 등으로 국정을 장악할 수 없었다. 이로 인해 1907년 5월 22일 이완용 내각이 성립하는데, 이들은 대부분 이완용 또는 이토와 밀접한 관련을 맺고 있던 인물들이었다. 특히 일진회 송병준宋秉畯의 농상공부대신 임용은 대정부 비판과 친일적 개화운동을 전개하고 있던 일진회 세력을 흡수하여 한국 통치에 활용하려 한 이토의 정치적 고려에 의해 이루어졌다. 같은 시기에 일진회 간부 중 5명이 관찰사, 3명이 중앙 정부 관료와 최고 재판기관의 판사·검사로, 기타 20여 명이 군수로 임명되었다.

1907년 6월 헤이그특사 사건을 계기로 고종이 강제퇴위당하고 일본인이 대거 한국 정부의 고위 관료로 임명되었다. 이처럼 황제권이 위축된 상황은 입헌군주제 수립을 지향하던 국내 정치 세력들에게 또 하나의 기회로 보일 수 있었다. 그러나 정국은 이완용의 독주로 진전되었다. 이완용은 친인척과 측근 인물 수십여 명을 정부에 배치시키고 보안법, 신문지법 등 언론·출판·집회의 자유를 제한하는 조치를 취했다.

이로 인해《대한매일신보》나 대한협회, 일진회 등의 단체는 이완용이 정치 개선에는 힘쓰지 않고 '가족정부家族政府'에만 몰두하고 있다고 비난하며 이완용 사퇴 운동을 전개했다. 이러한 대립 속에는 이완용의 '양반적' 지향과 일진회의 '평민적' 지향의 대립, 대한협회와 일진회 및 이완용 내각 사이의 대립도 포함되어 있었다. 이완용은 보호국 상태에서 한국의 군주제를 유지하고자 했으며 그가 생각한 정체政體는 양반 귀족 주도의 정치였다. 반면, 일진회는 한국 정체의 개혁, 구래의 양반 질서의 해체를 지향하고 있었다. 대한협회는 정당을 자임하면서 통감부의 보호 통치를 일단 수용하되 입헌군주제를 지향하는 입장이었기에 이완용 내각의 국정 독주는 물론 일진회의 친일적 행위도 비판하고 있었다.

1908년 이후 정국은 통감부의 '보호 통치' 하에서 정치권력을 장악하기 위한 각축전 양상을 띠고 있었다. 1909년 9월 일진회·대한협회·서북학회 등 3개 단체는 이완용 내각을 붕괴시키기 위한 3파 연합을 출발시켰다. 그러나 10월 26일에 돌발한 안중근의 이토 저격 사건은 정국을 급변시켰다. 대한협회·서북학회는 3파 연합 논의를 파기하고 시국을 관망하면서 실력양성론을 주장했다. 이완용은 정국의 주도권을 장악하기 위해 1909년 11월 말 합방 5개조를 일본의 가쓰라 수상에게 제출한 반면, 일진회는 동년 12월 4일 '정합방'론政合邦論에 바탕을 둔 합방 성명서를 공표했다. 이후 이완용은 국민 대연설회를 개최하여 일진회의 〈합방성명서〉에 대한 공개적인 반대를 표명함으로써 정국의 주도권을 장악하려 했고, 일진회는 자신들의 '정합방' 론을 계속 주장했다. 하지만 양자의 의도는 이미 1909년 3월 이후 한국의 병탄을 확정한 일본 정부의 방침에 의해 좌절되고 말았다.

의병 투쟁과 일본의 한국 병탄

의병 투쟁

1905년 11월 을사조약 강제 체결 전후 양반 유생들이 다시 의병 투쟁에 나섰다. 종전 유인석의 을미의병에 참여했던 원용팔과 정운경이 각각 1905년 8월과 9월 원주와 단양에서 봉기했지만 진위대의 공격으로 모두 와해되고 말았다.

을사조약 강제 체결 이후 가장 먼저 봉기한 의병은 1906년 3월의 홍주 의병이었다. 전참판 민종식은 을미의병에 참여했던 이설·안병찬 등의 권유로 창의대장에 추대되어 봉기, 홍주성을 공격했다가 실패하여 전주로 피신했다. 이후 전북에서 다시 의병을 모집하여 1906년 5월 홍산에서 봉기하여 서천—비인—판교—남포—보령—결성을 경유하여 홍주성을 점령했다. 홍주성 점령 당시 1200여 명에 달한 의병은 10여 일 동안 경찰과 일본군 헌병대의 공격을 효과적으로 막아냈다. 일제는 기병 소대 및 보병 2개 중대를 긴급 증파하고 홍주·공주·전주 일대의 헌병·경찰대 및 한국 진위대까지 합세하게 하여 대병력을 출동시켰다. 31일 밤 새벽 2시 반에 시작된 이들의 대대적인 공격으로 의병뿐만 아니라 민간인까지 수백여 명이 사망했다.

같은 해 6월에는 최익현이 74세의 고령으로 전북 태인에서 봉기하여 정읍—순창—곡성 등지에 무혈 입성하면서 무기와 군사를 모았다. 정부에서 보낸 전주와 남원의 진위대가 순창읍을 포위하고 들어오자 최익현은 동족상잔의 비극을 피하기 위해 일본군과 대항해 싸우자는 통첩을 보냈으나 진위대 병력은 이를 묵살하고 일제 공격을 가했다. 최익현과 그 휘하 12인은 모두 체포되고 말았다.

고종의 밀지를 받고 봉기한 의병도 있었으니 1906년 3월 정용기가 일으킨 의병이다. 중추원 의관 정환직은 고종의 밀지를 받고 아들 정용기를 영천으로 내려 보내 1906년 5월까지 병력을 모아 강릉을 거쳐 서울로 진격하여 통감부를 타도하고 매국적들을 제거한다는 계획을 세웠다. 정용기가 조직한 의병은 천여 명에 달했으나 1906년 7월에야 활동을 시작했고 그나마 일본군의 야습으로 인해 괴멸적 타격을 받았다. 정용기는 전사하고 그 후 정환직은 1908년까지 경북 일대에서 의병 투쟁에 나섰다.

양반 유생이 이끄는 의병들이 제대로 된 무장 투쟁을 하지 못한 데 반하여 평민 출신 신돌석이 1906년 4월 경북 영해에서 일으킨 의병은 영양읍을 공략하고 울진 읍내를 장악할 만큼 군세를 떨쳤다. 이들은 돌격전 또는 유인전으로 일본군과 관군의 연합 공격을 차단하면서 일월산과 백암산·대둔산 일대로 근거지를 옮긴 후 1908년 중반까지 신속한 기동력과 위력적인 유격 전술을 바탕으로 항일 투쟁을 전개했다.

의병 투쟁은 1907년 8월 '정미칠조약'에 의해 대한제국 군대가 해산되고 해산된 군대 일부가 무장 봉기하고 의병으로 전환함으로써 본격화했다. 시위 제1연대 제1대대장 박승환의 자결로 흥분한 제1연대 제1대대와 제2연대 제1대대 병사들이 무기고를 부수고 무장한 후 일본군과 남대문 주변에서 4시간에 걸쳐 시가전을 계속했으나 군세가 압도적으로 불리하여 패퇴할 수밖에 없었다.

서울 시위대의 항전 소식이 알려지면서 강원도 원주 진위대의 민긍호와 김덕제가 봉기하여 원주시를 점령했다가 철수하면서 각각 충주·제천 방면, 강릉·양양 방면으로 이동했다. 이 두 부대는 강원도 의병의 핵심으로서 1907년 말 결성되는 13도 창의군의 중심 부대가 되었다. 강화도에서도 이동휘·지홍윤 등이 진위대 병력을 이끌고 봉기, 바다를 건너 해주와 통진 방면으로 탈출하여 의병 투쟁 대열에 합류했다. 이때부터 의병 투쟁은 대량의 신식 무기와 새로운 전술과 전투력을 갖추게 되었다. 또 의병부대 지도부에 양반 유생 또는 전직 관료 외에도 해산군인·농민·상인·포수 등이 참여하고 신분 차별 의식도 약화되어 갔다.

1907년 후반에 들어서면서 의병 투쟁은 양적으로 질적으로 비약적 발전 단계를 맞이했다. 활동 지역은 일제의 침략 거점인 도시와 도시를 연결하는 철도 및 간선 도로 연변을 제외하고 의병이 일어나지 않은 군이 없을 정도였다.

<표 3> 1907년 정미칠조약 이후 봉기한 의병장

지역	의병장	직업	활동 시기	활동 지역	비고
전남	기삼연	유생	1907년 9월~12월	영광, 무장, 고창, 장성	
	김태원	유생	1907년 7월~1908년 4월	광주, 나주, 함평, 무안, 장성	
	김영백	?	1907년 10월~1909년 12월	장성, 광주, 고부, 정읍, 부안, 고창	
	심남일	유생	1907년 11월~1909년 7월	함평, 강진, 장흥, 보성, 나주, 영암, 광주	
	안규홍	머슴	1908년 2월~1909년 말	보성, 순천, 장흥, 여수, 곡성, 남원, 구례	
전북 경남	이석용	유생	1907년 8월~1909년 9월	임실, 진안, 순창, 태인, 남원	
	전해산	유생	1908년 8월~1909년 4월	임실, 장성, 영광, 나주, 함평, 부안	
	문태서	유생	1907년 말~1910년 8월	덕유산, 무주, 장수, 거창, 함양, 안의	
	양윤숙 양인영	유생	1908년 중반~1909년 12월	순창 일대	
	양진여	유생	1907년 6월~1909년 6월	정읍, 순창, 고창, 담양, 광주, 나주, 영광, 장성	
	이규홍	유생	1907년 11월~1908년 4월	익산, 고산, 여산, 진산, 금산	
	김동신	의원	1907년 8월~1908년 6월	남원, 구례, 용담, 함양, 안의, 용담, 거창	
충북 강원 경북	이강년	무관	1907년 4월~1908년 7월	단양, 제천, 영월, 강릉, 충주, 문경, 예천, 영주, 봉화, 안동	
	민긍호	장교	1907년 8월~1908년 2월	원주, 제천, 죽산, 장호원, 충주, 여주, 홍천	
	김덕제	장교	1907년 8월~	원주, 강릉, 양양, 간성	
경기 강원	이은찬	유생	1907년 9월~1909년 2월	원주, 양주, 포천, 삭녕, 금천연안, 양주	
	허위	관료	1907년 9월~	연천, 임진강 일대	
	연기우	장교	1907년 8월~1910년 5월	강화, 연천, 적성, 삭녕, 마전	
황해 경기	김수민	농민	1907년 8월~1908년 말	장단, 풍덕, 강화	
	이진룡	유생	1906년 초?~1910년	평산, 개성, 해주, 서흥, 곡산	만주로 이동
함남 평북	홍범도	포수	1907년 11월~1910년	갑산, 산수, 혜산, 풍산	만주로 이동

출처: 홍영기, 《한국독립운동의 역사》 제11권, 한말 후기의병, 독립기념관 독립운동사연구소, 2004

1907년 말에는 각지에서 봉기한 의병 투쟁을 한데 묶어 연합 부대를 만들고 서울의 통감부를 타도하여 국권을 되찾으려는 서울 진공 작전이 시도되었다. 이 작전의 주도자는 원주에서 관동의병대장으로 추대된 이인영이었다. 그는 각도 의병장에게 격문을 보내 경기도 양주로 집결하도록 호소하고 서울의 각국 영사관에는 의병 부대를 국제법상의 교전 단체로 인정하고 성원해 줄 것을 요구했으며, 해외 동포에게도 격문을 보냈다.

경기도 양주에 모인 1만여 명의 의병은 '13도 창의군'을 결성하고 총대장에 이인영, 군사장에 허위, 각 지역에서 온 의병장을 지역별 창의대장으로 정하여 연합 부대를 편성하고 서울 진공 작전을 개시했다. 그러나 1908년 1월 동대문 밖 30리 지점까지 진격한 선발대가 일본군의 선제공격으로 패퇴했다. 이후 총대장 이인영이 부친상을 당하면서 "불효는 불충"이라는 이유로 전열에서 이탈함으로써 진공 작전은 실패로 끝났다. 이후 연합 의병 부대 중 허위는 임진강 방면에서, 이강년은 제천·안동·봉화 등지에서, 민긍호는 양주 등지에서 독자적으로 전투를 계속했으나 전사 또는 체포되어 처형되었다.

1908년 이후부터는 평민 출신 의병장들의 활약이 두드러졌다. 경북과 강원도 접경지대의 신돌석(1878~1908), 경기도와 황해도 일대의 김수민(?~1908), 함경도 일대의 홍범도(1868~1943)·차도선 등이 유격전 형태로 투쟁했다. 이들이 피체 또는 전사한 이후인 1909년 전반기부터 의병 투쟁이 잦아들었으나, 전라도 지역만은 전해산, 심남일, 안규홍 등이 항쟁을 계속했다.

이 시기 의병 투쟁은 일본군만 대상으로 하지 않았다. 쌀 수출로 인해 물가가 오르자 쌀 수출을 하던 한국인 지주·부농이나 상인을 공격하기도 했고, 일본의 침략과 관련된 우편취급소·금융조합 등을 습격하거나 철도·전선을 파괴 절단하는 일도 많았다. 또한 일본의 침략 정책에 협조하는 일진회원·순검·헌병보조원·세무관·세무주사 등도 공격했다.

호남 지역 의병들이 지속적으로 항전하자 일본군은 '남한 폭도 대토벌 작전'이라는 이름으로 대병력을 동원하여 1909년 9월 초부터 2개월간 살육, 방화, 약탈, 폭행 등으로 의병 부대의 근거지가 될 만한 촌락과 가옥을 초토화시켰다. 이때 의병장 103명과 의병 4,138명이 자수하거나 체포·피살되었다.

1909년 후반 이후 의병 투쟁 중심지는 황해도와 경상북도 북부로 옮겨갔으나 이들 역시 1911년경까지 일본 군경의 탄압 작전으로 퇴조하고 말았다. 살아남은 의병들은 만주와 러시아 연해주 등지로 이동하여 독립군으로 전환했다.

의병 투쟁은 1906년부터 1911년까지 약 3천여 회의 전투를 통해 전사 1만 7779명, 부상 3706명, 피체 2139명이라는 엄청난 희생을 치렀다. 투쟁은 초기에 신분 차별 의식이나 근왕적 성격을 띠고 있었지만, 평민 출신 의병장이 참여하면서 민족 의식을 고양시켰으며 일제 강점 이후 독립 운동과 독립군 형성의 밑거름이 되었다.

1895
명성황후 살해와 단발령에 분노한 의병
봉기.

1906
을사조약 체결에 반대한 의병 봉기.

1907
군대 해산에 분노한 의병 봉기.

체포된 의병장들　　1909년 9월 1일부터 10월 말까지 일본군의 '남한 폭도 대토벌 작전'에 끝까지 항거하다가 체포된 호남 항일 의병장들의 사진이다. 앞줄 왼쪽부터 송병운, 오성술, 이강산, 모천연, 강무경, 이영준. 뒷줄 왼쪽부터 황두일, 김원국, 양진여, 심남일, 조규문, 안규홍(안계홍), 김병철, 강사문, 박사화, 나성화. 이들 체포 또는 자수한 의병들은 해남-하동 간 도로공사에 강제 동원되어 일제의 교통로 확보에 이용되는 비극을 겪었다.

일본의 한국 병탄

1907년 한국 군대 해산 이후 통감부는 내외적으로 크게 두 가지 문제와 부딪히게 되었다. 첫째는 의병 투쟁이 1907년 후반에 들어 더욱 치열해져 지방 행정을 마비시킬 정도까지 되었던 점이다. 이에 대해 통감부는 일본에 요청하여 1907년 7월과 9월, 1908년 5월 세 차례에 걸쳐 총 7500여 명의 일본군을 증파시켰다. 이와 아울러 헌병대와 한국인 헌병보조원을 동원하는 폭압적 진압 작전을 전개하여 1909년 후반기까지 어느 정도 성과를 거둘 수 있었다.

둘째는 흑룡회黑龍會 등 일본의 대한 강경론자들의 통감 정치에 대한 비판과 한국 병탄 주장이었다. 흑룡회 회장 우치다 료헤이內田良平는 1906년 3월 이토가 한국 통감으로 부임할 때 개인 참모로 따라와 송병준, 이용구 등이 조직한 일진회를 은밀히 도와주면서 일찍부터 한국 병탄을 구상하고 있었다. 그러나 그는 1906년 말 이후 이토 통감의 통치 정책이 유화적이고 실현 가능성이 없을 뿐 아니라 한국 사정에 적합하지 않아 자신이 생각하는 문제의 근본적 해결책, 즉 한국 병탄으로는 한 발짝도 나아가지 못하고 있다고 비판하기 시작했다.

우치다는 일본 정부의 실력자였던 야마가타 아리토모山縣有朋, 가쓰라 타로桂太郎, 데라우치 마사타케寺内正毅 등에게 여러 차례에 걸쳐 이토의 통치 정책을 비판하고 통감 경질의 필요성을 강조했다. 그러나 야마가타 등 당시 정권 실력자들은 자파 세력의 확장을 위해서 이토가 한국 통감직에서 물러나 일본으로 돌아오는 것을 원하지 않았기 때문에 이토를 통감직에 머물게 했다.

일본 정부가 위의 두 가지 문제를 고려하면서 한국 병탄 방침을 구체화하기 시작한 것은 1909년에 들어서부터였다. 이때까지 한국 병탄을 유예하고 있었던 것은 한국인의 치열한 의병 투쟁 때문만은 아니었다. 미국·영국·러시아 등 제국주의 열강으로부터 완전한 승인을 얻지 못한 시점에서 섣불리 한국을 병탄할 경우 여러 가지 외교적 압력을 받을 것을 우려했기 때문이기도 했다.

일본 정부 수뇌부는 1909년 3월경 한국을 병탄하기로 확정하고 이를 '병탄'도 '합방'도 아닌 '병합'이라는 새로운 단어로 표현했다. 그들은 '병탄'은 강한 나라가 약한 나라를 침략하는 의미, '합방'은 두 나라가 대등한 자격으로 합동·연합한다는 의미이므로 두 개념 모두 부적합하다고 보았다. 그리하여 한국 영토를 일본 영토의 일부로 삼는다는 의미를 포함하지만 '병탄'보다 침략적 의미가 약한 '병합'이란 말을 만들어냈다. 이들은 4월 초 일본에 잠시 귀국한 이토를 만나 병합 방침에 대한 동의를 받아 6월 14일자로 이토를 경질하고, 후임 통감으로 소네 아라스케曾禰荒助를 임명했다.

공식적인 병탄 방침은 같은 해 7월 6일 내각 회의에서 결정되었다. 다만, 시기를 확정하지 않고 막연히 '적당한 시기에 한국의 병합을 단행할 것'이라고만 규정해 두고 위 방침을 기초로 충분히 준비하여 세력을 늘려 나가기로 했다. 아직까지 제국주의 열강이 일본에 대해 어떠한 태도를 취할 것인가가 불명확했기 때문이다.

이토는 통감직을 사임하고 나서 병탄 준비를 충실히 할 수 있는 정책적 협력을 아끼지 않았다. 대표적인 것이 한국의 사법·감옥 사무 위탁 및 법부·군부 폐지 건이었다. 이토는 통감직 사임 이후인 1909년 7월 일본 정부에 대해, 한국의 재정 형편상 점진적으로 한국의 시정을 개선하려면 상당한 세월을 요할 것이므로 시급히 한국의 사법·감옥 사무 및 군사 업무를 폐지시키고 일본 정부가 이를 관장해야 한다는 의견을 피력했다. 이로써 일본은 1909년 7월 이후 본격적으로 병탄을 준비하기 시작했다.

위 방침에서 결정한 '적당한 시기'는 이토가 1909년 10월 26일 만주 합이빈(하얼빈)역에서 안중근에 암살됨으로써 다가왔다. 우치다 료헤이는 이 기회를 틈타 일본에서는 흑룡회를 통해 한국을 병탄해야 한다는 논조로 여론을 유도했다. 한국에서는 일진회를 조종하여 12월 4일 일진회 이름으로 〈합방상주문〉, 〈합방청원서〉를 작성하여 각각 한국 황제와 총리, 통감에게 제출하고 〈합방성명서〉를 신문 지상에 발표하게 했다.

일진회의 합방 성명이 전 국민의 분노를 사고 무력 항쟁으로 발전할 것을 우려한 소네 통감은 일본의 한국 정책은 변함이 없으므로 일진회의 합방 청원은 불필요하다는 성명을 발표했다. 그러나 이는 일본 정부가 이미 결정한 정책과 모순되는 것이었다. 일본 외교 정책을 주도하고 있었던 고무라 쥬타로小村壽太郎 외무대신은 소네가 병합을 '중요하지도 긴급하지도 않고' '지극히 어려운 사업'으로 믿고 있기 때문에 '병합의 기운'을 정확히 판단하지 못하고 '병합의 기운'을 이롭게 이끌지 못했다고 평가했다.

일본은 최종적으로 1910년 4월과 5월 러시아와 영국으로부터 한국 병탄에 대해 이의를 제기하지 않겠다는 약속을 받았다. 병탄에 필요한 국제적 조건이 충족되자 일본 정부는 1910년 5월 30일 소네를 통감직에서 물러나게 하고 일본 정계의 실력자인 데라우치 마사다케寺

內正毅(일본 육군대신 겸직)를 후임 통감으로 임명했다. 이어서 내각 회의에서는 6월 3일 다음과 같은 내용의 〈병합 후 한국에 대한 통치 방침〉을 결정했다. *

① 조선에는 당분간 헌법을 시행하지 않고 대권大權에 의하여 통치할 것.

② 총독은 천황에게 직접 예속되고 조선에서 모든 정무를 통괄하는 권한을 가질 것.

③ 총독에게는 대권의 위임에 의하여 법률 사항에 관한 명령을 발할 권한을 줄 것. 단, 본 명령은 별도로 법령 또는 율령 등 적당한 명칭을 붙일 것.

④ 조선의 정치는 최대한 간명하고 쉽게 해 나갈 것. 이 방침에 따라 정치기관도 남겨 두거나 폐지할 것.

⑤ 총독부의 회계는 특별회계로 할 것.

⑥ 총독부의 정무 비용은 조선의 세입으로 충당하는 것을 원칙으로 하되, 당분간 일정한 금액을 정하여 본국 정부로부터 보충할 것.

⑦ 철도 및 통신에 관한 예산은 총독부 관할하로 편입할 것.

⑧ 관세는 당분간 현행대로 둘 것.

⑨ 관세 수입은 총독부 특별회계에 속하게 할 것.

⑪ 한국은행은 당분간 현행 조직을 고치지 말 것.

⑫ 병합을 실행하기 위해 필요한 경비는 금액을 정하여 예비금으로부터 지출할 것.

⑬ 통감부 및 한국 정부에 재직하는 일본 제국 관리 중 불필요한 자는 귀환 또는 휴직을 명할 것.

⑭ 조선에서의 관료로는 그 계급에 따라 가능한 한 많은 조선인을 채용할

일본은 병합 후 대한제국의 국호를 '조선'으로 바꾼다는 방침을 세워 놓았기 때문에, 병합 이전 대한제국을 지칭할 때는 '한국'으로, 병합 이후를 지칭할 때는 '조선'으로 표기하고 있다.

방침을 채택할 것.

위의 방침에서 알 수 있듯이 일본은 한국을 자국의 영토로 편입하면서도 헌법을 실시하지 않는 영역으로 남겨 두었다. 조선 총독에게 법률과 동일한 효력을 가진 명령을 독자적으로 제정할 수 있는 권한을 주어 거의 국왕과 같은 지위를 부여했다. 식민지 정부라고 할 수 있는 조선총독부의 회계를 특별회계로 규정하여 조선의 재정은 조선 자체의 수입으로 운영하게 함으로써 일본 정부의 재정 부담을 회피했다. 대한협회는 물론 병탄에 협력한 일진회까지 정치 단체는 모두 해산시키고, 의병 투쟁 등 한국민의 격렬한 저항을 억누르기 위해 총독을 문관이 아닌 무관으로 임명하고 조선 주차군과 헌병대에 의한 군사 통치 체제를 취하고자 했다.

이 같은 방침에 의거하여 1910년 7월 23일 서울에 도착한 데라우치는 일체의 정치적 집회와 연설회를 금지시키고 이를 어기는 경우 가차 없이 체포 투옥하는 등 공포 분위기를 조성했다. 8월 16일 한국의 총리대신 이완용을 통감 관저로 불러 병합 조약 체결을 위한 담판을 시작했다. 이완용은 일본 측이 제시한 병합 조약 안에 대해 대부분 동의하되 '한국'이라는 국호를 '조선'으로 개칭하는 문제와 고종, 순종, 영친왕 등 황실의 존칭을 태공전하(고종·순종), 공전하(영친왕)로 격하시키는 문제에 대해서만은 이의를 제기했다. 그러나 일본 정부는 국호 문제는 양보하지 않았고 황실 존칭의 격하는 한국 민중의 저항을 야기할 수 있다는 의견을 받아들여 이태왕전하(고종), 이왕전하(순종), 왕세자전하(영친왕)로 바꾸었다.

이후 일사천리로 준비가 진행되어 8월 22일 〈한국 병합에 관한 조약〉이 양국 사이에 체결되었다. 대한제국이라는 국가는 소멸하여 '조선'으로 불리게 되었고, '조선'은 일본 천황에게만 책임을 지는 조선 총독이 통치하는 일본의 식민지가 되었다.

— 도면회

참고문헌

● 근대 국민 국가 수립 운동의 출발

김상기, 《동학과 동학란》, 대성출판사, 1947

김용섭, 〈전봉준 공초의 분석〉, 《사학연구》 2, 한국사학회, 1958

_____, 《한국근대농업사연구》(증보판), 일조각, 1984

나카츠카 아키라·이노우에 가쓰오·박맹수, 《동학농민전쟁과 일본》, 한혜인 옮김, 모
　시는사람들, 2014

박은숙, 《갑신정변 연구》, 역사비평사, 2005

박찬승, 《근대이행기 민중운동의 사회사》, 경인문화사, 2008

배항섭, 〈동학농민전쟁에 대한 새로운 이해와 내재적 접근〉, 《역사비평》 110, 2015

사회과학원 력사연구소 편, 《김옥균》, 1964(역사비평사, 1990)

신용하, 《동학과 갑오농민전쟁연구》, 일조각, 1993

_____, 〈김옥균의 개화사상〉, 《동방학지》 제46~48합집, 연세대학교 국학연구원,
　1985

연세대학교 국학연구원 편, 《전통의 변용과 근대개혁》, 태학사, 2004

왕현종, 〈해방이후 《동학사》의 비판적 수용과 농민전쟁연구〉, 《역사교육》 133, 2015

우　윤, 《전봉준과 갑오농민전쟁》, 창비, 1993

이광린, 《한국개화사의 제문제》, 일조각, 1986

_____, 《개화당연구》, 일조각, 1973

이영호, 《동학과 농민전쟁》, 혜안, 2004

이이화, 《전봉준, 혁명의 기록》, 생각정원, 2014

_____, 《발굴 동학농민전쟁 인물열전》, 한겨레신문사, 1994

_____, 〈전봉준과 동학농민전쟁(1~4)〉, 《역사비평》, 1989(겨울)~1990(가을)

정창렬, 〈한말 변혁운동의 정치 경제적 성격〉, 《한국민족주의론》, 창비, 1982

주종환, 《한국자본주의사론》, 한울, 1988

주진오, 〈개화론의 논리와 계보〉, 《김용섭교수정년기념한국사논총》, 지식산업사, 1997

_____, 〈한국근대 집권, 관료세력의 민족문제 인식과 대응〉, 《역사와 현실》 창간호, 1989

한국역사연구회, 《1894년 농민전쟁 연구 1~5》, 역사비평사, 1991·1992·1993·1995·2003

● 근대 국민 국가 수립 운동의 발전

교수신문 편, 《고종황제 역사청문회》, 푸른역사, 2005

김도형, 《근대 한국의 문명전환과 개혁론》, 지식산업사, 2014

김영수, 《미·의 시기: 을미사변과 아관파천》, 경인문화사, 2012

도면회, 《한국 근대 형사재판제도사》, 푸른역사, 2014

류영렬, 《개화기의 윤치호 연구》, 한길사, 1985

류영익, 《갑오경장연구》, 일조각, 1990

백동현, 〈대한제국기 한국민족주의의 형성과 그 특성〉, 《한국민족운동사연구》 55, 2008

신용하, 《독립협회연구》, 일조각, 1976

쓰키아시 다쓰히코, 《조선의 개화사상과 내셔널리즘》, 최덕수 옮김, 열린책들, 2014

연세대학교 국학연구원 편, 《서구문화의 수용과 근대개혁》, 태학사, 2004

왕현종, 《한국근대국가의 형성과 갑오개혁》, 역사비평사, 2003

이정식, 《서재필: 미국 망명 시절》, 정음사, 1984

이태진, 《고종시대의 재조명》, 태학사, 2000

조경달, 《근대 조선과 일본: 조선의 개항부터 대한제국의 멸망까지》, 열린책들, 2015

주진오, 〈독립협회의 사회사상과 사회진화론〉, 《손보기박사정년기념논총》, 지식산업사, 1988

_____, 〈독립협회의 경제체제 개혁구상과 그 성격〉, 《한국민족주의론 3》, 창비, 1985

최덕수, 《대한제국과 국제환경》, 선인, 2005

_____, 〈독립협회의 정체론 및 외교론 연구〉, 《민족문화연구》 13, 고려대학교 민족문
화연구원, 1978

한철호, 《친미개화파연구》, 국학자료원, 1998

현광호, 《대한제국의 재조명》, 도서출판 선, 2014

森山茂德, 《近代日韓關係史研究》, 東京大學出版會, 1987

Synn Seung-Kwon, *The Russo-Japanese Rivalry over Korea*, 育法社, 1981

● 근대 국민 국가 수립 운동의 좌절과 일본의 한국 병탄

국사편찬위원회 편, 《한국사 42: 대한제국》, 국사편찬위원회, 1999

_____, 《한국사 43: 국권회복운동》, 국사편찬위원회, 1999

_____, 《한국사 44: 갑오개혁 이후의 사회경제적 변동》, 국사편찬위원회, 2000

김용섭, 《한국근대농업사연구: 농업개혁론, 농업정책》, 일조각, 1975

김홍식 외, 《대한제국기의 토지제도》, 민음사, 1990

도면회, 〈황제권 중심 국민국가체제의 수립과 좌절(1895~1904)〉, 《역사와 현실》 50,
2003

모리야마 시게노리, 《근대한일관계사연구》, 김세민 옮김, 현음사, 1994

서영희, 《대한제국 정치사연구》, 서울대학교출판부, 2003

_____, 〈1894~1904년의 정치체제 변동과 궁내부〉, 《한국사론》 23, 1990

서인한, 《대한제국의 군사제도》, 혜안, 2000

최문형, 《국제관계로 본 러일전쟁과 일본의 한국병합》, 지식산업사, 2004

한국역사연구회 근대사분과 토지대장연구반, 《대한제국기의 토지조사사업》, 민음사,
1995

한명근, 《한일합방론 연구》, 국학자료원, 2002

홍영기, 《한국독립운동의 역사 제11권: 한말 후기의병》, 독립기념관, 2004

청일전쟁

〈홍범 14조〉와 〈독립서고문〉 반포

1895   유길준《서유견문》저술

삼국 간섭

단발령 시행

을미사변, 각지에서 의병 항쟁 발발

1896   태양력 사용

아관파천

《독립신문》발간

독립협회 설립

1897   고종, 러시아대사관에서 경운궁으로 옮김

대한제국 선포

독립협회, 서대문에 독립문 건립

1898   만민공동회 개최

독립협회 해산

1899   대한국국제 반포

경인선 개통

1900   만국우편연합 가입

미국인 모건, 평안북도 운산에 광산사업소 철치

1901   금본위제 채택

1902   서울·인천 간 전화 개통

하와이 이민 100여 명 출발

1904   러일전쟁 발발

〈한일의정서〉체결

보안회, 황무지 개간권 요구에 반대

베델·양기탁《대한매일신보》창간

송병준 등 친일 단체 일진회 설립

〈재무 및 외교 양고문에 관한 각서〉체결

1905	경부선 개통
	화폐정리사업 실시
	헌정연구회 조직
	을사조약 강제 체결, 각지에서 의병 항쟁 발발
	손병희 동학을 천도교로 개칭
1906	이상설 간도에 서전서숙 설립
	통감부 설치
	통감부 기관지 《경성일보》 창간
1907	국채보상운동
	신민회 조직
	헤이그 특사 파견
	고종 황제 퇴위, 순종 황제 즉위
	한일신협약(정미 7조약) 체결
	신문지법·보안법 공포
	군대 해산
	각지에서 의병 항쟁 발발
	간도 용정에 통감부 출장소 개설
1908	13도 창의군 서울진공작전
	장인환·전명운 샌프란시스코에서 스티븐스 사살
	일본, 동양척식주식회사 설립
	최남선 《소년》 창간
1909	나철 대종교 창시
	박은식 《유교구신론》 저술
	일본군, 남한대토벌 작전 개시
	일본, 청과 간도협약 체결
	안중근, 이토 히로부미 사살
	일진회, 합방성명서 발표
1910	국권 피탈

조선총독부 설치

회사령 공포

1911   105인 사건

1912   토지조사사업 시작(~1918)

1913   대한광복단 조직

1914   대한광복군 정부 수립

1918   여운형·장덕수·김구 등 상해에서 신한청년단 조직

1919   2·8 독립선언

3·1운동 일어남

상해에서 대한민국 임시정부 수립

1920   《조선일보》·《동아일보》 창간

홍범도, 봉오동 전투

조선물산장려회 창립

김좌진, 청산리 전투

일본, 산미증식계획 수립

간도 참변

1921   연해주에 대한독립군단 조직

1922   조선노동공제회, 최초의 메이데이 기념식 거행

1923   전조선청년당대회 개최

1924   조선청년총동맹

1925   제1차 공산당 사건

치안 유지법 실시

조선공산당 창립

1926   경성제국대학 개교

6·10 만세운동

1927   신간회 조직(~1931)

조선노동총동맹

1929   원산 총파업

광주학생항일운동 일어남

1930	김구, 상하이에서 한국 독립당 조직
1931	브나로드 운동
	만주사변
1932	이봉창, 윤봉길 의거
1935	한국독립당 등 독립 운동 단체 남경에서 민족혁명당 조직
1936	만주에서 조국광복회 결성
1937	중일전쟁 발발
	황국신민서사 제정
1938	조선인 지원병제도 창설
1939	노동력 강제 동원 시작
1940	창씨개명 실시
	《조선일보》·《동아일보》 폐간
	임시정부, 한국광복군 창설
1941	태평양전쟁(~1945)
1942	조선어학회 사건
	조선의용군 창설
1943	학병제 실시
	카이로 선언
1944	징병제 실시
1945	얄타회담
	8·15 해방

【ㄱ】

한국 근대사 1 - 국민 국가 수립 운동과 좌절

◉ 2016년 2월 25일 초판 1쇄 발행
◉ 2024년 5월 9일 초판 10쇄 발행
◉ 글쓴이   연갑수·주진오·도면회
◉ 발행인   박혜숙
◉ 펴낸곳 도서출판 푸른역사
  우) 03044 서울시 종로구 자하문로8길 13
  전화: 02)720-8921(편집부) 02)720-8920(영업부)
  팩스: 02)720-9887
  전자우편: 2013history@naver.com
  등록: 1997년 2월 14일 제13-483호

ⓒ 푸른역사, 2024

ISBN 979-11-5612-066-7 94900
(세트) 979-11-5612-043-8 94900

· 잘못 만들어진 책은 교환해드립니다.